JN012198

THE ART OF BRANDED ENTERTAINMENT

ブランデッドエンターテイメント
お金を払ってでも見たい広告

カンヌライオンズ審査員 著

PJ・ペレイラ 編 ／ 鈴木 智也 監修・訳

brandedentertainment.jp

ブランデッドエンターテイメントとは…

1 ブランドがプロデュースするエンターテイメント

2 飛ばしたくならないような広告

3 エンターテイメントを邪魔するのではなく、観客に求められるために作られたマーケティング

4 ブランドの金銭的投資・観客の時間的投資の両面で投資対効果の高い広告

5 「見させる」ために時間を買うのではなく、観客を魅了して「思わず見たくなる」広告

THE ART OF BRANDED ENTERTAINMENT

Edited by PJ Pereira

Copyright©2018 by Monica Chun, Jules Daly, Ricardo Dias, Samantha Glynne, Carol Goll, Gabor Harrach, Marissa Nance, Toan Nguyen, Luciana Olivares, Marcelo Pascoa, PJ Pereira, Misha Sher, Pelle Sjoenell, Tomoya Suzuki and Jason Xenopoulos

Translator and Japanese Edition's Editor : Tomoya Suzuki

First published 2020 in Japan by Sendenkaigi CO., Ltd.

This edition published by arrangement with Peter Owen Publishers, London through Tuttle-Mori Agency, Inc., Tokyo.

まえがき・謝辞

まえがき　訳者・監修者　鈴木 智也

　カンヌライオンズ審査員によって共同執筆された世界で初めての書籍。
本書は広告・ブランド・宣伝担当者・CM プランナーなどマーケティング・ブランディングに携わる方が新しいチャレンジをするためのテキスト・参考書として活用いただくために生まれました。一気にすべての章を読む必要はありません。また本書で取り上げられている世界を動かした様々なケーススタディへのリンクをまとめています。
　ぜひサイトだけでも、ご覧ください。

brandedentertainment.jp*

■はじめに

　はじめまして。STORIESの鈴木智也と申します。
　博報堂で広告・マーケティングの仕事や、博報堂DYメディアパートナーズ、メディア環境研究所での研究を経て、ジョージ・ルーカス、ロバート・ゼメキスなども卒業したハリウッドの映画大学院USC School of Cinematic Artsに留学、2011年STORIESという会社を仲間と共に設立しました。

　STORIESは博報堂DYグループとSEGAなどから出資を受けたコンテンツと広告、そしてブランデッドエンターテイメントの企画制作会社です。東京とロサンゼルスの2拠点で、ブランデッドエンターテイメント、ミュージックビデオ、CM、ドラマなど多くのプロジェクトを制作しています。マリオットホテルのアクションフィルムTwo BellmanやSUBARUのYour story withシリーズ、安室奈美恵さん、宇多田ヒカルさん、三浦大知さんのMVなど日米で多くのプロジェクトをお手伝いさせていただいています。

さて広告業界の私がみなさんに告白しないといけないことがあります。

　私は先日、Netflixで「梨泰院クラス」を16話、わずか2日間で一気に見終わりました。2日間で16時間強です。起きている間はほぼこのドラマを見ていたということになります。そして私はその2日間、広告に一秒も接触していないのです。さらに言えばNetflixやAmazon Videoなどで広告に触れずに楽しんだコンテンツとその時間は数え切れません。これは広告業界にとって由々しき事態です。

■公然の秘密

　私たちがNetflixなどのアドフリープラットフォームでコンテンツを楽しむ本当の理由はなんでしょうか？

　「エレファント・イン・ザ・ルーム（部屋の中の象）」と言う慣用句があります。重大な問題なのに、皆が見て見ないふりをしているような状況の事です。「広告」は飛ばせるなら、飛ばしたい。これはコミュニケーション産業に関わる、ほとんどの人が実は課題と認識しているのに、声を上げてこなかったポイントなのではないでしょうか。テレビドラマを見ていたら、良いところでいきなりブツっと、ドラマが止まり、ドラマの内容と直接関係のないコマーシャルが2分から3分流れ、そしてまたドラマに戻る。エンターテイメントを楽しみたいユーザー体験として、果たして優れていると言えるでしょうか。Netflixなどの配信サービスでは基本的にはドラマの途中でコマーシャルで止められることはありません。広告で遮られないという特徴が受け入れられているのではないでしょうか。

何よりもブランド・マーケティング・広告産業で働く私たちにとって脅威的な事実は、広告の入らない動画配信でドラマやコンテンツを１日の間に例えば10時間イッキ見した生活者（私も含めて）は、その間広告に一切触れていないと言うことです。生活者の時間は限られています。音楽であれば、スポティファイやApple Music、Amazon Music、動画であればNetflix、Amazon、Disney+、Hulu、Apple TV等、サブスクでアドフリーに慣れた観客達が、従来の広告ありのプラットフォームに、理由なく戻ってくると考えるのは、楽観的すぎるのではないでしょうか。

　確かに日本における地上波には依然マスメディアとしての高い到達力があるのは事実です。2019年の上半期のゴールデンタイム、全世帯の58.6％がテレビを見ているという数値（総世帯視聴率）があります。しかしピークの1997年には71.2％あった数値が下がってきているのも事実です。情報・コンテンツの量が飛躍的に増大し、20年前に考えられなかったメディア環境の変化がコミュニケーション産業を飲み込もうとしています。

■観客時間戦争

　生活者は広告の有無を含めて、様々なプラットフォームから提供される大量のコンテンツ・情報から選び取り楽しむ選択権を持っています。ドラマ、バラエティー、映画、音楽、舞台、ライブ、ニュース、動画、写真、どのコンテンツを、どのプラットフォームから視聴・体験するのかを決めるのは観客なのです。

　ブランド、広告のコミュニケーションの競争相手は、もはや競合ブラ

ンドだけではなく生活者の前にある、ありとあらゆるスクリーン、そしてイベントなど実体験で展開される、すべてのエンターテイメント・コンテンツだと言える状況です。

　今までは広告枠を買えば同時に観客の時間を買えていましたが、そもそも貴重な時間を売ってくれない観客やプラットフォームが出てきているということです。

　もちろん広告ありのプラットフォームにも依然として大きな需要があり続けるとは思います。しかし観客の時間は限られています。観客の時間を奪い合う戦い、つまり「観客時間戦争」の時代が来ているのです。

■ブランデッドエンターテイメント「お金を払ってでも見たい広告」

　この時間獲得競争時代にブランドが観客の時間をいただくための新しい手法論が「ブランデッドエンターテイメント」です。「ブランデッドエンターテイメント」って一体どんなプロジェクトのことなのか？　一言で言えば、エンターテイメントコンテンツにブランドのメッセージを乗せて顧客に届けるものです。つまり観客が貴重な時間を使ってエンターテイメント性のあるコンテンツやプロジェクトを視聴、体験した結果、ブランドメッセージの伝達、ブランド好感度の向上、商品購買などが達成される、ブランディング・コミュニケーション手法です。

　そして最高のブランデッドエンターテイメントは、「お金を払ってでも見たい広告」だと思います。

　2001年にBMWが、ガイ・リッチー、トニー・スコット、アン・リー、ウォン・カー・ワイなど著名監督陣を起用し、15億円以上の制作費をか

けて、ウェブムービーシリーズ、BMW Filmsを製作し、特設サイトで公開し大きな話題になりました。メディア費用をかけずに、多くの観客にBMWブランドの価値をアクションエンターテイメントフィルムを通じて、伝えることに成功したのです。（さらにテレビでも通常の映画として放送されました。）

このプロジェクトを起点に広告業界ではブランデッドエンターテイメント手法で様々な挑戦が続いてきました。それはテレビドラマか、長編映画か、ウェブムービーか、ドキュメンタリーか、イベントやテーマパークかもしれません。形はなんでもありです。

全世界で500億円以上の興行収入を稼いだ、レゴ・ザ・ムービーは究極の成功事例の一つです。観客はお金を払って、レゴによるレゴのための映画を見て、レゴがさらに好きになり、帰りにレゴを買っているかもしれません。企業が制作したウェブムービーがテレビドラマとして地上波で放送されることもあります。視聴者は直接お金を払ってはいませんが、ドラマの間にCMを見ていれば、実質的にはお金を払っているのと同様です。企業が制作した映画が、サンダンス映画祭に公式出品されNetflixで配信される例もあります。AppleがiPhoneだけで撮影した感動の短編動画をつくり、観た人の多くが共感し、さらにそのコンテンツを共有していく。観客はそのコンテンツを楽しんだと同時に、こんな映画が撮影できるiPhoneって凄い！と共感するのもエンターテイメントを活用したブランディングです。こうしたブランドが制作した短編映画の中には多くの場合メディア費用をほとんどかけていないにもかかわらず、YouTubeで数百万回から一億回以上の再生を獲得するようなプロジェクトもあります。

広告がエンターテイメント性をもったコンテンツとして、生活者、観客の貴重な時間をいただく。プロジェクトのクオリティー、エンターテイメント性が高ければ、お金を払って広告を見てもらえるかもしれません。エンターテイメントとブランドメッセージが掛け算になって観客を楽しませながら、同時にブランドの課題を解決することはできるはずです。そのためにはこれまでのように消費者・ターゲットと考えるのでなく、まずはエンターテイメントを楽しもうとする観客、つまりオーディエンスと捉えなおし、オーディエンス・ファーストのアプローチでコミュニケーションしていくことが重要になってきています。どのコンテンツをどこで見るのかを選ぶ権利は観客が持っているからです。

　今メディア環境は激変しています。サブスク・ストーリーミング時代、大量情報・コンテンツ時代に、ブランドは生活者からどのように貴重な時間をいただき、メッセージを届けていくのか。その一つの手法論として2020年の今、さらにブランデッドエンターテイメントという手法の重要性が増してきています。

■カンヌライオンズ審査員による世界で初めての書籍

　私は幸運にも2017年にカンヌライオンズのブランデッドエンターテイメント部門の審査員として、事前審査を含めるとおそらく200時間以上、合計1000以上の世界中から集められた優れたプロジェクトを見て、体験し、そして各国から集まった広告・コンテンツ・コミュニケーションのプロフェッショナル達とカンヌの暗い会議室で6日間、濃い議論をかわす機会をいただきました。

審査員の内、15名の有志が、広告に携わる皆さんのためにその体験と学びを共有するために執筆したのが本書『ブランデッドエンターテイメント』です。カンヌライオンズの審査員が一体、何を考え、何を議論して、何を評価したのか、そして過去の優れた受賞プロジェクトを作り出してきたクリエイターたちへのヒアリングによる解説も含めて深い洞察が分かる、今のところ世界で唯一の書籍になっています。

　世界でどのような革新的なプロジェクトが生み出され、ブランドの課題を解決しているのか、優れたプロジェクトやそのプロジェクトの背景にある意図や設計を分析すること、そして世界中の専門家たちのこの分野に対する知見が「広告の未来」のための参考書としてまとめられています。様々な条件・制限を乗り越えて、とるべきリスクを取り、このブランデッドエンターテイメントという新しい手法へ挑戦し、マーケティング業界を革新してきた、世界中のプロフェッショナルの生の声と興味深いケーススタディが満載です。受賞プロジェクトの数々のチャレンジングな舞台裏のストーリーを含む具体的な企画・制作・実施の細かいプロセスまで網羅され、自分たちにも、きっとできると勇気をくれる内容にもなっているはずです。

　カンヌライオンズ審査員による初めての書籍として執筆された本書は、控えめに言っても各章に広告・宣伝・マーケティングに携わるみなさんにとって、変化を生き抜いていくための、あらゆるヒントが詰まってると思います。

　コロナショックによって、サブスクプラットフォームの伸長などメ

ディア環境変化がさらに加速しています。広告・コミュニケーション業界は本質的に、挑戦を続け、変化の中で新しいものや考え、文化を生み出してきた産業です。単に強い種ではなく変化に適応した種が生き残れるということであれば、私たちはこの変化を嘆くのではなく、受け入れ、抱きしめ、業界や会社の垣根を超えて団結し、共創していくことが大切だと信じています。

　日本からも、エンターテイメントにあふれたブランドプロジェクトが増え、そして世界でも評価されるプロジェクトを次々と生み出していくために、ぜひ皆さんに私たちの学びを少しでも共有したいという強い思いで、日本語出版を進めさせていただきました。

　20名の審査員の仲間たち、そして世界で初めてのカンヌライオンズ審査員による書籍出版まで素晴らしいリーダーシップでみんなを導いてくれた審査委員長のPJ・ペレイラさん、さらに翻訳・下訳の大部分を担当いただいた有本真優さん、校正やウェブサイトを担当してくれた長谷川カラムさん、素晴らしいカバーデザインを担当いただいた武田雲さん、執筆中に多くのサポートをしてくれた当社STORIESのメンバーのみなさんをはじめ多くの方々に感謝します。またこの出版に向けて全力で並走・サポートいただいた宣伝会議の篠崎さん、浦野さん、本当にありがとうございました。

　ぜひ、マーケティング・広告・コミュニケーションに携わる、日本のプロフェッショナルのみなさんの役に立つ一冊になると嬉しく思います。

また本書で取り上げられているケーススタディへのリンクなど、一部のプロジェクトを実際に確認できるウェブサイトをご用意しています。実際の優れたブランデッドエンターテイメントの事例を見て、そのプロジェクトの舞台裏や企画の意図、結果を確認しながら、本書をお読みいただくことで、圧倒的に理解が深まると思います。

　ぜひ合わせてご覧いただき、活用いただければと思います。

brandedentertainment.jp *

鈴木智也

2020年 7 月

＊サイト運営・期間内容などにおいて保証するものではないことをご了承ください。

番組などコンテンツを中断して広告を流す時代は終わった。
では、次は何が起こるのだろうか？
本書『ブランデッド・エンターテイメント』を通して、
PJ・ペレイラと広告・コミュニケーションのエキスパートたちが、
根本的な変化の先に何が待つのか教えてくれるだろう。

—Dr Bjoern Asmussen
ビョーン・アスムセン博士
オックスフォード・ブルックス大学　マーケティング学上級講師

議会公聴会で上院議員から
どのようにサービスを無料で提供しているのかと質問された、
フェイスブックCEOのマーク・ザッカーバーグは
『上院議員、私たちは「広告」を配信して（稼いで）いるのです』
と答えたわけだが、
『上院議員、私たちは素晴らしい「コンテンツ」を
お届けしているのです』
こう答えたいあなた。この本は必読書だ。

—Fernando Machado
フェルナンド・マチャド
Burger King　グローバルCMO

謝 辞

写真左より：ペレ・シェネール、マリッサ・ナンス、ジェイソン・ゼノポラス、キャロル・ゴール、ガボール・ハラチ、アル・マクイッシュ、サマンサ・グリン、ルチアナ・オリヴァレス、ジュールズ・デイリー、モニカ・チュン、ティム・エリス、Ｐ Ｊ・ペレイラ、ミーシャ・シャー、アマンダ・ヒル、スティーブン・カリフォヴィッツ、トアン・グエン、鈴木智也、ジュリアン・ジェイコブズ、マルセロ・パスコア、リカルド・ディアス

カンヌライオンズは、劇場広告のフェスティバルとして1954年にイタリア、ベネチアで始まった。第１回の出品数は、14ヶ国から187点。60年の時を経て、このイベントは大きく成長してきた。拠点をフランス・リヴィエラに移し、新たな形態の広告・コミュニケーションを取り込んできた。そして審査員は世界中から集まり、審査カテゴリーは20以上のグループにまで増加し、クリエイティブ・コミュニケーション産業において最も重要なイベントになったのである。

60年以上も、審査室では数多の知識が共有され、視点や結論を議論し、発展させてきたにもかかわらず、本書はカンヌライオンズの審査員から出版された歴史上、最初の書籍だ。

私の推測では、過去にも審査員となった何人かは書籍化を考えたこと
があるかもしれないが、審査後、世界中に散らばった広告界のリーダー
からのアイデアをまとめるのにかかる労力を考え、躊躇してしまったに
違いない。私たちの場合は、これらの障壁を乗り越える向こう見ずとも
言えるような勇気が、業界のためにという責任感から生まれたのだ。パレ・
ド・フェスティバル・エ・デ・コングレ（カンヌライオンズの会場）で私た
ちが議論してきた分野は非常に重要で、多くの学びを含んでいたため、
審査員の誰もが自分たちだけに留めておくのはあまりにもったいないと
感じていた。だからこそ、著者たちだけではなく、この計画を支援して
くれたすべての人が、本書が世に出るのを心待ちにしていたのだ。

　まず、本書の各章あるいは複数の章を執筆してくれた、素晴らしいチー
ムから紹介しよう。私からの嵐のようなメール、電話、メッセージ、し
つこい修正依頼の数々にも耐えてくれた、サム、リカルド、ガボール、
マルセロ、モニカ、キャロル、ミーシャ、ジュールズ、トアン、トモヤ、
ペレ、ジェイソン、ルチアーナ、マリッサ。私がそうであるように、皆
がこの成果を誇りに思ってくれていることを願う。そしてアル・マキッ
シュ、アマンダ・ヒル、ジュリアン・ジェイコブス、ティム・エリス、
スティーブン・カリフォヴィッツ。あなた方は今回執筆に参加できな
かったが、審査員の一員として、自分の考えや審査での発言内容がきち
んと反映されているように感じてもらえたらと願う。

　また、この素晴らしいメンバーを集めてくれた、カンヌライオンズの
テリー・サベージ、フィル・トーマス、リサ・ベルリンと、私たちの終
わらない討論をまとめてくれたティファニー・スポーデンとそのチーム
にも、感謝しなければならない。

　本書の発行は、さらに多くの人々の助けを必要とした。Pereira O'Dell
からは、表紙（原著）をデザインしてくれたモーセス・ケラニーと補佐

のオーウェン・ブライ。そして、多くの著者を擁する本書の複雑な法関連を管理してくれた、デニセ・コラッザ、ラス・ナドラー、クリスティーナ・ハドリー。本の最後にケーススタディのリストをまとめてくれた、Fremantle Mediaのジャスミン・ゴゼルフ。VML South Africaのチームのアーンスト・ラス、ハンス・リエベンバーグ、ヘイリー・モンゴメリー、ハンネス・マッシーセン、ロキ・マガーマンは、なんとリストに載っている作品をウェブサイトで見られるようにしてくれた。

最後に、本プロジェクトを完成させるうえでの課題ではなく可能性を信じ続けてくれた、出版社のPeter Owenのチームのニック・ケント、アントニア・オーウェン、サム・オーテスとサイモン・スミスにも、切に感謝を伝えたい。

以上が、カンヌライオンズの審査員による世界で最初の書籍を支えてくれた、すべての人たちだ。誰も挑戦して来なかった中で、このプロジェクトを実現できるだろうという私たちの純粋な思いを、あなたたちの情熱と熱意が埋め合わせてくれました。みなさんに大きな感謝をささげます。

初めてのことを成し遂げたのは私たち全員なのです。

編者まえがき　PJ・ペレイラ

　誰もテレビコマーシャルを見たことがない世界を想像してみてほしい。一つのテレビコマーシャルもない。まだコマーシャルが発明されていない世界である。すると、ある人がCMO（マーケティング責任者）であるあなたに、このように売り込んでくる。「あなたの製品にとって、とても良いアイデアがあります。メッセージを広く伝えるために、テレビ局にお金を払い、視聴者が見ている番組を一瞬止めてもらいましょう。そこに広告を流して、そして通常の番組に戻ってもらいましょう！」

　まともな考えを持ったブランドが、このような最悪のユーザーエクスペリエンスを活用したがるだろうか？

　いまだにこの手法を取り続ける唯一の理由は、それが悪いものだとは全く気づいていない時代遅れの人間が、一定数存在しているからである。しかし皆、徐々に気づき始めている。そして実は、先ほどの仮の登場人物であるCMOのように、最近まで広告というものを見たことがない世代までもが存在しているのだ。

　実は、同じことが私にも起こったのだ。

　それはまるで、大きな地震に揺り起こされたかのようだった。私はサンフランシスコのベイエリアに住んでおり、大地震には現実的な恐怖がある。目を開けると私の鼻先には、11歳の息子、フランシスコの顔があった。ここからが重要なポイントだ。息子は私の肩に手を置き、急いで私を起こして何かを伝えようとしていた。
　「お父さん、広告はなくさないとだめだよ」

「なぜ？」私は尋ねた。

「だって、うっとうしいからだよ」彼は答えた。

　子どもには、当たり前のことを正直に純真に表現する能力がある。だからこそ、それは無視できないのだ。

　そして、私たちはフランスのカンヌライオンズ国際クリエイティビティ・フェスティバルにやってきた。ここで私は後に本書の共同執筆者となる仲間に出会ったのだ。

　おそらくカンヌライオンズは、世界最大かつ最も有名な、ブランドアイデアのコンペティションでありアワードだ。2017年も、新鮮なアイデアに飢えている数多くのCMOや広告・広報担当役員を含む、１万人以上の広告、クリエイティブ、コミュニケーションのプロフェッショナルが世界中から参加した。彼らはカンヌのパレ・デ・フェスティバルのホールや部屋で各界のクリエイター、専門家、テクノロジスト、マーケターたちと交流していた。そして私たちの部門ブランデッドエンターテイメントを含む、23部門の勝者を見守っていた。５年目になるこの部門は、何度かその名前を変えてきた。「ブランデッドコンテンツ」、「ブランデッドコンテンツアンドエンターテイメント」、そして現在の「エンターテイメント」部門だ。この新しい部門はカンヌライオンズ、そして広告業界の真の将来の姿であると考える人も少なくはない。

　ここ10年間、カンヌライオンズの審査員たちによって、マーケティン

グの進化は記録されてきた。過去の受賞作を見ることで、テクノロジー、デザイン、PR、メディア思考といった要素を、私たちが、いつプロジェクトやストーリーに取り入れ始めたのか知ることができる。そして単にどのような媒体で配信されていたかだけではなく、こうした新しいプロジェクトやアイデアが、どのようにターゲット、観客に受け入られたのかも詳細に理解できる。つまりどのように私たちが新しい手法を受け入れ、クリエイティビティの新たな表現やストーリーの新鮮な伝え方を活用してきたのかを、知ることができるのだ。もちろんこうした新しい手法は良い取り組みだが、十分ではなかった。それこそ、息子のフランシスコが地震の如く私を揺り起こしてまで、分かってほしかったことなのである。

　今起きている広告ビジネスにおける最も根本的な変化は、私たち自身の手によるものでも、新たなフォーマットや領域から生まれているわけでもない。その変化は、私たちが広告の分野でやってきたことからではなく、消費者から、テック企業家から、そしてエンタメ業界のエコシステムの変化からもたらされたのだ。広告ビジネスの基礎である人々の時間を買うという行為は、時間の持ち主である消費者がそれを売ろうとしていないのなら何の意味もないということに、気づいたのだ。調査会社Nielsenの「従来型テレビ産業の現状」というリサーチによると、2012年から2017年にかけて、アメリカの18〜24歳の年齢層におけるテレビ視聴は週におよそ10時間減少し、史上最低の視聴率に達した。5年の間にこの年齢層の従来のテレビ視聴時間の半分近くが、他の活動やストリーミングに移行した。

突如として常識はくつがえり、新しい世界が現れたのだ。

　YouTubeからNetflix、Twitch、そしてiTunesに至るまで、あらゆるオンデマンドサービスが世に出てきている。これらが恐ろしい勢いで拡大し、広告がかつて存在した場所を消していくにつれ、私たちの広告プロジェクトは自分自身がコンテンツになる以外の選択肢がほとんどなくなっているとも言える。広告プロジェクトが(最新の番組、ビデオゲーム、YouTuberの動画などに勝ち)、「再生ボタン」を押してもらう価値を持たなければ、まだ広告スペースを買えるが、縮小していくメディアの中に消えていくことになってしまうかもしれない。

　また、変化しているのはオーディエンスだけではない。タレント、クリエイター、そしてコンテンツの内容も変化している。例えば、2017年のエミー賞を見てみると、26のトロフィーのうち、半分は全く広告サポートのないプラットフォームの作品に与えられた。また、残りの13のうち５つは、一部にしか広告のないHuluの作品に授与された。ハリウッドが広告主のお金を必要としなくなれば、ブランドは声を、つまりメッセージを聞いてもらうために最も大事な機会を失うだろう。あるいは少なくとも、今まで使い慣れてきた手段は失われるだろう。

　カンヌライオンズが広告および広告戦士たちの戦いにおける最前線ならば、ブランデッドエンターテイメント部門は私たちの抵抗の象徴であり、希望である。この新たな領域においては、ブランドはメッセージを届けるために世界にあふれる映画、テレビ、YouTubeコンテンツを含む様々なオリジナルコンテンツ、つまり「アンブランデッド」コンテン

ツと競争しなければならない。今までこの業界が直面してきた中で最も高いクリエイティブのハードルだ。そしてブランデッドエンターテイメントは未だ不確実な領域であり探求するほどに発展していく世界でもある。この分野における制限やルールは何なのだろうか？それは私たちの審査という判断により、少しずつ解き明かされていくことかもしれない。

　それを決めるのは、この20人の審査員のグループ次第だった。それは私たちが最も賢明で最も知識があるからではなく、縁あって審査員の集まるその部屋にいたからである。誤解はしないでほしい。このグループは一人ひとりが非常に熟達しており、集団としての私たちは何世代も残り続けるような称賛を受けてきたプロフェッショナルだ。しかし私たちの選択が重要になったのは、各審査委員の過去や経験のおかげではなく、私たちが予備審査から含めて千以上の圧倒的の数のプロジェクトを見て一緒に議論してきたという事実によるものだった。一つ一つの応募作品を、まるごとすべて。何日もの間、食事や睡眠のための短い休憩を挟みながら。それから、どの作品が特に素晴らしいか、自身の心と脳みそに問いかけながら、議論を続けたのだ。

　私たちは最初から、人々に「教える」ためではなく、むしろ業界を代表して「聞き、学ぶ」ために審査員の椅子に座るという認識で、合意をした。それによって、世界最高レベルの広告会社の数々が制作した何千ものアイデアを通して、私たちが見て感じたことを共有できるように。このように考えたことで、私たちは目標を常に意識しながら、広告・クリエイティブ業界をより向上させていく方法を教えてくれるような、インスピレーショナルで刺激的なプロジェクトを、受賞作に選出していく

ことができた。

　本書はその経験と、私たちが学んだことの本質の結晶である。

　しかし、より長く本書が価値を持つためには、その年の受賞作の話を
するだけでは十分ではない。カンヌライオンズが終わった後、私たちは
審査期間に議論し、吸収した事柄や学んだ結論を、さらに深く広く過去
の受賞作のみならず受賞歴のないプロジェクトにまでわたって考察し
た。私たちのミッションは、こうした学びを様々な事例に合わせ、現在・
過去・未来における、消費者の時間を引き付けるためのあらゆる新しい
プロジェクト、取り組みに応用できるようにすることである。いわば「ブ
ランデッドエンターテイメントのタイムマシン」として活用してもらい
たい。

　あなたが本書を気に入ってくれることを願う。

本書は**パート１：ニーズ**（必要性）から始まる。ここでは各プロジェクトの実例に基づき、ブランデッドエンターテイメントがブランドに対し貢献できることに焦点を当てている。Anheuser-Busch InBev（バドワイザーなどを保有する酒類大手）傘下のメキシコGrupo Modeloの CMO リカルド・ディアスと、Red Bull Media Houseの元エンターテイメントコンテンツ部長のガボール・ハラチの章からスタートする。彼ら２人は、このブランデッドエンターテイメントの空間の定義と、それがマーケティングミックスに与える事象について掘り下げている。次に、Burger Kingのグローバルブランドマーケティング部長マルセロ・パスコアが、単に時間を「買う」のでなく時間を「獲得」しなければならないということが、広告業界にとって、どのような意味を持つのか、深く考察している。最後に、大手広告・タレント会社であるPMK・BNCの COOであるモニカ・チュンが、ブランデッドエンターテイメントはコンテンツそのものであるだけでなく、多くの場合それが生み出すニュース価値をも、もたらすということについて、彼女の考え方を共有してくれる。

　パート２：ブランデッドエンターテイメントの技術 (The Art of Branded Entertainment) では、書名にもなっている通り、本書の中心的テーマを取り上げている。まず、広告主、ブランドが観客・消費者のエンターテイメント体験の中に自分たちの存在をどのように感じてもらうのかという大きな課題から始める。大手クリエイティブエージェンシー BBHのグローバルCCO [1] ペレ・シェネールと、VML（同様に大手広告会社）、VML Europe・Middle East・AfricaのCVO [2] 兼CCOであるジェイソン・ゼノポラスは共に、「プロダクト・プレイスメント」から

「ブランド・プレイスメント」と呼ぶものに広告主が移行したら何が起こるかについて、知見を共有する。この「ブランド・プレイスメント」は、このパートの全ての章に影響を与える核となるアイデアでもある。続いて、STORIES（日本・米国に拠点を持つクリエイティブ・ブティック）のCEO鈴木智也は基本に立ち返り、エンターテイメントの核となる、物語、ストーリーテリングの基本原則について解説する。彼はブランドが持つアイデアをより効果的に観客に伝えるために、ブランデッドエンターテイメントプロジェクトが、ハリウッドのストーリーテリングの基本原則を活用する重要性について、ハリウッド映画から広告プロジェクトまで様々な事例を取り上げながら解説している。実際、これらの原則の一つが明らかに重要であるため、ペレ・シェネールによる『緊張感を高める』という専用の章で、さらにストーリーの要素について取り上げている。フィクションのストーリーにおいて緊張感が大切なのであれば、ノンフィクションにおいては一層重要である。今日、緊張感を生み出すためにはドキュメンタリープロジェクトで現実世界を見せることが最善の方法だと信じる、多くのマーケティングのプロの欲求に、ガボール・ハラチは個人的な経験を基に、ブランドは実話に根ざしたストーリーでどのように差別化できるのかについて、彼の見解をシェアしてくれる。最後に、ペルーのLatina MediaのCCOであるルチアナ・オリヴァレスは、クリエイターの動機や感情、とりわけ「怒り」によって、ブランドやその主張がどのようにして、オーディエンスの人生を変えるようなコンテンツに生まれ変わるのか、彼女の刺激的な考えを共有する。

　パート３：未来のチャンスでは、業界における受賞作や優秀な作品全体の中で、今後伸びていく分野のプロジェクトについて解説している。

まずは大手メディアエージェンシーであるMediaCom Sport and Entertainmentの VP ミーシャ・シャーが、スポーツは究極のエンターテイメントにもかかわらず、ブランドがこの分野で素晴らしいプロジェクトを追求しきれていないことに、大胆に切り込んでいる。ブランドはこの分野では競争に参加しておらず、これは業界全体にとって損失であると鋭く指摘している。続いてドイツのクリエイティブエージェンシー、Jung von Matt/SPORTSのパートナーであるトアン・グエンが、私たちにスポーツだけではなく、多様なスポーツ、特にeスポーツの重要性を分かりやすく解説する。eスポーツは現在大勢の観客とスポンサーを惹きつけているが、他のスポーツ関連プロジェクトで生み出されるような創造性に欠けているようだ。そして大手メディアエージェンシー OMDの多文化コンテンツマーケティングおよび戦略的パートナーシップ担当取締役のマリッサ・ナンスは、リサーチやデータ・ドリブン、配信技術をブランデッドエンターテイメントプロジェクトに掛け合わせていく方法について説明する。

1：Chief Creative Officer
2：Chief Vision Officer

　最後に、**パート4：ビジネス**では、ブランデッドエンターテイメントのビジネス的側面に注目する。最初はRSA Films（リドリー・スコットによる映像制作会社）の社長ジュールズ・デイリーが、ストーリーを魅力的にするハリウッド流の方法をひもとき、続いてハリウッド大手芸能エージェンシー、ICM Partnersのブランデッドエンターテイメントのグローバル責任者キャロル・ゴールが、タレントやアーティストにとってのブランデッドエンターテイメントプロジェクトへの参画メリットに

ついて解説する。消費者と同じく、ブランドにも目的やニーズがあるが、ブランデッドエンターテイメントプロジェクトのパートナーシップの成功のためには、携わるアーティストのニーズの考慮が重要となるのだ。続いてのテーマは、ローカルからグローバルへ、キャンペーンからシーズンへ規模が拡大する機会と現状である。ここでは大手番組・コンテンツ制作会社である、フリーマントルメディアのサマンサ・グレンがいわゆる通常のエンターテイメントビジネスと同じようにオーディエンスを集客する手法と、ブランドや広告会社が学ぶ方法について解説する。さらにアンコールに応えジェイソン・ゼノポラスが再び登場し、カンヌライオンズの最大の受賞作のいくつかが、マーケティング業界の目立っていない死角から、あるいは大きな予算を持たないマーケターや国々からどのように現れるのか分析している。彼はこれを「ブランドの忍術」と呼んでいる。この解説を読めば、大胆なプロジェクトやイノベーションは注目度の最も低いプロセスや小さなグループから生まれることについて、半分は驚きだが半分は当然と思えるだろう。

　本書の締めくくりは、カンヌライオンズのブランデッドエンターテインメント部門審査委員長を務めた、私PJ・ペレイラ（Pereira O'Dell ファウンダー兼CCO）が担当する。まとめとして、今年のプロジェクトや過去の受賞作のいくつかが、どのようにアイデアや戦略を有効に活用し、実際に使われた予算よりもずっと価値の高いプロジェクトを実現したのか、その舞台裏を解説する。

　オーケー、一呼吸おこう。

これからお読みいただく本書は本当に盛りだくさんの内容だと気づいてもらえたと思う。圧倒的な量と質の情報、ニュアンス、分析、予測が詰め込まれている。暗い審査室に閉じ込められ、私たちを楽しませる多くのブランドのプロジェクトを見た1週間と、その後そこで発見し、学んだことを熟考した数ヶ月間から生まれたアイデアの結晶だ。ぜひ、慌てずにゆっくりと吸収して欲しい。時には本書を置いて世界を見回して、じっくり考えるのだ。本書は一度に読まれることを意図していない。また、多くの章が同じケーススタディに言及しているが、それは全ての受賞作を一つの角度から深く考察するよりも、複数の角度から分析する価値があるからである。15名の審査員、業界のプロフェッショナルたちが、それぞれの知見をベースにじっくりと分析、編集された本書ならではの意義がそこにあると思う。

　最初に述べた通り、広告・クリエイティブ業界を代表して学ぶことが私たちの目標ならば、今後、革新的かつ効果的なプロジェクトを生み出していくことが、読者であるみなさんも含めて、私たちのやるべき宿題でありプロジェクトである。本書を読むことでブランデッドエンターテイメントに関する幅広い観点と様々な実践されたアイデアを一気に手に入れることができる。つまりこの本は、疑問と思考のプロセスを刺激し、みなさんの独自の考察を導く教科書にもなる。ブランドメッセージとエンターテイメント性との適切なバランスはどう考えるべきか。あらゆるブランドキャンペーンよりずっと多くの予算が投下されるエンタメ業界の中で、際立つアイデアを生み出すにはどうすればいいだろうか。そもそも予算が限られている中でできることは他にないのか。パートナーシップか、共同著作か。自立拡大するパイロット的なアイデアからスター

トすべきか。長編のフォーマットか、効果的な短編か。ブランデッドエンターテイメントならではのオリジナルエンタメ業界の「競合」が持たないブランドマーケティングの責任がある中で何をどうバランスをとりながらプロジェクトを成功に導くのか。答えのヒントになる情報が本書の各章にあるはずだ。

　私たちマーケティング担当者および広告会社の人間は、数十年にわたり定着してきた広告業界の仕事の、最も重大な変革を、まさに経験している最中だ。まだ全ての答えは手に入れることはできないかもしれないが、自分たちの先入観に基づいた理論を押し付けるのではなく、成功した最高のプロジェクトたちをひもとくことで、大切なポイントはきっと、明らかになっていくだろう。

　本書は、フランスの暗い審査室に1週間閉じ込められたこの集団の一人ひとりの視点を提示している。私たちはそこで、プロジェクトが単に良いだけなのか、素晴らしい出来なのかを容赦なく議論し、その理由もしっかりと理解しようとした。私たちの仕事に対する見方を大きく変えたこの経験と15名の審査員の視点の共有が、みなさんの今後のプロジェクトの役立つヒントになることを願っている。

　各章はそれぞれの著者が個々に執筆している。そこにはカンヌライオンズで共に見たものだけでなく、マーケティング担当者、クリエイティブ、メディア、タレントエージェント、映像プロデューサー、パブリッシャー、ネットワーク、スポーツやゲームの専門家や技術者としての各々の経験から得た学びも含まれる。したがって、それぞれの意見が異なり、

時には食い違っているが、それは良いことだと考えている。それぞれの声が独立することで、グローバルな面も含む豊かなプロセスの、ニュアンスをより正確に表現することができる。各著者たちは南アフリカ、イギリス、ブラジル、アメリカ、ロシア、メキシコ、ペルー、日本、ドイツなど、様々な地域から集まっているからだ。

　この本はすでに完成、視聴、審査、記録されたプロジェクトをベースに語られている。それらは教えを与え、参考になることも多いだろうが、みなさんが次に取り組むプロジェクトに完全には当てはまらないだろう。

　新しいプロジェクトを作り出すのは、みなさんの仕事なのだ。

　みなさんがこの広告・クリエイティブ業界を改革、前進させる番なのです。

　本書を楽しんでくれることを願って。

PJ・ペレイラ

カンヌライオンズエンターテインメント2017審査委員長

2018年　サンフランシスコにて

＊企業名・ポジション名は全て各著者の執筆時のもの。

ブランデッドエンターテインメントとは…

1. ブランドがプロデュースするエンターテインメント
2. 飛ばしたくならないような広告
3. エンターテインメントを邪魔するのでなく、観客に求められるために作られたマーケティング
4. ブランドの金銭的投資・観客の時間的投資の両面で投資対効果の高い広告
5. 「見させる」ために時間を買うのではなく、観客を魅了して「思わず見たくなる」広告

CONTENTS

PART I

THE NEED
（ブランデッドエンターテイメントの必要性）

1

デジタルボーンキラー
（デジタル世代は既存広告を殺すのか?）

ブランデッドエンターテイメントが
ブランドのためにできること

リカルド・ディアス
Anheuser-Busch InBev

ガボール・ハラチ
Consultant, 元 Red Bull Media House

Digitally Born Killers

　この章を執筆し始めたのと同じ頃、世界規模で（もしくは宇宙規模で）、ブランデッドエンターテイメントの持つ力を変えたであろう出来事が起こった。イーロン・マスクが率いるSpaceX社製、ファルコンヘビーロケットが、フロリダ州のケネディ宇宙センターから打ち上げられたのだ。そのロケットには彼が率いるもう一つのブランド、Tesla製の赤い電動スポーツカーが載せられていた。この打ち上げのささやかな目標は、太陽（や火星）の周りを、何百万年と周回すること。スポーツカーの座席に座らされたマネキン「スターマン」はSpaceXの宇宙服に身を包んでいた。

　その映像は、YouTubeをはじめ、あらゆるところでライブ放送された。息を呑むような、テクノロジーとマーケティングの力を、彼は見せつけたのだ。そしてそれは同時に、美しかった（実際に映像を見れば、その意味が分かるだろう）。デヴィッド・ボウイの楽曲『Life on Mars?』が、ゆっくりと回る青い地球を背景に、スペースカーのラジオから流された。その歌は、まさにこの美しい瞬間のために作られたかのように思われた。しばらくの間、私たちを含め多くの人がYouTubeでスターマンの映像を見ていた。それは、Red Bullのアスリートが2012年にスペースジャンプをした様子（レッドブル・ストラトスプロジェクト：成層圏から実際に生身の人間がダイブした、あのプロジェクトである）のオマージュにも見えた。これは、今後何百万年と残るマーケティング映像なのだろう

か？これはテスト飛行だったのか、それとも真のスペースミッション だったのか？それとも、イーロン・マスクが、ただ自身の力を見せつけ たかっただけなのだろうか？おそらく、これらすべてが正しい答えだろ う。そして、説得力のある教訓を私たちに教えてくれた。マーケティン グの入り口は、今や以前よりずっと高くなっているだけでなく、マーケ ティング活動そのものがブランドとなるほどにまで変わってしまったよ うだ。 スペースカーの打ち上げの次の日、Teslaは「"四半期単位で"史 上最大の赤字」を報告した。しかしTeslaの株価は、まるでマスクのロケッ トのように上昇し続けた。そしてほんの数週間後、エナジードリンクメー カーのRed Bull社が、Audiの月面探査車ルナ・クワトロを用いて、2019 年に月に到達するミッションを発表した。文字通り、空が人類の限界だっ た時代は終わり、舞台は宇宙にまで拡張された。

この章では、私たちはブランドについて探る探偵になってみるつもり だ。ますます複雑に、日々変わっていくマーケティングミックスの一つ として、ブランデッドエンターテイメントが果たす役割に焦点を当てて いく。そして、顧客を従来の広告やコマーシャルから遠ざけた犯人であ る「ボイド（無効状態、つまり視聴者不在状態）」の正体を検証し、その 背後にある原因を突き止めたい。

誰が、もしくは何が、私たちのよく知る従来の広告を「殺してしまった」 のだろうか？心してくれ。長い旅になりそうだ。

私たちの探偵物語はカンヌから始まる。1年のほとんどは、そこはビー チと宮殿のようなホテルを持つ、フレンチ・リヴィエラの静かなリゾー ト地だ。しかし年に一度、広告のすべてが集まるグラウンドゼロ、爆心 地となる。そう、そこが私たちの捜査現場だ。

» The need　ニーズ（必要性）

「私たちの審査員としての務めは、世界や目の前のあなた方に、ブランデッドエンターテイメントとはこうであったという考えを伝えることではない」。カンヌライオンズ2017のエンターテイメント部門の受賞式で、2000人以上の参加者が固唾をのんで見守る中、審査委員長のPJ・ペレイラは語った。「我々は、ここ数年の間、我々自身がクライアントに売り込もうとしてきたものと似たような作品を評価したわけではない。我々は、皆さんの代わりに学び取り、『ブランデッドエンターテイメントとは何か』ではなく『何になろうとしているのか』を理解しよう、という謙虚な姿勢で審査員の椅子に座ったのだ」。

この章の著者である我々2人も、それを探す旅に参加した。そして、掴みづらいが洗練された、そして進化を続ける「ブランデッドエンターテイメント」という用語を学び、検証して、理解しようとしてきた。PJや他の審査員たちとともに、私たちは6月半ばのフレンチ・リヴィエラにて、パレ・デ・フェスティバル・エ・デ・コングレとして知られる巨大なコンクリートの建物の奥深く、暗く窓のない審査室で、有意義な時間を過ごした。審査室は、凍るような空調と、一層冷たい食べ物で悪評高い（カンヌライオンズには申し訳ないが、この噂は両方とも正しかった）。ただ、時には白熱した議論の中で、私たちの頭を冷やし、考えを研ぎ澄ましてくれた。審査室を後にする頃には、私たちは例の大きな疑問に対するヒントをいくつか見つけていた。しかし、ブランデッドエンターテイメントが何になろうとしているのか、完全に理解するには、まずそのニーズを説明し、以下2つの根本的な疑問に答えなければならなかった。

1. なぜ、世界中の、あらゆる世代・性別の人々は、（広告主や従来のテレビなどから）押し付けられる広告コンテンツを、無視するようになってきているのか。

2. 何を、ブランデッドエンターテイメントはブランドに提供できるのか（Anheuser-BuschやRed Bullのようなコンテンツ重視のブランドで仕事をしてきて、私たちは答えを見つけはじめたが、皆さんにとっては驚くべき内容となるだろう）。

　この章の終わりには、素晴らしいブランデッドエンターテイメントがどのようにして作れるかについて、いくつかのアイデアを紹介する。より具体的な方法については、本書のパート2『ブランデッドエンターテイメントの技術（The Art of Branded Entertainment）』を楽しみにしてほしい。探偵小説風に言い換えるなら、この章では主に動機、殺害方法、チャンスに触れていこうということだ。

　さてまずは、なぜ多くの人が広告を避けるようになってきているのかその点から考えていこう。

» On-demand lifestyles　オンデマンドのライフスタイル

　私たちがどのようにコンテンツを消費するかは、ライフスタイルと密接にかかわっている。私たちは今、オンデマンド経済（もしくは共有社会）の中に生きている。オンデマンドで街を移動し（Uber、Lyft、Zipcar）、出会い（Tinder、Bumble、Raya）、音楽を聴く（Spotify、Apple Music）。家もオンデマンドで掃除してもらい（Handy、Hux、Whizz）、食事もオンデマン

ドだ（Uber Eats、Deliveroo、Caviar）。そして、コンテンツもオンデマンドで視聴する（YouTube、Netflix、Amazon Prime Video）。ほとんどすべてのものに対して、便利なアプリが存在する。私たちはサービスを評価し体験を重視して、自分から求めていないものや偶然目に入るものに割く時間を減らしている。まさに求めているものや、求めている瞬間に対価を払い、必要ないもの（テレビチャンネルを含む）にお金を払うことをますます拒むようになっている。ケーブルテレビの契約を切り、広告ブロッカーを使っていくにつれ、「ボイド（視聴者不在現象）」が生まれ、従来の広告プラットフォームは置き去りにされている。PJ・ペレイラが本書のまえがきで述べたような、まるで地震に遭ったかのような衝撃を家庭内で感じたのは彼だけではない。この章の著者の1人であるリカルドもまた、今やコマーシャルがどれほど家族に嫌われているか、身をもって実感した。家族の中でもとりわけ若い世代、いわゆる「デジタル世代」、もしくはさらに強烈な流行りの表現を使うなら、「デジタル生まれ」の家族に敬遠されているのだという。

» What happened to my cartoon?
アニメが消えちゃった！

　数年前、リカルドと家族は、年末の祭りのために母国のブラジルへ帰った。彼らはトランコーゾに向かった。ここは国の北部に位置する、美しく人里離れたビーチで、500年以上前にポルトガル人が初めて植民した地域にとても近い。ヒッピー風だがシックなそのビーチは、ここ20年で劇的に発展したものの、彼らが休暇用に借りた場所にはインターネットは繋がっていなかった。よってリカルドの4歳の娘は、古き良きローカルのテレビ放送を見るほかなかった。それは彼女にとって初めての体験だった。

　1日目の夜、リカルドと妻が友人たちと夕食をとっている間、リカル

ドの娘はココナッツアイスを食べながら、隣のリビングのテレビでブラジルのアニメ番組を見ていた。すると突然、「お父さん！」と娘が叫んだ。何か起こったのだと思い、リカルドがすぐにその部屋に向かうと、娘は腹を立ててテレビの方を指し、彼を見ていた。そしてリカルドに、「アニメが消えちゃった」と不満げにつぶやいた。リカルドはテレビに目をやると、娘に向き直って、しぶしぶ口を開いた。「これはコマーシャルっていうんだよ」。

» The void　ボイド（視聴者不在現象）

辞書によると、"Void（ボイド）"とは「何かを失ったことで生まれる欠落」であると記されている。

これをマーケティング用語に言い換えてみよう。すると、ボイドとは「消費者が広告に対する関心を失ってしまったことによる、視聴者の不在」であると言える。結果として、視聴者はケーブルテレビのような従来の媒体を離れてしまう。これが「コードカッティング」と呼ばれる現象だ。米国を中心に多くの世帯・個人は有料のケーブルテレビパッケージで本来無料の地上波放送を含めて様々な有料多チャンネルを視聴してきたが、その有料ケーブルテレビ契約を解約することがコードカッティングと呼ばれている。リカルドの娘のような若い世代の一部は、「デジタル生まれ」であるあまりに、従来型のテレビ放送を見たことさえない。彼らは「コードネバー」なのだ。

私たち2人は過去10年間大きなブランドと働く中で、進みゆくボイドの危機に対抗する戦略を練るほかなかった。

» Engaging the void　ボイドへの対応策

　ブランドコミュニケーションについて考えるとき、マーケティング担当者が心に留めておくべきことは、顧客（ロイヤル顧客と潜在顧客）がそこに何を求めているかということだ。今その答えは明確で、人々はもう邪魔をされたくないのだ。テレビ番組コンテンツを見たいときに、商品を売りつけられたくないのである。しかし、いつの時代も変わらないことが一つある。それは、「人は楽しませてもらうこと（エンターテイメント）が好き」ということだ。

　消費者は依然として、特定のニーズを解決する製品やサービスを求めている。人々はブランドからの情報をいまだに必要としているのも事実だからこそ、その時間を価値あるもの、つまり楽しめるものにする余地はある。

　私たちの論理的な解は、「ブランデッドエンターテイメントによってボイド状態を解決しなければならない」ということである。他の成功への戦略の数々もそうだが、この方法は言うだけなら、実際成し遂げるよりずっと簡単に聞こえるが、そんなことはない。消費者の習慣はこれまでにない早さで変化しており、観客は非常に捉えづらい存在になっているからだ。

　解決策を探るためにもまずは従来の広告を「殺害」してきたこの謎多きボイド（視聴者不在の現象）をより深く考察してみよう。ライフスタイルの変化が、ボイドへの動機を生み出し、その方法とチャンスはテクノロジーが生み出したにほかならない。一つずつ見ていこう。

» Avoidance by technology　テクノロジーによる回避

　私たちの推理手帳によると、様々なテクノロジーの普及がメディア回避を可能にした。以下がその手助けをした容疑者である。

・グローバル市場におけるモバイルへの移行
・広告ブロッカー
・広告のないメディアプラットフォーム（Netflix、Hulu、Amazon Prime、Spotify）※2017年当時
・DVR（デジタルビデオレコーダー）効果

» The void in numbers　数字で見るボイド

　もちろん私たちがカンヌに来たのは、数字で作品を審査するためではない。作品をあるがままに見て、その影響と効果を文脈の中で捉えるためだ。あなただって、統計の数値に翻弄されるために本書を購入したわけではないだろう。深い洞察と明確な答えを求めているはずだ。

　しかし、これは探偵物語だ。現場の情報から、推理しなければならない。まずはテクノロジーがどのように、顧客の広告回避とボイドの拡大を助長しているのか、検証していこう。

　調査会社のeMarketerが、ボイドとコードカッティングの増加率を調査した。2017年が終わる前の段階で、すでにアメリカの成人2220万人が、ケーブルテレビ、衛星放送、電話会社が提供するテレビサービス契約を解除していた（2016年の1670万人から、驚異の33％増である）。2016年末までに消費者の94％がテレビ広告を完全に飛ばしており、2億3600万の

デスクトップブラウザと３億8000万のモバイルブラウザが、広告ブロックソフトを使用していた（前年から38％増）。

» Media fragmentation　メディアの断片化

この結果が、メディア各社や広告会社に十分に響いてないのだとしたら、メディアの破壊が従来の広告モデルにもたらす二次被害について考えてみよう。現在、エンタメとメディアの選択肢は山のようにあり、新たな配信媒体やコンテンツ制作者は毎週のように現れている。

かつてハリウッドでは、６つのメジャースタジオが競争していた。今や何十もの配信サービスや制作会社が、従来の映画配給ビジネスを破壊しかけている。同じような破壊がテレビ・音楽産業でも起きている。大規模な企業が独占していた市場に、今や大勢の新たな競合が視聴者と売上を奪いに殴りこんできている。

果たして、この誰もが手に入れやすい新たなテクノロジーこそが、従来型広告ビジネスモデルを破壊する、掴みどころのない「デジタルボーンキラー」なのだろうか。それとも、別に存在する「真犯人」を手助けする存在の一つでしかないのであろうか。

» Overstimulated communities
拡大し続けるコンテンツ・コミュニティ

広告に頼らない収益モデルのプラットフォームがますます視聴者を獲得するにつれ、生産され、消費されるコンテンツの数は大幅に増加した。動画配信サービスNetflixは、2017年に計500以上のプロジェクトを企画・プロデュースし、2018年にはオリジナルコンテンツ制作に80億ドルを投

資すると伝えられた。

　何百万人もの人がコンテンツ（とその発展）に注目する中で、メディア断片化に特に鋭い興味を示すグループが存在する。それはブランドだ。

　ブランドは飽和したコミュニティの犠牲になったり、ボイド（視聴者不在の広告枠）にメッセージを埋もれさせたりしたくはない。あまりに多くのものがかかっているのだ。

　多くのブランドは、視聴者（顧客）との関係性を保つため、邪魔をする広告主から魅力的な広告主に生まれ変わることが不可欠だと考えている。そして多くのブランドは、エンターテイナーとして視聴者（顧客）を魅了することに成功した例も持っているのだ。そこで、実際にブランデッドエンターテイメントがブランドに対して何を成し遂げることができるのか、実例を見ていこう。

　20年をかけて、LEGOは伝統的な玩具メーカーからメディア・コンテンツ制作会社へと生まれ変わった。愛されるLEGOのキャラクターは、映画やテレビ、デジタルのスクリーンで、Disneyのキャラクターたちと張り合っている。

　21世紀初め、ドイツの自動車メーカーBMWは、著名な映画監督や俳優陣を起用したアクションショートフィルムのシリーズを制作し、自社コンテンツとして公開し、広告界に殴りこんだ。監督には、ガイ・リッチー、トニー・スコット、ジョン・フランケンハイマー、アレハンドロ・ゴンザレス・イニャリトゥ、アン・リー、ウォン・カーウァイ、ニール・ブロムカンプなどが揃い、彼らは作品の中で、BMWの高性能のクルマをアクションの中心にしっかりと、そして自然に据えている（このプロジェクトは2002年カンヌライオンズでグランプリを受賞した）。15年後、

このシリーズは再びクライヴ・オーウェンを抜擢し、リメイクプロジェクトとして公開された。

　世界最大のホテルグループであるMarriott Internationalは、次世代の旅行客に向けたコンテンツを制作している。その多くを手がけるのがマリオットコンテンツスタジオという部門だ。約19のグローバルホテルブランドに向けたソーシャルメディアコンテンツや、オンライン旅行雑誌（『Marriott Traveler』）をプロデュースしているだけでなく、テレビ番組（『The Navigator Live』）、短編映画（『Two Bellmen』『French Kiss』）、YouTubeやInstagramでのウェブシリーズ、FacebookのVRアプリOculus RiftによるVR体験まで提供している。Marriottの映画の一つは、初動60日だけで50万ドル分のホテル予約に結びつき、雑誌『Marriott Traveler』は90日間で7200部屋の予約を達成し、ウェブサイトは月間4000万人の閲覧者を呼び込んでいる。

　Red Bullは、クオリティの高い映画、ドキュメンタリー、デジタルコンテンツ（この会社のYouTubeチャンネルは現在約700万人の登録者と、7000本以上の動画に対し20億再生以上を獲得している）で知られているだけではない。そのメディア部門は出版社（The Red Bulletin）として成功しており、自社のデジタルコンテンツプラットフォーム（Red Bull TV）をも設立している。

» Digitally born (ad) killers
デジタルボーン（アド）キラー

　調査すればするほど、若いデジタル世代の視聴習慣やうっとうしいコマーシャルだけが、ボイドや従来型テレビ放送やケーブルテレビの崩壊を引き起こした犯人なわけではないと感じられる。探偵物語のルーティンとして、他の容疑者も洗ってみよう。

調査は、テレビ局におけるこの章の筆者の一人であるガボールの最初のキャリアから始める。10年以上テレビプロデューサーとして働いてきたが、ガボールはスポーツのライブ放送以外、今や滅多にテレビを見ない。しかし、ガボールにとって、うっとうしかったのは実はコマーシャルではない。彼にとっては、コマーシャルも実際かなり面白いものが多いのだ。ガボールはジェネレーションX（1960〜1980年代初頭生まれ）であり、デジタルネイティブではない。従来のテレビがガボールにとって時代遅れな存在となった主な理由は、今日のテレビのほとんどが、コマーシャルとコマーシャルの間にぴったりはまるように作られているからだ。テレビドラマ、コメディ、エンタメ番組、リアリティ番組、そしてドキュメンタリーやニュース番組までも、だ。何もかも、ファストフード店のお子様メニューのようにパッケージされている。起承転結は基本的に毎回同じで、決められたコマーシャルの時間に合わせて流されている。それだけでなく、前回（もしくはコマーシャルの直前）に起きたことを再び際限なく流したり、同じチャンネルの他の一押し番組をしつこく繰り返し宣伝したりする。極めつきは、すでに受け入れがたいこの取り合わせの合間に、ローカルニュースや気象警報が何度も挟まれてくる。これらの組み合わせこそ、いわゆるリニア型テレビを崩壊させ、ますます耐えがたいものにしているのだ。特に、オンデマンド配信のスムーズな視聴体験と比べると、それは顕著だろう。

　誰も容疑者にはなりたくない。ガボールのかつての同僚や友人を含め、テレビやプロダクション業界にいる多くのステークホルダーが、抗議の声を叫ぶだろう。現代のフォーマットを発展させてきた実績や、時代に合わせた21世紀のテレビ体験を成功させてきた功績を指摘するだろう。しかし、視聴者はどんどんそうは思わなくなっている。そして、デジタル世代はオンデマンドでなくコンテンツ優先でない、リニア型テレビから離れてしまっているのである。

　我々の探偵手帳では、証拠と数値の辻褄が合い続けている。2012年から2017年の間に、18歳〜24歳のアメリカ人のテレビ視聴時間は、週に約10時間、1日当たり約1時間25分減少した。その代わり、2017年第1四半期の間に、同じ対象は月に平均2226分をPCでのオンライン動画視聴に費やし、414分をモバイル動画視聴に費やしていた。

　突如として、ボイドを引き起こしている容疑者集団の規模は、大幅に拡大した。それは、テレビから離れた人や、若すぎるかデジタル生まれであるために、テレビとかかわったことのない人だけではない。また、迷惑なコマーシャルやディスプレイ広告だけでもない。リニア型コンテンツや従来のテレビ体験を生み出している人々も、容疑者であるのだ。

　探偵小説のお決まりは、真犯人は「私たちの中」にいるかもしれないというだけでなく、真犯人は実は「私たち自身」かもしれないという展開だ。生まれつき、あるいは習性や集団として、私たち自身が「デジタルボーン（アド）キラー」、つまり従来の広告モデルを殺している犯人なのだろうか？

» Insult to our intelligence　知性への冒涜

　ブランディングやマーケティングのグローバルリーダーたちは、従来のテレビ体験の問題点をすでに理解していたはずだ。大手消費財ブランドの社長などとの会議で、テレビ局役員たちは、テレビコンテンツがいかに適切に作られているか、商談先に説得しようとしていた。しかし、マーケターは断固として、ばかにしないでくれと反論するのだった。全く同感である。永続性あるビジネスというのは、ありきたりの解決策のうえには成り立たないのだ。

テレビ産業と、現在世界で1780億ドルの広告ビジネスには、ボイドを回避し、最終的には生き残るもっといい方法がある。もし従来型テレビが、ありきたりでなくなり、煩わしくなく、最小限の努力で視聴者を喜ばそうとはしなければ、だが。そして代わりに、縛りのないストーリーテリングの強みや、新たなアイデアの力、そして一番大事なのは、視聴者に力を与えることに焦点を当てれば、である。

つまり、テレビは広告フォーマットの問題だけでなく、コンテンツそのものにも問題があるのだ。私たちの同僚で、大手のテレビプロダクションFremantleMediaに所属するサマンサ・グリンが、このことについて、本書のパート４の『世界に広がるアイデア』で、その知見を共有してくれる。

» Navigating the void　ボイドを操る

もしブランドが、これ以上顧客を呼び込むことに限界を感じているのなら、顧客が時間を喜んで使うところへ自ら移動し、もっと行動を起こす必要がある。顧客の注意を引ける時間が減少し、エンターテイメントの選択肢が増加しているのだから、時間を無駄にする存在から、好んで時間を使われる存在に生まれ変わらなければいけない。簡潔に言えば、ブランドは邪魔者ではなく、エンターテイナーにならなくてはならないのだ。そして、ますます多くのブランドや広告会社、特に2017年のライオンズエンターテイメント受賞者は、このニーズ（必要性）をしっかりと理解し、そして結果を出している。結果とは、必ずしも職場に飾られる金のトロフィーに限らず、ブランドを動かす新たな指針を示す、確かな結果を意味する。

これらの受賞プロジェクトのリストは、ブランデッドエンターテイメ

ントがブランドにもたらすポジティブな影響についての大いなる証拠になっている。

» Gold winners score big returns
ゴールド受賞者と彼らの大きなリターン

『We're the Superhumans』（リオパラリンピック/4Creative London制作）：当作品には140人以上の身体障がい者が出演し、日々の生活の活動から走り高跳びまで、あらゆることをしている。この作品は4000万以上の再生数と、180万以上のシェアを獲得した。

『Boost Your Voice』（Boost Mobile /180LA制作）：前回の米国大統領選の間、当電話会社は、行政の行き届いていない地域の店舗を投票所にした。合計7億6600万のインプレッションを獲得したが、最も重要なのは「Boost地域」の投票数が、23%増加したということだ。

『Evan』（Sandy Hook Promise/BBDO New York制作）：学校での銃乱射事件の兆候について描いたこの作品は、1週間足らずで1億再生を突破し、133ヶ国で20億以上のインプレッションを獲得した。近年実際に起きた校内での銃乱射事件を見てみると、『Evan』で描かれたのと同じような、未来の銃撃犯の兆候や怪しい行動が見過ごされていた。このことを考えると、この作品は実際に人の命を救う働きをしていると言える。

『Unlimited Stadium』（Nike/BBH Singapore制作）：2016年の夏季オリンピックに合わせて、Nikeはマニラに、世界初のフルサイズLEDのランニングトラックを設置し、アスリートやブランドのファンが自身のデジタルアバターと競走できるようにした。試合が行われた17日の間に、2万6000人以上の人々がLEDトラックに訪れ、約6000人が実際にそこを走った。結果、NikeのLUNAREPIC（ルナエピック）の靴はすべての

ランナーに購入され、Nikeはオリンピック中のソーシャルメディアでのメンション率がトップのブランドとなった。『Unlimited Stadium』はフィリピンのあらゆるメジャー局で放送され、Mashable、DesignBoom Magazine、Bleacher Reportなど様々なメディアサイトで特集された。結果として、すべてのサイト合わせて1億再生を獲得した。このキャンペーンの成功によって、BBH SingaporeはAd Ageの2018年度インターナショナル・エージェンシー・オブ・ザ・イヤーに選出された。

『LO：インターネットの始まり』（NetScout/Pereira O'Dell制作）：NetScout社は、サイバーセキュリティとネットワークパフォーマンス管理製品の開発会社である。ドイツの映画監督ヴェルナー・ヘルツォークが監督した、インターネットの起源と将来を描いたドキュメンタリーは、サンダンス映画祭に選出され、Netflixにも採用された。また、映画評論サイト『Rotten Tomatoes』では94%の高評価を獲得し、エンタメ（Variety）、ライフスタイル（Esquire）、テクノロジー（Wired-Mashable）などのメディアで、多数の記事やメンションに取り上げられた。結果、NetScout社の検索数は25億から250億に増加し、同社の30年の歴史の中で、最多の新規契約の問合せを得た。そして、Netflixなどに配信権が売れたことなどで、この映画の制作費の出資金は戻ってきた。しかしそれだけでは終わらない。NetScout社によると、この作品によって、サイバーセキュリティの話題はCTOだけでなく、多くの会社のCEOの間でも重要な関心事となった。つまり、以前はメッセージを届けられなかった、企業のトップやステークホルダーにまで、ブランドを周知することができたのだ。

『A Love Song Written by a Murderer』（Vida Mujer/Circus Grey Peru制作）：Vida Mujerは女性向けの慈善団体だ。有名なペルー人ソングライターのディエゴ・ディボスは、妻に許しを請う虐待男のラブレターを、新作のヒット曲の歌詞の題材として使い、その事実を後から公開す

ることでインパクトあるメッセージを届けた。この歌と、虐待を許さないという大切なメッセージは、800万人の人々の心に届いた。さらに重要なことに、虐待を受けていると声をあげたペルー人女性の数は、このキャンペーン開始後、最初の月だけで3000人を突破した。

『Label of Love』（Monoprix/Rosapark Paris制作）：この作品は、Rosapark ParisがフランスのスーパーマーケットチェーンMonoprixのために制作した、心動かす短編映画だ。作中では、Monoprixのユニークなパッケージの言葉をきっかけに、運命が交差していく小さな男の子と女の子が描かれている。この映画は合計2650万再生を達成した。テレビでは1400万、劇場で35万、端末では75万、ソーシャルメディアで1140万、ソーシャルメディアのデジタル体験で120万再生という内訳だった。これによって、フランスのポップカルチャーにおける、Monoprixの立ち位置は確固たるものとなった。

『One Source』（Absolut/VML Johannesburg制作）：Absolutウォッカの生産地（One Source）はスウェーデンだが、アフリカでAbsoluteの売り上げを伸ばすためにヒップホップの巨匠クリ・チャナと組み、素晴らしいオーディオビジュアルの力で、アフリカはすべての創造物の源泉（One Source）であると表現した。MTVのアフリカ・ミュージック・アワードで紹介され、本アルバムは南アフリカのiTunesでトップチャートに躍り出た。クリ・チャナのファンはこれをきっかけにAbsoluteのファンとなり、17.5億のメディアインプレッション、前年比84%の売上増、市場シェアは14%から倍の28%を獲得した。Absolutは、南アフリカナンバーワンのプレミアムウォッカとなったのだ。このキャンペーンによって、Absolutは単なる広告主というより文化の創出者であると見られるようになり、またアフリカが持つ芸術性と創造力を気付かせてくれるきっかけともなった。

『Home』（国連コソボチーム/Black Sheep Studios制作）：『Home』は、Black Sheep Studios（BBH Londonの一部門）が国連のコソボチームのために制作した短編映画で、幸せなイギリス人家族が旅の最中、難民危機を経験する様子を描いている。当作品は50以上の映画祭で上映され、英国アカデミー賞(BAFTA)のベスト・ブリティッシュ・ショートフィルムを含め、18の栄誉ある賞を受賞した。UK Refugee Week（難民週間）の間、イギリスの映画館Picturehouse Cinemasは全国の劇場で『Home』を上映し、後に他の劇場チェーンや独立系の映画館でも70回以上上映された。何より、この映画は64ヶ国の国々で議論や討論を呼び、400万インプレッションを突破した。難民危機は一地域の問題ではなく、グローバルな問題なのだと、これらの数字は証明した。

『From the Start』（Lacta/OgilvyOne Worldwide制作）：この作品は、OgilvyOne WorldwideがギリシャのチョコレートブランドLactaのために制作したウェブシリーズとテレビ映画である。同社の製品を、恋に落ちる甘さと比較している作品だ。これは500万人しかインターネットユーザーがいないギリシャで200万再生を記録し、国内ナンバーワンの再生数とチャンネル登録者を持つYouTubeチャンネルとなった。同様に、Lactaの売上はマイナス10%から4.3%へと14ポイント以上回復し、「美味しい」結果を手に入れたのだった。

『Ash to Art』（J. Walter Thompson London制作）：英スコットランドのグラスゴー美術学校の図書館が大規模火災に遭った後、英国のトップアーティスト25人が集い、焼け跡の灰でユニークなアート作品を制作している。オークションハウスのChristie'sで作品のオークションを行ったところ、28ヶ国からの入札があり、70万6438ポンドを売り上げた。これによって、本校は国際的な注目を集めただけでなく、文字通り灰の中から「立ち直る」ことができたのだ。本作はイギリスの人口の42%に届いた。

『Beyond Money』（Santander Bank/MRM//McCann Spain制作）：そして最後に、2017年度ライオンズエンターテイメントのグランプリ受賞作は、アドリアーナ・ウガルテ出演のSFショートフィルム、『Beyond Money』だ。この作品では、お金（やそれで買えるもの）よりも、思い出や経験に価値があるのだと強調している。Santander銀行によると、本作公開初日には１万2426人を動員し、初週のオンライン視聴数は750万再生を獲得した。この結果、Santander銀行のイメージが向上しただけではなく、１|２|３ Smart Accountの契約率は、同銀行の160年の歴史の中で最速となった。

本書では、これらすべてのゴールド受賞者についてさらに掘り下げていく。だが、今このリストに目を通しておき、ブランデッドエンターテイメントがどのような影響力を持っているか、その一端を理解するのがいいだろう。

» The usual suspects　モノより体験

Santander銀行がグランプリ（と何千もの新規口座の開設）を勝ち取るきっかけとなったプロジェクト、『Beyond Money（お金より大切なもの）』は、ソーシャルメディアでも注目を集めた。コーネル大学の心理学教授であるトーマス・ギルオービック博士の研究によると、体験は、モノを購入する行為より大きな満足感と幸福感をもたらすという。なぜなら、（１）体験の購入は、モノの購入よりも、社会的関係を確実かつ効果的に向上し、（２）人々のアイデンティティーの大部分を作り上げ、（３）他との比較よりも個々人の感覚によって評価されるからである。つまり、私たちはモノよりも、体験にお金（と時間）を費やしたいと思うものなのだ。

ブランデッドコンテンツが「体験」となるためには、それだけのパワーがなくてはならない。それは、視聴という行為（例えば、Red Bullのスノーボードムービー『The Art of Flight』など。YouTubeの動画コメントを見れば、その動画が多くの視聴者の人生をも変えていることが分かる）。もしくは実際に自分で体験する行為によって、「体験」となる。

　しかし、真に顧客を巻き込んだ顧客体験を成功させ、伝統あるビールブランドへの愛を向上させた、とある例を見るために、メキシコシティに足を運んで、本物のホラーハウスを調査してみよう。

» Horror Experience　ホラー体験

　様々なブランドがスポーツや音楽の分野で地位を確立しようとする中で、Anheuser-Busch InBevのビクトリアビールは、ホラーのジャンルに飛び込んだ。メキシコやその他ラテンアメリカにおけるホラー（や超常現象）への好奇心の強さを知っていれば、この戦略は自然に感じられるだろう。伝統的な祝日である死者の日にも見られるように、ホラーは地域の文化に深く根づいているだけではなく、メキシコ内でも世界でもミレニアル世代の間で高い人気があるのだ。現に、歴代の興行収入ランキングトップ10のうち6つは、ホラー映画である。

　2016年から、ビクトリアビールはメキシコシティの廃墟ホテルを使って、現代と昔のメキシコ神話をモチーフとした、『Hotel de Leyendas Victoria（伝説のホテル・ビクトリア）』という体験型のアトラクションを作り出した。「ホテル・ビクトリア」は、エンターテイメントを通してメキシコ文化を再構築したのだ。どのように？それは、消費者が死者の日を様々な方法で祝っていたことに注目し、ビクトリアブランドは没入型のホラー体験を、エンタメフランチャイズとして成功させたのだ。

Punchdrunk制作の『Sleep No More』をコンセプトとしたお化け屋敷の例も調べてみてほしい。どちらの劇場体験の例においても、観客は舞台の空間の中で、自分が見たいものを見て、行きたいところに行くことができるのだ。

　ホテル・ビクトリアでは、（一夜たりとも過ごしたくないような）15の不気味な部屋に75人の俳優を配置し、素晴らしく「恐ろしい」体験を生み出して、メキシコの文化に火をつけている。

・50万人以上が来場
・全公演完売
・全グッズ完売
・92%の国内メディアが紹介
・『Guardian』や『National Geographic』のような有名媒体への掲載
・ホテル・ビクトリアで撮影したオリジナルウェブシリーズの制作
・モバイルで10万以上のインプレッション
・テレビ、スナップチャット、トレードショーなどマルチメディアでの消費者体験の成功
・様々な店舗におけるVR体験を、1万5000人以上のホラーファンが満喫
・ビクトリアは、死者の日に関連するアルコールブランドのナンバーワンに
・（18歳以上の）ミレニアル世代でナンバーワンに

　これらの成果は皆、ブランドを隠すのではなく、ブランドを体験の中心に据えた結果である。その例は、「伝説のホテル・ビクトリア」と名づけたことから、ホテルでのホラー体験の締めくくりにビクトリアビールのバーを用意したことまで多岐にわたる。このバーでは、怖がり疲れた客たちが、他でもない極上のビクトリアビールで、恐怖を癒すことができるのだ。

「ホテル・ビクトリア」体験は、偶然成功したわけではない。広告エグゼクティブのジョー・サントス氏が提唱した、POV戦略（目的＝purpose、所有＝ownership、ビジョン＝vision）によって、取り組みを結果に結びつけているのだ。あるブランドを好きな人に向けてエンターテイメントを作り、その人にブランドの声となってもらうことこそ最大のチャンスである、とサントス氏は考えている。この戦略の鍵は、人々のブランド愛を高め、その体験を通してブランドの目的を体現してもらうことである。

「ホテル・ビクトリア」は、ビクトリアのファンを馴染みある世界、つまり現地の神話やホラー、超常現象に対する彼らの愛の世界へ連れていき、体験を通してファンのそれらへの思いを、ブランドへの本当の愛へと高めているのだ。

» Call it Goofy　設計されたエンターテイメント体験

ファンの心を動かすことにおいて、Disneyの右に出るブランドは恐らくないだろう。ディズニーランド、ディズニーワールド、ディズニークルーズライン、ディズニーストアなどの例を見てみれば、Disneyのエンターテイメントが、ディズニー映画、テレビ番組や体験に対する人々の愛を高めていると分かるだろう。これによって、人々はDisneyのブランドにますますのめり込んでいくのだ。さらに、デジタルエコシステムも充実していることで、ファンとしてDisneyの旅を楽しみ続けることができる。グーフィーと電話することさえできるのだ。

彼らの目標は、様々なチャネルを通して一つの一貫した体験をファンに届け、楽しませることである。それは、ファンにメッセージを押し付けるのではなく、ファンをブランド側に引き込むことで達成するのだ。

最後に、その体験はユニークでなくてはならない。だからこそ、ファンは他の人ともその体験を共有するのである。

　全体像と明確な筋道が見えてきたところで、難しい質問に答え始めていこう。どうすればDisneyのようになれるのだろうか？どうすれば、様々なチャネルを通して一貫した体験を届け、ファンを楽しませられるだろうか？メッセージを押し付けるのではなく、ファンをブランドに引き込むにはどうしたらいいだろうか？どうしたら他の人と共有したくなるようなユニークな体験を作り出せるだろうか？根本的に重要なことだが、人々のブランド愛を高めるために、エンターテイメントをどう活用するのだろうか？

　ここからは私たちの探偵物語を、素晴らしいブランデッドエンターテイメントを作るためのレシピに変えていこう。

» Let me entertain you　観客を楽しませよう

　魅力的で、視聴者の邪魔をしない作品（共同作品もしくはオリジナル作品）を作ることで、ブランド、ビジネス、消費者に価値を与えることができる。

　ブランドは文化を生み出さなければならず、それはエンターテイメントを通して行わなければならない。ただし、大きな方向転換が必要だ。人々が自分のために見たいと思えるようなメッセージを作る必要がある。

　マーケティング担当者は人々が注目する作品を作るうえで、コンテンツや配給を支配する方策は捨てる準備をしなければならない。そして、

世の中にどのような形で出るかにとらわれない、クリエイティブなアイデアに基づいて、計画を練らなければならないのだ。順序をあえて無視したこの戦略をとることで、予想のつかない、そして願わくはインパクトのある結果を導くことができるのだ。突然のチャンスにも柔軟に対応できるよう、臨機応変な予算管理を採用する必要もある。

» Don't bury the brand　ブランドを埋もれさせるな

　ブランデッドエンターテイメントは、必ずしもマーケティングのすべての課題に対する解であるとは限らない。素早い適応やコミュニケーションが必要な市場では特に、だ。例えばオーディエンスにスノーボード選手の同じ動画を繰り返し20回以上、見てくれとは言えないが、作品や体験にインパクトがあったり、実在するイベントや事象に基づいていれば、それを使ったコミュニケーションの方法はいくらでもある。ブランドの名前が実際にイベントのタイトルの一部となれば、イベントそのものがブランドとなるだけでなく、イベントについて個々に報じる各メディアにブランド名を載せることができる。Red Bull Stratos、コロナ・サンセット、レッドブル・クラッシュドアイス、バドライト・ダイブ・バー・ツアー、レッドブル・エアレース、ホテル・ビクトリア……お分かりだろうか?

　駆け出しのジャーナリストは「大切なストーリー」を埋もれさせてはならないということを、キャリアの早い段階で学ぶ。探偵も同じである、「犯人につながるヒント」を埋もれさせないように、経験豊富な先輩に教えられる。ブランドコミュニケーションに携わる私たちにとって最も大切なことは、「ブランド」を埋もれさせてはならないということである。共著者で審査員仲間のペレ・シェネールとジェイソン・ゼノポラスが、本書のパート2で、「プロダクト・プレイスメントからアイデア・プレ

イスメントに移り替わるべき」だという深い洞察をするなかで、堂々と
その手法を実現するブランドについて紹介する。

» The right marketing mix
適切なマーケティングミックス

　鋭い探偵の勘を働かせれば、メキシコシティでの「ホテル・ビクトリア」
の成功は、複数のエンターテイメントやマーケティング戦略が組み合わ
さってできていると分かるだろう。ライブパフォーマンス、ウェブシリー
ズ、Snapchatのフィルター、VR、テレビやメディアのレポート、グッ
ズ販売、トレードショー、そしていわゆる店頭など現場でのアクティベー
ション（バー、ナイトクラブやレストランでの商品紹介）などがあった。

　先に述べたように、ボイドを引き起こす犯人は1人だけではない。そ
して消費者を私たちの広告に引き戻す解決法もまた、一つだけでは通用
しない。正しいマーケティングミックスが必要なのだ。

　2018年の今も、自動車を主役にしたアクション映画（もしくは宇宙を
旅するスペースカーの映像）だけではなく、従来の車のコマーシャルも
見る。いまだにBMWやMarriottのプリント広告だって目にする。デジ
タルコンテンツは、かつての広告に取って代わるのではなく、それを補
完する役割を果たす。コンテンツを生み出し続けるRed Bullでさえ、屋
外広告や（面白いアニメの）テレビコマーシャルを使っている。マーケ
ティングというのは、ただ一つの戦略で成功させるにはあまりに複雑で
ある。地域の市場での具体的なニーズ、短期的な商品売り出し、文化的
な会話や危機に対する即時的な対応……すべてのニーズがエンターテイ
メントで解決できるわけではない。そして顧客は、常にオンデマンドで
コンテンツを見られるわけでもない。緊急のメッセージを伝える必要が
ある場合には特に、だ。時にはターゲットでない顧客にも、メッセージ

を届けなくてはならない。

　顧客がすでにブランドを知っており、その理解を深めたいと思っているときに、ブランデッドエンターテイメントは最も効果的にはたらくのである。この章の少し前で、このプロセスのことは「POV」（目的＝purpose、所有＝ownership、ビジョン＝vision）と呼んだ。POVが実際に効果を発揮できると証明する実例はたくさんある。

» Did it say Red Bull?
Red Bullのクレジットはあった？

　スイスに訪れている友人からガボールのもとに電話がかかってきた頃、彼はRed Bullの本社に近い、オーストリアのザルツブルクに住んでいた。友人は、スイスのテレビでガボールが手掛けた「Red Bullの番組」の一つをちょうど見たところだった。ガボールは友人に、番組の中に「Red Bull」とクレジットが出てきたか、あるいは何かブランドのロゴを見かけたか、と尋ねた。友人は気づかなかったと答え、「でも、とても素敵で、『Red Bull』的だって感じたわ」と話した。

　これは番組を作った人たちにとって素晴らしい褒め言葉であるだけではなく、多くの人や顧客が、ブランドに対して予めなんらかのイメージを持っているという証明であるかもしれない。このことが、ブランデッドエンターテイメントを企画する上で、重要な土台となるのは明らかだろう。

　そして、スイスのテレビ番組表を後に確認したところ、ガボールの友人は実際その日に、Red Bull Media Houseが制作した番組を見ていたことが分かった。

» Rules of engagement
エンターテイメント制作におけるルール

エンターテイメントは、数ヶ月で企画から制作まで完了するような従来の広告とは異なる独自の制作パターンやルールの上に成り立っている。ブランドが積極的にこのルールを理解しようとして、さらに参加するクリエイターもこの新たな機会を受け入れる姿勢が整っているか、私たちは確認しておく必要がある。成功のためには仕事と割り切った関係でなく、長期的に投資をすることによって関係性を強固にすることで、結果に結びつく。

» Entertainment fallout　伏線・回収

探偵物語はどのように終わるだろうか？それはもちろん、続編に続く、である！いくつもの続編だ。多くのブランドがコンテンツスタジオに投資したり、ブランデッドエンターテイメントやオンデマンドのエンタメを制作したりするほど、業界はもはやブランド同士の戦いではなく、消費者の時間をいかに獲得するかの戦いになっていく。

そして、すべてのブランドがエンターテイナーになってしまった日には、私たちは皆、輝かしい古き良き雑誌広告を恋しく思うのだろう。

この探偵物語の真のヒーローは誰なのだろうか。つまり、マーケティングを成功させる要因を決めるのは誰なのだろうか。クリエイティビティか、トップクリエイターを使うことか、配信方法か、それとも規模や経済力か？それとも、再びイーロン・マスクなのだろうか？かつての常識は、金で世界は買えるということだった。2018年、これは「お金を使わずに世界は買える」という言葉に変わった。

毎年莫大な予算を投下する自動車を含む大手のブランドの中でTesla
だけ、広告予算は０ドルだという。０ドルなのに、マーケティングイン
パクトとブランドの力を最大化しているのだ。Teslaの創設者兼CEOで
あるイーロン・マスクは、自社の車が宇宙へと飛んだビデオを作ったり
（もしくはInstagramで火災放射器の宣伝をしたり）した。そして、世界
中の人々が彼のブランドを話題にしている。Teslaは他の多くのブラン
ドが手を焼いているボイドの現象を乗り越え、高みの見物をしているの
だ。これで話は図らずも最初に紹介した話に戻ってしまった。

　結末にオチがなければ探偵小説とは言えない。約330年前、万有引力
の祖であるアイザック・ニュートンは、ひっくり返すことの出来ない自
然の法則を発見した。それは、一度上がったものは、必ず落ちるという
ことだ。
　つまり、いつの時代にも通用する絶対的なマーケティング手法などの
解は存在しない。だからこそ私たちは、常に古い慣習を殺害し、新しい
変化をもたらす「犯人」を疑い、探し続けないといけないのだ。

2

時間との戦いと
集中力持続時間への誤解

マルセロ・パスコア
Marcelo Pascoa, Burger King

The Battle of time and the fallacy of
the short attention span

　10年以上前から広告業界で議論され続けてきたのは、メディアの断片化によって人々の注意を引くことが難しくなってしまったということだ。これは、コンテンツと新世代の消費者たち、特にミレニアル世代との関係によって激化した現象である。この世代の広告嫌いは、Instagramの１枚の写真に「いいね」をするのにかかる時間より長く、何かに集中できないという現象と一致していると言われている。

　正直なところ、時間と注意力についてのセミナーに出席しろなどと言われたら、私は死ぬほど嫌である。だから、この「時間と注意力」のテーマについて書いてほしいと頼まれた当初の私の反応は、喜ばしいものではなかった。

　しかし、よくよく考えると、審査委員長のPJ・ペレイラが私に求めていたのは、時間と集中力について語ることでは全くなく、逆にこれらについて広告業界が生み出した誤解について語ることなのだと気づいた。注意を引くことこそ広告の究極の目的であり、時間がクリエイティブにおける制限であると考えることは、実は全くの誤解に他ならない。プロジェクトの凡庸さを正当化する人が使うような、間違った単純化だ。

　広告が現在直面している真の危機は、様々な要因が合わさった、ずっ

と複雑なもので、時間的制限はその要素の一つに過ぎない。時間はマーケティングキャンペーンの成功に強い影響を及ぼすかもしれないが、その価値は相対的である。時間は究極的には、数多のインプットとアウトプットによって変動する関数であり、その中心にあるのは、今までもずっとそうであったように、メッセージのクオリティと、それが持つ人々の心を動かす力である。

» Freud, Budha and the perenniality of first impressions
フロイト、ブッダ、そして第一印象の永続性

先日、Google社とのミーティングで、人々がどのようにYouTubeの動画を見ているかという数値を目の当たりにした。その数字はもはや驚くべきものではないだろうが、避けがたい事実を突きつけられた思いだ。それは、いつでもすぐに次の動画が再生できる状況の中で、広告の最初の５秒間が、注意を引くうえで最も重要であるということだ。暗い部屋に閉じ込められ、他に気が散る要因のない劇場や映画館は例外だが。この新しい世界では開始数秒で目を引けなければ、終わりなのである。

小説を例にとってみよう。小説の中で最も苦労する部分はどこか、どの小説家に聞いても皆、口をそろえて最初の１行だと言うだろう。例えば、「『パパはあの斧を持ってどこに行くの？』と朝食のテーブルで、ファーンはお母さんに尋ねました」。このスリリングなオープニングは、スティーヴン・キングの小説でもジョージ・R・R・マーティンのものでもない。これは、E・B・ホワイトの『シャーロットのおくりもの』の冒頭だ。なんと子ども向けの本である！

広告でも人生でも、どんな形のストーリーであっても、観客の前で一度その手を挙げたからには、良いストーリーを伝えるべきだろう。残念なことに、多くの場合はそのようになっていない。バーでの最初の口説

き文句であろうと、企業へのプレゼンの出だしの言葉であろうと、広告映像の最初の5秒間であろうと、私たちの思うようにはいかないものだ。みんな冒頭をよく考えるわけだが、実際には中途半端で満足のいかない結果に終わり、メッセージの受け手は早く終わらないかと退屈してしまうことも多い。

　何か価値あるものが返ってこない限り、誰も時間を使ってはくれない。そして求める時間が長いほど、そのリターンはより価値あるものであるべきだ。これが、個々人や世代ごとの集中力の差にかかわらず、私たち人間の性である。それは1000年前から、インターネットやソーシャルメディアが発明されるずっと前から変わっていない。フロイトが1895年に述べたように（ブッダもその何世紀も前に同じことを言ったが）、人間の行動は、身体的・精神的ニーズを満たすために、快楽を求め、痛みを避ける本能に突き動かされている。

　結局フロイトを信じるにしろブッダを信じるにしろ、視聴者の集中力を働かせられるかどうかは、ストーリーの長さではなく、観客を巻き込み、時間を使ってもらう代わりに、一種の快楽を与えられるかにかかっている。時間との戦いとは、時間そのものの問題ではなく、むしろ時間という貴重な財産のお返しに、私たちが消費者に何を与えられるかという問題なのである。

» Turning thirty and the death of time
30歳になることと、時間の「死」

　30歳になると、ある恐ろしいことが起きる。私は別に、しわや中年太りの話をしているわけでも、あるいは自撮りフィルターのように、若者たちを取り囲む青春の輝きが色あせていくという話をしているわけでもない。勘違いしないでほしい。そういったものは、いわゆる第2の思春

期という辛いプロセスの一部に過ぎないのだ。実は、30歳になることのもっと恐ろしい要素は、そのようなナルシストな自意識と何も関係ない。それは何かというと、時間だ。30歳を過ぎると、ある非情な現実に気がつき、突きつけられる。それは、時間は有限であるということだ。少なくとも、私たちがこの世を生きる時間は。私たちは生まれ、育ち、子を持ち（あるいは持たず）、そして最後には死んでいく。そのことは生まれて30年ずっと聞かされることだが、私たちの多くは30歳の誕生日、そこらでようやくこの何より明白な真実を最終的に自覚するのだ。

　人は永遠に生きることはない。
　人は世界中すべてを旅行することはない。
　人はこの世のすべての本を読んだり、すべての映画を見たり、知りたいと思った知識すべてを手に入れたりすることはない。時計は反対方向に回りはじめ、あなたの避けられない死に向かってカウントダウンを始める。嫌気が差してきただろうか？これはエッセイだ。嫌ならば次の章に進んでもらって構わないが、ぜひもう少し読み進めてほしい。

　しかし、広告業界で働く人にとって死の必然性と時間の有限性をはっきりと自覚することは、それがいくら残酷な真実だろうとも貴重な才能であり、時間の価値への感謝につながる。広告は時間に制約される作品だ。確かに、リヒャルト・ワーグナーのような立派なアーティストなら、自らの才能に心酔し、名作オペラ『ニーベルングの指環』の上映時間に15時間かけても、今なお最高の作曲家の1人と称賛されることに不思議はない。

　しかし、私たちはワーグナーではない。ぜひそのことを理解してほしい。私たちは天才などではない。アーティストでは断じてないのだ。『ドリアン・グレイの肖像』の序文で、オスカー・ワイルドは次のように述べている。

"有用なものを造ることは、その製作者がそのものを讃美しないかぎりにおいて赦される。無用なものを創ることは、本人がそれを熱烈に讃美するかぎりにおいてのみ赦される。すべての芸術はまったく無用である。"

出典：オスカー・ワイルド『ドリアン・グレイの肖像』福田恒存訳、新潮社（2016年）

　もう一度言うが、私たちはワーグナーでもワイルドでもない。そして、私たちの仕事は決してアートなどではない。広告は目的を果たし、役に立つために存在している。それはいわば、絵画や歌で数学的な問題を解決するようなものだ。絵画は美しいかもしれないし、歌は心惹かれるかもしれないが、それらは必ずその目的 ── ブランドの目的によって縛られる。そして、常に時間に縛られるのだ。なぜなら、時間は貴重だからだ。それこそ、私たちが広告主として、お金を払い続けなければならないものである。違うだろうか？

　YouTubeで「Doritos Roulette Challenge」と検索すると、約6万件の検索結果が表示される。リスト全体を下にスクロールするほど、動画と検索した商品との関連性が失われていくと考えてもおかしくない。ところが、動画を再生数で並び替えて上位10位を見てみると、皆全く同じ形式をとっていることが分かる。それは、様々な年齢層、国籍のYouTuberがDoritosの周りに集まり、通常のチーズ味のDoritosか、いくつか紛れ込んでいる激辛のものか、視聴者に分からないように一つ取って慎重に食べる、というものだ。

　このアイデアはバカみたいに聞こえるかもしれないが、これら上位10位の動画の視聴数の合計はおよそ7000万再生を獲得している。どの動画も、Doritosによって制作されたわけでもスポンサードされたわけでもないようだ。実際クリエイターの中には、視聴者の熱烈なリクエストに応えて動画を投稿したと言及している人もいる。10本の動画の長さを合計すると、2時間以上にもなる広告、しかも当のブランドDoritosは一

銭も広告費を払っていない広告を見ているということになる。

　お分かりだろうか？多くのブランドが、視聴者離れや、デジタル世代の限られた集中力といった課題に苦しんでいる一方で、一部は魅力的なアイデアを成功させ、人々の時間を大量に獲得している。たった15秒のコマーシャルに高いコストを払う必要もなく、だ。

» The agonies of a failed actor and the struggling writer
落ちぶれた俳優や売れない作家の苦悩

　私は子どもの頃、広告業界で働こうと思ってはいなかった。私が成長する中で、『マッドメン』（1960年代のアメリカ広告業界を舞台にヒットしたドラマ）のドラマはなかったし、私の夢を職業的にあるいはどうにかして応援してくれる、ドン・ドレイパー（『マッドメン』の主人公。広告会社のクリエイティブディレクター）はいなかった。私は５歳の頃、クラシックピアノを弾いていた。マイケル・ジャクソンの『スリラー』からヴェルディの『椿姫』まで、かつて聞いていた様々なレコードをかけては、ステップを踏んでいた。毎週末、新しいショーを作っては、友だちを出演させ、両親を席に座らせて見せていた。父はこんなことのために私に小遣いを渡していたわけではなかっただろう。つまり、私は先行き不安な、恥知らずで、言いようもないオタクで、アートとポップカルチャーの区別もついていなかった。ちなみに、今でもその区別はついていない。

　私は、俳優や、ピアニストや、指揮者になることを夢見ていた。そして10代になり、私の芸術への夢は、それは堅実な人生の選択ではないというブルジョア的考えによって淘汰されてしまった。だから、キャリアを選択する時間が来たとき、私はアートを愛する者の選択をした。弁護士になったのだ。ロースクールでの長い５年間で、私は正しい道を歩ん

でいるのだと、自分を納得させようとした。私は学位を取得し、司法試験に合格し、さらには権威あるブラジルの法律事務所でしばらく働いて、母親の（ほとんどは）言葉に出さない望みを叶えた。しかし私は、その環境で幸せを見つけることはできないと分かっていた。もちろん、旅行、コンサート、美術館に行き続ける生活は安くは済まないということを自覚していたし、相続財産があるわけでもなかった。だから、自分の情熱とやるべきこととのバランスを取り、帳尻を合わせる方法を見つけなければならなかったのだ。

　私は、広告とは何かを真に理解しないまま、広告の学校に通い始めた。私は広告のプロが実際に何をしているのか、全く分かっていなかった。しかし今回は、私の無知さが功を奏した。私はすぐさま、心を満たしてわくわくさせてくれるとともに、まともな給料を払ってくれる世界を見つけられた、という風に感じた。演劇、音楽、文学、映画で何年も積み重ねてきた経験は、私のコピーライターとしてのキャリアにとって貴重な財産であると分かった。担当したすべての仕事で、私は広告そのものよりも、アートやエンターテイメントの中にインスピレーションを探そうと試みた。そして、驚くべきことに、この作戦はうまくいった。デジタル革命が本格化し、私が長い間テクノロジーに抱いていた興味が、新たなコミュニケーションフォーマットを試してみたいという思いに膨らんだ。そして、今や伝説の、2001年の『BMW Films』キャンペーンが現れた時、私の心は本当に高鳴った。

　クライヴ・オーウェンが出演し、ガイ・リッチーからアン・リーまで、最も才能ある映画制作者たちが監督したショートフィルムシリーズである『The Hire』は、広告界に旋風を巻き起こし、興奮と同じくらい混乱を呼んだ。インターネット用に特別に制作された、ドイツの代表的自動車ブランドによるこのショートフィルムシリーズは、広告における最も神聖なルールの一つを覆した。それは、メディアとコンテンツとの間の

マーケティング予算の配分だ。多くの著名な経営幹部すら何も考えず従ってきたこのルールでは、広告キャンペーンの制作予算はアイデアにかかわらず、メディア予算のほんのわずかであるべきと仮定している。制作費は、メディア予算の10%から20％を超えないのだ。

　独断的な常識を疑問なく使い続けることは、広告業界にとって大きな問題である。そして、これがプロジェクトへ及ぼす影響は、今日のクリエイティビティにとって最も有害なものになっている。BMWが勇敢にも提案したのは、この原理を完全にひっくり返すものに他ならなかった。そのアプローチは、マーケティング予算の大半を制作費に投入することだった。マスメディアを使って消費者にリーチするという一般的な方法を使わず、コンテンツの質こそ、彼らをキャンペーンに引き付けるものだと信じていたのだ。BMWはルールに反して、メディア費用でなく、制作費に多くの資金を投入し、エンターテイメントと広告の関係を永遠に変えてしまった。『The Hire』という作品を既存のカテゴリーの中で扱えなかったため、カンヌライオンズは新たな賞のカテゴリーを導入した。それこそチタニウム・ライオンの誕生であり、「業界に新たな方向性を示し、前進させるような、挑発的で、限界を超えた、羨望を集める作品」にのみ与えられる、フェスティバルで最も称賛される賞となった。

　『BMW Films』より前から、私は従来の広告キャンペーンのインスピレーションとして、アートやエンターテイメントを好んで活用していた。しかし、『BMW Films』のように実際にショートフィルム、ドキュメンタリー、リアリティショー、ウェブシリーズを制作できるというアイデアは、私の考えを完全に一新してくれた。コンテンツを利用してブランドを構築し、商品を販売することで、私はついに広告とエンターテイメントを融合させ、私の仕事を初めに夢見ていたものに近づけることができた。

　広告の制約は、突如として制約のようには感じられなくなった。ブランドの使命を掲げ、大きな成果をもたらすことができるエンターテイメントフォーマットと商品とを組み合わせることは、新たな楽しい冒険に感じられた。広告はもはや生計を立てるための妥協策などではなく、心から働きたいと感じられる仕事となった。私はついに、子どもの頃の夢の劣化版に、どこか甘んじているという感覚から解き放たれた。そして実務的に、もう一つ私が解放されたものがあった。それは、時間の制約である。

» Pied Piper of Silicon Valley
シリコンバレーの笛吹き男

　ブランデッドコンテンツの登場がもたらした、最も魅力的な機会の一つは、時間の制約からクリエイティビティを解放できるという考えだった。クリエイターは皆、30秒テレビスポットの厳しい制限を超え、ストーリーを伝えられる可能性に心を躍らせた。ワーグナー、オスカー・ワイルド、スティーブン・スピルバーグやその仲間のような天才にのみ許されていたのと同じ自由を、ついには手にすることができたのだ。マスメディアとしてのインターネットの爆発的流行によって、この兆しは確固たるものとなった。時間にとらわれずコンテンツを配信する独自のデジタルプラットフォームを、各ブランドが急いで作り出したためだ。無限の資源として時間がよみがえり、私たちはまた突然、十代の心を取り戻した。ストーリーは今や作りたいように作ることができ、その時間はただプロットの展開次第で決まるものとなった。

　しかし私たちが新たな夢の船の豪華なダンスホールで、祝杯を挙げ舞い踊っていた頃、氷山が近づいているのを見逃していた。早急にプラットフォームを収益化する必要に迫られ、シリコンバレー号の船長たちは祝宴を終わらせた。つまり、無料のメディアとしてのインターネットに

終わりを告げたのだ。

　実を言うと、オンラインコンテンツの数が指数関数的に成長したことは、ブランドにとって同じくらい大きな打撃でもあった。それまでブランドは、一度成功したBMWのショートフィルムシリーズの戦略に従っていれば、大量に観客を集められると信じていた。「作れば、人は集まる」という戦略だ。まるでハーメルンの子どもたちが笛吹き男の魔法の音色に思わずついていってしまうように、本当に素晴らしいコンテンツを作れば、消費者はブランドや商品を必ず見つけるのだ、と。

　結果、私たちはスタート地点に投げ戻されたのだ。ブランドと関連のあるストーリーを作り、広告をエンターテイメントやポップカルチャーに近づけるという考えは、まるでユニコーンの売買のように、理論上は素晴らしいが、子どもの夢のごとく実用的な選択ではなかった。ブランデッドコンテンツに多額の投資をしていたブランドにおいても、新たなマーケティング担当者によって、前任者否定の嵐が巻き起こった。彼らは前任者のことを、賞に目がくらみビジネスをおざなりにしたクリエイターが生んだ流行に、容易に流されたのだと批判した。大手広告会社は、印刷媒体やテレビの黄金時代が戻ってくるという希望を消さず、顧客の保守主義に急いで迎合した。手数料が高く、シンプルな時代が戻ってくると願ったのだ。

　『BMW Films』やコカ・コーラの『Happiness Factory』のような、心に訴えるエンターテイメントキャンペーンの成功にならい、野心的なブランドや有能なクリエイターたちが似たような試みをたくさん行い、それらが失敗に終わったことは否定できない。『Happiness Factory』のような成功例においても、積み上げた大きな期待に完全に応えることはできなかった。2006年にWieden + Kennedy Amsterdamが、アニメーション・デザインスタジオPsyopと共同制作したこのキャンペーンは、自動販売

機の中はエルフのような生き物たちが働く魔法の世界であるという設定で、完璧に冷えたコカ・コーラボトルをお客さんに届けるために楽しく仕事するのを描いた内容だ。

　それは効果的であると同時に見ていて楽しいキャンペーンであった。コカ・コーラの美味しさや爽やかさを存分に表しているだけでなく、ホーマーの『オデッセイ』からジョージ・ルーカスの『スター・ウォーズ』に至る傑作の基盤とも言えるような、ヒーローの冒険や時間に縛られないストーリーテリングのアプローチを活用していた。

　このキャンペーンは、テレビスポットからオンラインゲームまで、さらに6分半の短編アニメーション映画も含む、様々なフォーマットでの展開に成功した。しかし私を含め、そのアイデアはもっと偉大な目標を達成するものだと信じていた人もいた。広告目的で制作される、初のブランデッドアニメーション映画になるのだと。実際その時は2014年、『レゴ・ムービー』が公開される時にまで待たれることとなる。この話題については、本書の執筆者である他の審査員たちが、各章で掘り下げてくれるだろう。泣きっ面に蜂だが、これら失敗に終わった施策はたいてい、通常のテレビ中心のキャンペーンよりも多大な労力、時間とお金をかけてきた。

　デジタルプラットフォームによってメディアセールスは拡大し、ビジネス戦略が従来のメディアの方法に近づくにつれて、広告主が制作するコンテンツも同じように従来のものに近づいていった。コンテンツ視聴を邪魔するという広告の性質が、逆行して一層強く現れ、その性質は従来型メディアだけでなく、革新的であったデジタルプラットフォームにおいても見られるようになった。広告とそれ以外の部分が分かれてしまうのは、必然かつ必要なことだと再び叫ばれるようになった。編集コンテンツと広告情報の分離は不可避かつ必要なものとして再び取り戻され

た。それは、編集タイアップ広告がなくなるにつれ、出版物の多くも消えていったことに気がつかなかった、理想主義的なジャーナリストたちと同様だ。同じような見出しのもとに、ブランデッドコンテンツの死を主張するエッセイが多く執筆された。

» Take me Back to the Start　はじまりの場所へ

こうした紆余曲折を経て、ブランデッドエンターテイメントの世界からすべてが失われてしまった。いや、果たしてそうだろうか？情熱というのは、その炎を絶やすことが困難なものだというのは、あなたもお分かりだろう。コンテンツと広告の融合は、広告世界の懐疑主義者によって打ち砕かれたかのように感じられたかもしれないが、実際にはエンターテイメントに根ざした広告キャンペーンは世界中の消費者の心を惹きつけ続けたのだ。

2012年、メキシコ料理のチェーンレストラン、American Chipotle Mexican Grillは、カンヌライオンズのフィルム部門とブランデッドコンテンツ部門でグランプリを受賞した。鶏を絞めるなど、農場の恐ろしいシーンを描いたYouTubeのビデオは山のようにあるが、それとは対照的に、Chipotleは心温まる美しい短編アニメーション映画の『Back to the Start』を制作した。本作では、自身の農場を工場式に作り替えた農家の男が、持続可能な農業にこそ成功はあるのだと気づくというストーリーを描いた。アウトロー・カントリーミュージックジャンルの創始者の1人、ウィリー・ネルソンによる、コールドプレイの楽曲『The Scientist』のオリジナルバージョンが、ある農家の物語とともに、私たちを「はじまりの場所（歌詞に"Back to the start"というフレーズが何度も出てくる）」へ連れ戻すようにいざなった。

それは目を見張るような作品だった。広告におけるその作品の適切さを否定できたとしたら、よっぽどひねくれた批評家だけだったであろう。また同作品によって、Chipotleは一夜にして素晴らしいブランドの称号を獲得し、その後も毎年同様の、魅了的な短編アニメーションを制作し続けるようになった。しかし、ブランデッドエンターテイメントを取り巻く論争が激化する中、Chipotleのグランプリダブル受賞は、危険な解釈をする余地を与えてしまった。Chipotleの初の全国的広告は、YouTubeで正式に短編映画として公開され、400万再生以上を獲得した後、グラミー賞のテレビ生放送にて全編放送された。多くの人が当キャンペーンを、ブランデッドエンターテイメントの傑作だと称した一方で、一部の人は『Back to the Start』について、映像の長さは2分20秒であるが、本質的には典型的なテレビスポットと変わらないと主張した（第16章で解説されるが、あくまでもオンライン向けのブランデッドコンテンツとしてスタートし、そのクオリティが高いために、最終的にテレビCMとしても放映されることになったことからも、単なるテレビCMではなく、ブランデッドエンターテイメントの大成功事例であることは明らかである）。

同年、Intelと東芝が、ウェブシリーズ『The Beauty Inside』を共同制作した。担当広告会社は、長年コンテンツ制作に熱心なPereira O'Dellだ。同じ人格と記憶を持ち続けながらも、毎日違う人間の体で目を覚ます男の悲痛なストーリーは、非常に掴みづらいターゲット層であるミレニアル世代の間で特に、瞬く間にヒットした。

シリーズ全体は6つのエピソードで構成された、合計40分以上のコンテンツである。全エピソードにおいて、私は止められない涙を見せまいと、椅子から離れることができなかった。私が感動したのは、主人公の試練の繊細な美しさだけでなく、作品の完成度であり、それはブランデッドエンターテイメントの持つ力を示す確たる証拠であった。ブランドが

コンテンツを作るうえでの最大の課題は、エンターテイメントの観点においてもマーケティングの観点においても、同じくらい強力な一つの最適解を見つけることである。ほとんどの試みは、一方を優先して他方をおざなりにする傾向がある。視聴者の心に響く魅力的なストーリーであるがブランドの目標は達成できていないか、もしくは宣伝する商品を消費者に買ってもらうために、不必要なまでに物語の魅力を削いでしまうかのどちらかである。

　この『Beauty Inside』キャンペーンの真の"美しさ"とは、物語としての魅力と広告としての説得力を同等に兼ね備えていたことである。受賞歴のあるNetflix番組と匹敵するクオリティの作品を生み出したと同時に、「コンピュータの中にあるものは、その外側に見えるものより重要であるはずだ」という、難しいブランドメッセージを伝えることに成功したのだ。

　しかし、多くの人は知らないことだが、Intelと東芝は当初、エンターテイメントを通じて、若い消費者に訴求するために『The Beauty Inside』を制作したわけではなかった。その前年、この2社は同じ広告会社によって制作されているものの、異なるウェブシリーズを公開していた。シンプルに『Inside』という題名で、目が覚めると暗い部屋に閉じ込められていた少女が、部屋にただ一つあるラップトップを使い、脱出の道を探そうとする物語だ。ハリウッド初のソーシャルフィルムとして発表されたこのシリーズは、素晴らしいコンテンツではあったが、次作と同じレベルの成功を収めることはできなかった。消費者に伝える新たな方法としてのエンターテイメントに批判が高まる中で、2つのブランドと広告会社は、この新しいアプローチはきっと功を奏するはずだと信じ続けた。この大胆な試みは、最終的に彼らだけでなく広告業界全体に利益をもたらした。『The Beauty Inside』は続けて、2012年度のサイバーグランプリを初め複数のカンヌライオンズを受賞し、およびデイタ

イム・エミー賞のニューアプローチ部門でも受賞を飾った。さらに重要なのは、コンテンツが見るに値するほど良いものであれば、ミレニアル世代は喜んでかなりの時間をブランドに与えてくれるのだと、証明されたことである。

» The fallacy of the short attention span
集中力持続時間についての誤解

　『The Beauty Inside』のような長編キャンペーンが成功したにもかかわらず、広告業界の多くの人は現在、特に若い世代と結びつける鍵は、時間なのだと主張している。とりわけデジタル空間において、ブランドはできるだけ短い時間でメッセージを届けるように促されている。これは、さくっと楽しめるコンテンツですぐに満足度を得ることを好む消費者の行動を、オンラインとオフラインの生活習慣を区別することなく、参考にしているためである。

　しかしこれらのルールは、若い世代の視聴者と一般的なエンターテイメントとの関係性においては当てはまらないようである。多くのミレニアル世代が、友人と夜飲みに出かけるよりも、家でお気に入りのコンテンツを、時には何時間もかけて一気に見るというのは、周知の事実である。そして、多くの人がテレビなんてあまり気にしていないと口にしながらも、今日のポップカルチャーにおけるテレビフォーマットの影響力はこれまで以上に色濃く表れているだろう。現に、『ゲーム・オブ・スローンズ』のようなテレビ番組の話が、世界中の若者たちの話題を占めている。Netflix現象については言うまでもないが、新シーズンを一挙に公開することで、消費者は何時間もかけて、オリジナルコンテンツを一気に最後まで見続けてしまう。ゲーマーのPewDiePieや人気YouTuberのSmoshのような、トップYouTubeクリエイターでさえ、時間や注意力・集中力の制約などは無視するかのごとく、一つの話題について10分から

20分も話す動画を頻繁に出しては、何百万再生も稼いでいる。確かに、FacebookやInstagramのような他のソーシャルメディアの大企業は、コンテンツとユーザーが関わる時間が短いという特徴があるかもしれない。しかし、若い世代は何に対しても数秒以上注意力、集中力を維持することができない、と大雑把に括ってしまうのは、事実に反しているのだ。

　若い消費者が指先一つで豊富なコンテンツと触れ合える環境で育ったことを考えると、その集中力は極めて限定的になり、以前ほど簡単には捕えられないと推測するのは合理的だろう。そして、もし彼らの注目を集めたければ、お返しに与える何かを準備するべきだろう。そして読者の皆さん、その何かとは、クオリティが高く、非常に興味深く、本当に面白いコンテンツである。その制作費は何百万ドルもかかるかもしれないし、一銭たりともかからないかもしれない。ハリウッドの大スターに出演してもらうかもしれないし、ただの老婦人と1匹の猫であるかもしれない。作品らしいかもしれないし、むしろ広告らしいものかもしれない。15秒以下かもしれないし、15時間以上であるかもしれない。彼らにとってそれはどちらでもいいのだ。ただ、良いものであるべきなのである。

　2017年のエンターテイメント・ライオンズを審査する、長く面倒なプロセスの中で私が学んだ教訓が一つあるとすれば、それは広告——特に、ブランデッドエンターテイメントキャンペーンにおける、時間の価値である。他のどの部門よりも、エンターテイメント・ライオンズでは、審査員は時間への挑戦に向き合っている。私たちは、作品に対する自分自身の集中力はどうだったかということを審査項目に加味し、作品を評価するという難しい作業に直面した。20秒の短い作品から90分の映画に至るまで、審査を行った。もちろん、お伝えしておくが、すべての作品を最後まで見た。それは同時に、私のキャリアにおいて最も刺激的で、時

に頭がおかしくなるような経験の一つであった。最後には、素晴らしいコンテンツのアイデアの、力強さと長さとの間には、確かな相関関係など本当にないのだということを、受賞者たちが証明してくれた。

正直に打ち明けると、私が審査員を始めたときは、全く違う考え方を持っていた。審査室に入った頃、私は多くの人が当然と信じる考えに影響されていた。ブランデッドコンテンツは2～3分が理想的で、それが従来の広告の形とは異なりながらも、平均的に消費者がブランドのコンテンツと結びつくのに十分な時間である、と信じていた。しかし、審査の日々が過ぎるにつれ、時間の長さの問題は、私が信じていたほど絶対的なものではないと気づき始めた。もしコンテンツのアイデアが本当に良いものであれば、もしストーリーが魅力的で、効果的にブランドのメッセージを伝えていれば、依然無視できない存在ではあるが、時間は相対的な要素になるのだ。それはブランデッドコンテンツだけでなく、コンテンツ全般に対しても当てはまる。監督が余計な20分を付け足さなければ、この映画はずっと素晴らしいものであったかもしれないのに、と思いながら映画館を後にした経験が、あなたには何度あるだろうか？

受賞作品のうち、短編プロジェクトとして、極端に短く特徴的な『Batman Continuity』という作品を取り上げたい。PHD UKによって制作されたこのキャンペーンは、イギリスのChannel4の番組と番組の間に流された、『レゴバットマン ザ・ムービー』を宣伝する、それぞれたった20秒の短編集である。今までのどのアニメーション映画よりも、私を大いに笑わせてくれた。対照的に、ヴェルナー・ヘルツォークのドキュメンタリー映画である『LO：インターネットの始まり』は、ちょうど1時間38分であった。サイバーセキュリティ企業NetScout社のためにPereira O'Dellが制作した当作品は、日々の生活の中でいかに深い影響を与えているか滅多に気づかないが、私たちが常に陥っている危険な現実を見せてくれる、恐ろしくも目を覚ましてくれるような作品である。この映画

は2016年のサンダンス映画祭で発表され、最終的にはNetflixでも公開された。ブランドから生まれた作品として、前例のない偉業である。

　また時間という観点において、恐らく最も驚くべき作品は、『From the Start』であった。OgilvyOne Worldwideが、チョコレートブランドLactaのために制作したこのギリシャのキャンペーンは、全5話で合計約75分の作品である。一片のチョコレートを食べてから夢に見るようになった女性に恋をする男の物語を、1時間以上見続けるというアイデアは、初めは少し「甘すぎる」のでは？と私は感じた（他の章を見れば分かるが、他の執筆者のほとんども同じように感じていた）。しかし、審査員としての義務感から、私はある日の午後、席について最初のエピソードを見ながら、受賞の有力候補にはならないと却下するだろうな、などと思っていた。1時間15分後、私は大変な勘違いをしていたと気づき、謙虚な姿勢に変わっていた。一つのエピソードから次に行く時も、時間は実際飛ぶように過ぎていき、スクリーンにエンドクレジットが出てくるまで、私はパソコンを閉じることができなかった。もう一度言うが、商品そのものと同じくらい、時代を超えた人間の心理をよく映したストーリーが組み合わさったことで、類のないコンテンツキャンペーンを生み出していた。

　3分のルールとは別に、私がかつてブランデッドエンターテイメントに対して持っていたもう一つの先入観は、それはできる限り通常の広告とは異なったものでなくてはならないという考えだった。自分の個性を主張しようとする反抗的な兄弟のように、芸術を愛する者としての私の使命は、広告と芸術（エンターテイメント）は相容れないと世界に説得することであると信じていた。この誤った主張をするため、私はしばしば時間を差別化要因として使用していた。実際、私は数分の長さの脚本のプロジェクトの場合、広告分野ではない、いわゆるエンタメ作家にプロジェクトを依頼していた。別の分野の仕事だと決めつけていたからだ。

しかし最終的に私は、人の心に触れることができなければ、長編の作品が日の目を見ることはないということに気づいた。一方、やり方が古すぎると私がかつて偉そうにも判断していた広告界のコピーライターたちも、30秒のテレビスポットをオンライン向けに拡大することで、作品のレベルを高めていた。2017年のエンターテイメント受賞者の中には、こういった映像プロジェクトの素晴らしい例がいくつかある。例えば、どす黒い心の持ち主でない限り、SamsungのためにLeo Burnett Chicagoが制作した『Ostrich』に心を奪われない人はいないだろう。この作品は、空を飛ぶことを夢見るダチョウの、1分50秒の魅力的な物語である。

人々はその作品を愛した。私の母も愛した……本当のことを言うと母がその作品を見たかは分からないが、もし見ていれば母は必ず気に入るだろうと保証できる。その出来は、まるでPixarの短編映画のようだった。これがエンターテイメントの観点からして立派な功績でないというなら、何がエンターテイメントなのか私には分からない。

フランスの小売チェーンMonoprixも、自社の作品『Label of Love』で同様の手法を活用した。小さな男の子が、Monoprixの製品のラベルを使って、初恋の相手に差出人不明のメッセージを送る、4分40秒の物語である。『Ostrich』よりも、エンタメ純粋主義者がエンターテイメント的と考えるものに近い。そしてこのプロジェクトは時間の短さと台詞の少なさにかかわらず、優しい気持ちを呼び起こしてくれる。初恋や青春の物語の中で、2017年のエンターテイメント受賞者のうち最も印象的であったプロジェクトは、コンテンツと従来型の広告のぼやけた境界線に踏み込んだ、『Evan』である。銃乱射事件の被害者家族によって設立された非営利団体、Sandy Hook PromiseのためにBBDO New Yorkが制作した作品だ。ブランデッドコンテンツと従来の広告の要素をどちらも滞りなく織り交ぜたこの作品は、その年のカンヌライオンズの全部門の

中で最も気に入ったものの一つであった。私はあえて、読者の皆さんがその作品の破壊的な素晴らしさを存分に楽しめるよう、プロットについては一切の詳細を明らかにしないでおく。YouTubeでタイトル「Evan, Sandy Hook Promise」を検索するだけで、きっと見つけられるはずだ。待っているから、今すぐ見てほしい。あなたの貴重な時間の、たった2分29秒しかかからない。

» Reveries of the content world
コンテンツの世界の幻想

　私は良い教え子として、（実際に）カンフーマスターでもあるPJ・ペレイラの教えに従おうと思い、極めて謙虚な気持ちでこのエッセイを執筆した。それは、広告界で私が今も続けている旅の中で、今まで学んできたことを共有したいという気持ちだ。とりわけ、他の友人がセミナーに参加したり、レストランで飲んだり、ラ・クロワゼット通りをぶらぶらと歩いていた間に（順番はこの限りでない）、審査員の仲間とともに人質に取られていたあの長い日々に学んだことを。私自身が終わりを見ることのない物語について、私が知っている以上のことを、お話しできるとは思っていない。しかし、私のこれらの考えが無意味であるとしても（それはあなたが判断してもらって構わない）、それらは広告の歴史の中で私が最も面白いと思う時代に対する、切実な愛着と好奇心から生まれているのだ。

　人々が見たいと思えるような作品を作るためのツールは、いくらあっても多すぎることはない。時間が究極の贅沢である世界では、有能な広告会社と勇敢な広告主がタッグを組み、若い世代を含む消費者の注意と心を惹きつける作品をいまだに生み出し続けている。確かに、30秒もしくは3分以上、人の目を引き付けておくのは難しいが、同じ難しさは人間同士のあらゆるやり取りにおいても当てはまる。最初のデートで、あ

なたが自分の母親をどれほど愛しているか、デート相手に初めに話してみて、それが30秒以上保つかどうか確かめてみよう。信じてくれ、できはしないから。

　経験則として、時間は恐れるべきものではなく、尊重しなくてはならないものだ。しかし広告ビジネスにおいては、私たちは時間を獲得するよりも、金で時間を買うことに慣れてしまっている。そして、メディアを買うことは可能でも、消費者が時間を与えてくれるという保証はもはやどこにもない。私たちはメディアに金を出す方法は知っているが、いまだに時間を買う方法を模索している。これが今もこれからも、私たちが常に学び続けている課題だ。なぜなら時間は、ビットコインよりも一層不思議な通貨だからである。時間とは、常に変化し続ける技術を克服する必要がある、気まぐれで不安定な資産だ。しかし広告業界は、本質的に何かを生み出す産業である。アイデアを追い求めるのと同じ熱意で、クリエイティビティを活用し、時間を追い求めることができれば、消費者から手に入れられる時間の多さに驚くことになるかもしれない。

» Farewell, Don Draper　さらば、ドン・ドレイパーよ

　2015年5月17日、私は何百万もの視聴者とともに、AMCの『マッドメン』（1960年代のニューヨークの広告業界を描いた、テレビドラマシリーズ）の結末を、固唾をのんで見守っていた。歴史の中で、これほどまでにポップカルチャーに多大な影響を与えたテレビ番組はほとんどない。その幅広い影響は、ファッションやデザインから、個人の髪型や、もちろん広告にまでもたらされた。広告業界を舞台にしているが故に実現した、驚きのプロダクト・プレイスメントもある。番組の第6シーズン第4話の中で、スターリング・クーパーのチームがケチャップブランドHeinzにプレゼンした『Pass the Heinz』を実現した事例だ。そのキャ

ンペーンのプレゼンでは、50年前に架空の同僚たちが却下したのと全く同じ作品を2017年に放送するようHeinzを説得。担当広告会社は、ドン・ドレイパーの同僚よりも大成功を収めた。

『マッドメン』の伝説的な最終回は、あらゆるヒットドラマ番組の最終回にかけられた呪い（だいたい失敗する）から解放されたのだろうか。あえて言えば、合法的な機会があるならば、『LOST』の最終回でやらかしたことに対して、私はJ・J・エイブラムスの顔にパンチをお見舞いしたいと思っている。『マッドメン』の終わり方は、少なくとも私に言わせれば、ドン・ドレイパー、ペギー・オルセン、残りの『マッドメン』のキャラクターたちの物語にとって、真に満足のいく結末であった。しかし、私が実際に飛び上がり、まるでクリスマスにサンタにお願いしたものをもらえた子どものように叫び声をあげていたのは、７年間愛し続けたキャラクターの結末とは関係なかった。

この傑作のラスト60秒間で、ショウランナー（テレビドラマの最終責任者）であり脚本兼監督のマシュー・ワイナーは、一切台詞を書いたり映像を撮ったりしなかった。代わりに、『Hilltop』という1970年代の歴史的なコカ・コーラのコマーシャルを、ドラマ内でフルに使ったのだ。当時コカ・コーラのクリエイティブディレクターとして働いていたならば、この前代未聞のパートナーシップは究極のプロダクト・プレイスメントだと、この上なく喜んだであろう。しかし、今回はそうではなかった。そのアイデアは、ブランドやその広告会社ではなく、番組プロデューサーたち自身の発案だった。彼らはコカ・コーラ社に連絡を取り、シリーズ最終回の一部として、多くの番組に使われてきた70年代のコマーシャルを、是非使用したいとリクエストしたのだ。私はコカ・コーラの『Hilltop』の広告における重要な出来事として語りたいわけではない。そのためには、丸々別の本を書く必要があるだろう。ここで言いたいのは、広告作品がこのようなポップカルチャーの代表作の最後のシーンで使われたと

いうことだ。この事実は、人々とブランドとの深い繋がりを考えるうえ
で、広告がどれほど人々の興味や文化と関連性を持ち、強い力を発揮し
うるかの証明なのだ。

» The timelessness of time and the beauty of a worthy instant
時間の永遠性と、価値ある瞬間の美しさ

『ドリアン・グレイの肖像』から、『バック・トゥ・ザ・フューチャー』
や『13の理由』に至るまで、長い間私たちは時間という概念に囚われて
きた。わずかな時間を無駄にすること、無意味に日々を過ごすこと、大
切な瞬間を逃してしまうことを、私たちは非常に恐れている。そこにこ
そ、長さにかかわらず、観客が私たちに許してくれた時間を尊重しなけ
ればならない理由がある。人々が私たちのストーリーを見てくれている
時間。ちらっと広告を目にする時間（ガボールとリカルドが最初の章で
述べてくれたように、ブランドの目的が十分明瞭であれば、この時間も
重要である）。ストーリーについて議論や共有してくれる時間（もしア
イデアがそうした贅沢に値するものであれば）。そしてキャンペーンに
ついて、ソーシャルメディアや報道で触れる、短いが貴重な時間。これ
は広告界で効果を勘定する方法のうち、最も過小評価された形式の一つ
でもある。その時間は素晴らしいコンセプトについてツイートで拡散さ
れるだけでなく、ブランドを自然と深く根付かせてくれるため、とても
重要な存在だ。この章（そして恐らくは本書全体）で紹介したストーリー
のほとんどは、この時間を大切にするという条件を達成している。コカ・
コーラの『Happiness Factory』では、自動販売機の中に広がるファンタ
ジックな世界。『BMW Films』では、エンタメ界の大スターたちも登場
する、見るに値するスリリングなカーアクション。Intelの『The Beauty
Inside』では、「大切なのは、中身である」という心に響くテーマ。これ
らのプロジェクトは偉大な功績であり、万一、見る人がいなかったとし

ても、意味があるだろう。こうした作品は、存在するだけで結果をもたらすのだ。

　そして、このテーマは非常に重要なので、専用の章を、もっと優秀な書き手に執筆してもらうにふさわしい。

　さあ、ページをめくって、モニカの章へと移ろう。

3

ブランデッド
エンターテイメントが生む
ニュース

モニカ・チュン
Monica Chun, PMK・BNC

The News It Creates

　私が本章を執筆している今、我が社PMK・BNCのオフィスは雑談と興奮に沸き立っている。エンターテイメント部門の同僚の何人かが、Time's Upのミーティングから戻ってきたところなのだ。ちょうど2週間前にゴールデングローブ賞で発表されたTime's Upは、エンターテイメント業界の女性数名が立ち上げた団体だ。#MeTooムーブメントや、いわゆる「ワインスタイン効果」（ハリウッドの著名プロデューサー、ハーヴェイ・ワインスタインが性的暴行やセクシャルハラスメントで多くの女性に訴えられた事件）を受けて設立された。Time's Upの使命は、業界を問わず、安全な労働環境を作り出し、職場における平等を推進することである。当社のタレントパブリシスト（タレントの広報担当者）にとって、そのミーティングは非常に重要かつ有益であった。私たちのクライアントであるタレントは皆、ハラスメントや男女平等について、そして性的非行で訴えられた何人もの業界の大物たちをどう思うかについて公に発信し始めているからであった。

　会議に出席した者は一層やる気を起こし、出席していない者も参加の意欲を掻き立てられた。#MeTooやTime's Upムーブメントが生み出した、多大な文化的影響や、どんなハラスメントも一切容赦しない姿勢について、一度真剣に考えてみれば、かなり衝撃的で圧倒的だ。こうしたムーブメントは果たしてどの時点で、小さな動きから大きなムーブメン

トになるのだろう？ #MeToo ムーブメントは、間違いなく『New York Times』紙のハーヴェイ・ワインスタインに関する大スクープが流れを大きく広げたのは間違いないが、ムーブメント自体はずっと前から始まっていた。勇気ある著名な女性たちが自身のトラウマ的体験を公表したり、変化を求める女性たちが集まって声を揃えて主張したり、少しずつ、だが着実に大きくなっていった流れなのである。彼女たちの物語は、昔も今も、私たち皆にとって他人事ではない。

　この「物語」を起点に、この章のタイトルである『ブランデッドエンターテイメントが生むニュース』について触れていこう。ブランデッドエンターテイメントとは、厳密には、クリエイティブな方法で観客を楽しませるためのコンテンツ広告である。そしてすべてのブランデッドコンテンツの中心にあるのはストーリーテリングだ。ブランドの理念、商品、人物、目的、何についてであろうが、そのストーリーがターゲットに伝わり、感情的に繋がり、関係性を作れるかどうかが重要だ。素晴らしいストーリーテリングは、素晴らしい（ブランデッド）エンターテイメントの基礎であり、もしストーリーが心に響くものであれば、人々はそれを周りにシェアし、ニュースになるよう後押ししてくれるだろう。ニュースに取り上げられることは、ブランデッドエンターテイメントが成功したと見なされる要件ではないだろうが、ニュースになることによって、より人の目に触れるようになり、作品やアイデアを大きな流れに押し上げてくれる。ニュースはさらなる話題を生み出す。話題は発見をもたらす。発見は会話を生み出す。さらに会話こそ、大きな何かにかかわっているとあなたに感じさせてくれるのである。そして、あなたのメッセージのリーチを大きく広げる力を持っているのだ。

　考えてみよう。素晴らしいコンテンツが作られるとき、その観客は通常、「ファン」と言われるような、そのコンテンツを見て楽しむ人だと見なされる。しかし、オウンドメディアやアーンドメディア、ペイドメディ

アにおいて、話題になり、ニュースや会話が広がり、あなたのコンテンツが当初の観客の枠を超えることができれば、限りない数の人々にリーチすることができる。素晴らしいコンテンツや体験を作るだけでは十分ではない。話題にして、シェアして、称賛して、検証してもらうことで、伝えたいメッセージをより力強くする。そして、それが本当にうまくいけば、人々の認識、世論および政策にまで、変化を起こし、推進することさえできるかもしれない。

　この良い例は、Circus Grey PeruがVida Mujerのために制作した、『A Love Song Written By A Murderer』である。このキャンペーンは、実に私の心に響いた。ペルーで最も人気があり、広く称賛されたラブソングライター、ディエゴ・ディボス。彼がラジオで発表するニューシングルである、美しくも憂鬱なラブソングから始まるこの物語は、実はもっと闇の深い、恐ろしい事実を秘めていることが後で分かる。ペルーでこの歌が人気になったあと、その歌詞は実は、殺人犯の男の懺悔の手紙から引用したものであると、ディエゴは明かした。その男は妻を虐待し、その手紙を妻に送った6日後に、ついには彼女を殺害したのだった。この真実を知った世間に、家庭内暴力に関する対話を促しただけでなく、「虐待者を決して許してはならない」という、シンプルだが非常に大切なメッセージを強く伝えることとなった。特にペルーのような、女性への性暴力が蔓延している国では（統計を見れば、ひと月に平均10人もの女性が殺害されていると分かる）、政府や社会がやらない分、このようなキャンペーンが、弱い立場にいる女性を守るのである。

　このキャンペーンは確かに家庭内虐待の話題に関するニュースを大々的に広めた一方、『A Love Song Written By A Murderer』そのものに関する論争が起きなかったわけではない、ということも恐らく言及しておくべきだろう。2017年、ジュリアナ・オクセンフォードがオンラインメディア『Altavoz.pe』に執筆した記事で、この「懺悔の手紙」の信憑性

に対して疑問を投げかけた。調査が開始され、曲の背景にある実際の手紙を検証したところ、その歌詞は実際には複数の手紙をもとに書かれたということを、ジュリアナは発見した。「フェミサイド（女性殺し）はゲームではない」との理由から（ディエゴ・ディボスはペルー随一のラブソングライターである、とごり押しされているように）、より大きな影響を残すためにいくつかの事実が操作され、誇張されているのではないかと、作品の整合性に疑問を呈した。これに対して、キャンペーンを制作した広告会社であるCircus Grey Peru のクリエイティブディレクター、チャーリー・トルモスは、Adweekの記事で次のように述べている。「作品の概要は、虐待者に二度目のチャンスを与えることは絶対に危険だと女性に伝えるために、何か大きなことをすることだった。主な目的は、この問題についての会話を巻き起こし、美しい言葉の背後には時に醜い意図が隠れていると、人々に伝えることであった」。

　女性への暴力や、それとともに女性差別的な態度が蔓延している国では、人々の注意を喚起して意味のある方法でメッセージを広く伝えるために、いくつかの事実が誇張されていたとして、それは果たして重要な問題だろうか？ペルーにおいて、それは単に行動を変えるだけでなく、いまだに自分の妻や彼女やパートナーのことを自分の所有物だと考えている男性の、考え方全体を変えることに繋がっている。例のラブソングが殺人鬼によって書かれたものでも、部分的に虐待者によって書かれたものであっても、国を揺るがした、非常に効果的なキャンペーンであったことは否定できないだろう。それは単に女性への暴力の割合が異常に高いことに真っ向から抗議し、ニュースを生み出しただけでなく、人々が行動を起こし、助けを求められるよう導いたのだ。このキャンペーンのおかげで、Vida Mujerは3000人以上もの女性を救うことができた。

　実際に政府に法律を改正させるに至るほど、非常に影響力があったもう一つのキャンペーン例は、H&C Leo Burnett Beirutが女性の権利を

守るNGO団体Abaadのために制作した、『#Undress522』である。この作品は、３つのPR部門でシルバーライオンと、エンターテイメント部門でブロンズライオン、グラス部門でシルバーライオンを受賞した。レバノンでは残念なことに、女性への強姦や性的暴行が非常に蔓延している。さらに悪いことに、強姦犯がその被害者と結婚すれば、かつての犯罪行為が見逃されるという法律が存在する。レバノンの刑法第522条だ。しかし、国民の１％しか、そのことを知らないのだという。『#Undress522』は、その法律を覆すために尽力したキャンペーンだ。本作品は意識を喚起するために、性的暴行を受ける女性を映した不穏な動画から始まる。続くシーンでは、女性が傷つけられ、殴られ、そして大量の医療用ガーゼで、まるでウェディングドレスのように無理やり包まれていく。そして、次の言葉が画面に映し出される。「レバノン刑法第522条は、強姦犯が被害者と結婚した場合、彼らを野放しにする。白いドレスはレイプを覆い隠すものではない」。この動画は、レバノンで怒りと不信感に火をつけた。報道機関は第522条について報じ、断固反対の姿勢を見せた。被害者と結婚すれば、強姦犯が無罪放免になる法律の存在は前代未聞で、それを知った瞬間、人々はショックや恐れや憤慨の反応を露わにした。人々はソーシャルメディアに殺到し、その法律がいかに偽善かを叫び、国民は改正を求めた。著名な政治家たちも改正を求めた。そしてレバノンだけでなく、世界中の人々が、第522条の廃止を求めた。

『#Undress522』はそれから、メッセージを一層普及させる宣伝を行った。そこでは13人の女性が一斉に首都ベイルートの国会議事堂前に立ち、血に濡れたウェディングドレスを着て、強姦犯を守る法律に対して無言の抗議をした。続いて、31着の引き裂かれたウェディングドレスが、ベイルートのコーニッシュ通りの空中に吊り下げられるという目を引くものもあった。これら２つの抗議活動で撮影された画像は世界中で注目、シェアされ、『#Undress522』はレバノンだけではなく世界中にニュースで報道された。そして、このキャンペーンはレバノン議会を痛烈に批判し、

結果、この法律を廃止させ、ついにレイプ被害者の権利を守ることに成功した。ニュースは、当初ターゲットだったレバノンの人々をはるかに超え、世界規模で話題になった。『#Undress522』は小さな活動から大きな運動になり、国の法律改正にまで発展したのだ。

　情報とは力であり、その力は世界に広がるが鍵である。しかし、今日の細分化されて予測のできないメディア状況では、情報が溢れ、関心を引くことがますます難しくなっている。同じようなストーリーを聞かされるようになり、そして間もなく、無意識のうちに無視し始める。しかし先に述べたプロジェクトたちは無視できない特別なニュースを生み出し、強力なエンゲージメントを生み出した。また両者とも、驚きの要素にしろ（『A Love Song Written By A Murderer』）、挑発的で不穏な画像にしろ（『#Undress522』）、観客に衝撃を与える方法を見出した。よいニュースストーリーは、アーンドメディアやオウンドメディア、ソーシャルフィード、ビデオプレイヤー、ニュースワイヤーなど複数のチャネルを超えて、また写真、動画、見出し、小型コンテンツといった様々なフォーマットで、シームレスに広げられなければならない。そしてこの事例はまさにそれを成し遂げていた。

　上記２つのプロジェクトは、女性の権利に関連した運動を題材にしたものであった。しかし、有名なブランデッドエンターテイメントプロジェクトが、すべてこうした目的というわけではない。時にはシンプルに商品を目立たせるためのプロジェクトだ。例えば（前章で尊敬する同僚マルセロ・パスコアも言及していた）、広告会社David MiamiによるKraft Heinz『Pass the Heinz』である。これはシンプルにKraft Heinzのケチャップのためのものである。このキャンペーンは、人気テレビドラマ『マッドメン』（1960年代のアメリカ広告業界を舞台にしたドラマ）、および劇中の架空の広告会社Sterling Cooper Draper Pryceと主人公であるクリエイティブディレクター、ドン・ドレイパーからインスピレーショ

ンを受けている。シーズン6のエピソードの一つに、ドラマ内でドン・ドレイパーがHeinzのマーケティングチームに、シンプルだが洗練されたアイデアを得意先にプレゼンするも、採用されない、というエピソードがある。しかし50年後の2017年、その広告キャンペーンが、印刷広告や屋外広告として現実のものとなった。そこでは、実際の広告会社David Miamiと架空の広告会社Sterling Cooper Draper Pryce両社の名前がクレジットされた。ドン・ドレイパーの言葉は半世紀後も、真実の響きを持っていたということを証明している。

　広告業界史上、最初の「リバース・プロダクト・プレイスメント」として知られるこの巧みなコンセプトは大変人気を集め、なんと26億ものメディアインプレッションを獲得した。それは5500万ドル（約59.4億円）以上に相当する。ケチャップの、プロダクト・プレイスメントだけで、だ。それはなかなかにすごいことだ。『Pass the Heinz』は、これまでで最も成功した広告キャンペーンの一つとなった。それでは、これほどたくさんの話題、興味、報道を誘ったのは、一体何だったのであろうか？まず象徴的で広く愛されているテレビドラマを、現実のキャンペーンに繋げたことだ。『Pass the Heinz』が開始した頃、番組は実は終了から約2年経っていた。しかし、番組とキャラクターに対する愛と懐かしさは、いまだに健在だった。だからこそ、同番組と提携することで、すでに確立された視聴者層を獲得できたのだ。彼らは『マッドメン』関連のものなら何でも、興味を示し、感情的に繋がり、話題にしたいと思ってくれるようなオーディエンスであった。『Pass the Heinz』は人々の『マッドメン』への熱を再燃させ、単なる広告以上の何かの一部だと感じさせてくれた。加えてこのキャンペーンは、キャラクターが実際に番組内で行った提案に対して実に忠実であった。そして最も重要なポイントは、ドラマの中で提案されたキャンペーンを一周回って現実に結びつけるという試みは、史上初だったということだ。人々（とマスコミ）は、それをすっかり受け入れた。皮肉な話である。なぜなら、様々なエンタメコンテン

ツと提携することで、ブランドと関連づけようとするブランドがほとんどだが、今回はその逆が起こったからである。『Pass the Heinz』の広告は、2015年に放送終了した番組について、新たな議論を巻き起こした。そして、皆がコンテンツを自身のスマホで見るモバイルファースト時代に、人々の注目を集め、そのシンプルだが、ストーリーを示唆する印刷広告を高く評価してもらうことに、Heinz社は成功したのだ。このキャンペーンは、多くのメディアで取り上げられた。そのリーチは本当に、あらゆる人、あらゆる所に至っていた。ケチャップを使わない人などいるだろうか？そろそろ休憩を入れようか。何だか急にお腹が空いてきた。

» The evolving news landscape
進化していくニュースの未来

　今日のニュースを構成するものは何なのだろうか。そして、それはどのように作り出されるのだろうか。私たちが「24時間ニュースサイクル」の時代に生きているということは、周知の事実である。そして「報道」に関連する、ニュースの新たなエコシステムと流通モデルが生まれつつある。「メディアとしての個人」が影響力を増し続け、新しい世代がメディアの世界を塗り替えてきた。今日では、誰もが自分自身を発信できるメディアであり、消費者はどこにいてもニュースを発見し、議論している。一方、インフルエンサーや専門家は、従来のニュースの情報源と同等の地位を獲得し、発言力を高めている。「あなたのためのニュース」が、よりターゲットを絞ったものになると、ニュースソース自体が重要視されなくなり、消費者の目には、すべての情報源が対等に映るようになる。結果、フェイクニュースが、我々を取り囲む可能性も高まっている。雑多な情報が錯綜する中で、伝えなければならないことを人々に届けるには、どうすれば良いのだろうか。

　多くの情報の中から注目を集め、ニュースを生み出すだけでなく、議

論や継続的な対話を促すような、意味のあるものを作るためには、長きにわたって評価される、決定的な瞬間や体験を作り出さなければならない。それはアイデアが文化の一部になるような瞬間である。今日における決定的な瞬間とは、文化的な潮流に根付き、人と人を結びつけ、繋がりや感情を呼び起こすような、共有可能な体験だ。現代のマーケティング担当者はストーリーの最適化のためにプレッシャーを感じている。それは、従来型ニュースソース、ソーシャルメディア、コンテンツファーム、アグリゲータサービス、デジタルインフルエンサーなど、コンテンツ配信のあらゆる領域にわたってコントロールしなければというプレッシャーだ。しかし結局のところ、流行になるものは、「心」のあるストーリー、関心を持って引き付けられるストーリーを消費者は欲しているのだという、単純な真実を理解できるかにかかっている。コントロールではなく、心を打つストーリー、これを理解していれば、観客はそのストーリーをシェアしたいと思ってくれるであろう。

　2017年度の私のお気に入りの作品の一つは、Grey GroupがClairol Nice'n Easyのために制作した、『Real Color Stories with Tracey Norman』だ。この作品は、初の黒人トランスジェンダーモデルの女性についてのストーリーで、タレント部門でシルバーを受賞した。若きモデルだった1970年代後半、ノーマンは黒人で初めて、Clairoi社のヘアカラー剤「Born Beautiful」の仕事を獲得する。さらに、それをきっかけに、イタリアの『VOGUE』や『Essence』などに起用され、着実にキャリアを築いていった。その頃は時代背景もあり、ノーマンは自身がトランスジェンダーであることを公表してはいなかった。しかし、ついにある撮影で、彼女のジェンダー・アイデンティティが明らかになり、モデルとしてのキャリアは終わりを迎える。時は2016年まで進み、ノーマンに関するストーリーが『New York Magazine』のファッションサイト『The Cut』に掲載された後、ノーマンはClairol社から、「Nice'n Easy Color As Real As You Are」キャンペーンの顔になってほしいというオファーを受ける。この

キャンペーンは、自己を受け入れ、あるがままに生き、ヘアカラーなど
を通して自分をクリエイティブに表現することで、自信を持ってもらい
たいとうメッセージを掲げていた。現に、このキャンペーンにおける
Clairol社のキャッチフレーズは、「Color as real as you are（ありのまま
のあなたの色）」であった。

　すでに述べたように、このプロジェクトはタレント部門という、受賞
はもちろん際立つことも難しい部門で受賞した。有名人、俳優、ミュー
ジシャン、スポーツ選手、ソーシャルインフルエンサーなど、誰にせよ
単なるビッグタレントとのパートナーシップは、正直なところ特段新し
い試みではない（実際、この部門には大量の応募があった）。よって、
私たちはこの部門の作品をより高い水準で見極めた。タレントを使って、
ちょっと良いアイデアや番組を作るだけでは不十分だ。これまでに見た
こともない企画でなくてはならない。このキャンペーンが他と一線を画
した点は、ストーリーのシンプルさと正直さであった。それは、偏見、
歴史、贖罪、真実、そして女性の社会進出といった要素を、すべて凝縮
した物語であった。『Real Color Stories with Tracey Norman』は、驚く
ほど感動的な、再出発の物語だ。—— 復活のストーリーを好まない人
などいるであろうか？—— そして、「その真実がどんな意味を持つにせ
よ、自らの真実を生きるということ」、また「トランスジェンダーが徐々
に受け入れられつつある時代に、真実を生きることを恐れない」という
メッセージが、このキャンペーンに関するニュースによって、世の中に
さらに広げられた。Clairolのような大手ブランドがトランスジェンダー
への支持を表明することは、人々を勇気づけ、すべての人が平等な権利
を得るという正しい方向への大きな一歩であった。この感動的なキャン
ペーンを制作したことに関して、彼らに盛大な拍手を送りたい。

» How to tell your story: think like an editor
ストーリーを伝える方法 ～編集者のように考える～

　誰もがコンテンツを生み出しているこの時代に、自分のコンテンツを突き抜けさせ、オーディエンスに届けるにはどうしたらいいだろうか。コンテンツ制作や配信のための新しいツールは急速に進化を続けているが、コンテンツの集め方についてインスピレーションを得るために、伝統的な「編集者」の世界を確認してみよう。優秀な編集者は、報道やストーリーがニュース速報などで中断される可能性を考慮して、視聴者が求めるものだけでなく、編集コンテンツの発信に向けた事前計画を重要視している。編集者は最初からストーリーの流れを想像し、ストーリーを伝えるために必要なビジュアルや補足データを用意する。編集者はまた、文化的な話題の方向性、進行中の出来事や、変化を続けるニュース情勢を絶えず分析している。彼らは最大限のインパクトを生み出すために、ストーリーを公開するのに最適な瞬間を常に伺い、生み出した会話を絶やさないよう、追加で発信するコンテンツを準備し続ける。ニュースは常にリアルタイムで起こるものの、信じられないかもしれないが、前もって計画を立てることはできるのだ。

　ストーリーが議論を生むように作られていて、ブランドが自然に、かつ確実にかかわることができていれば、ブランドが話題にならないということはあり得ない。―― そしてそれ自体が大きな勝利である。もしその構想が当初の観客の枠を超えてニュースになると、ブランドは、そうでなければ立ち入ることのできない領域に、足を踏み入れることができるようになるのだ。

　この最も顕著な例は、McCann WorldgroupがState Street Global Advisorsのために制作した、『Fearless Girl Arrives』である。『Fearless Girl』はカンヌライオンズ2017のエンターテイメント部門にはエントリーしな

かったものの、その圧倒的なインパクトとそれが生み出した対話には、逃れようもないほどの魅力がある。『Fearless Girl』のコンセプトは、最もシンプルでありながら最も優秀なアイデアの一つが形になったものだ。『Fearless Girl』とは、反抗的な様子で腰に手を置いた、幼い少女の銅像である。社会や組織をリードする女性の力を応援し、企業にジェンダーの多様性を奨励するために制作された。国際女性デーに公開され、ニューヨークのウォールストリートにある有名なチャージング・ブル像（雄牛の像）の前に戦略的に設置された『Fearless Girl』は、瞬く間に世界的なセンセーションとなり、女性の社会進出のシンボルとなった。わずか12週間のうちに、Twitterで46億インプレッション、Instagramで７億4500万インプレッションという、驚異的な数字を獲得した。実際には言葉を話さない銅像が、いかに多くのメッセージを語るのかを見ると、信じられないほどだろう。作家のゲイル・コリンズは、『New York Times』紙で力強く語っている。「行進して何かを主張することは重要な手段だが、時にはその場に立つだけで何かを伝えられることを、少女の像は思い出させてくれるのだ」。

　もう一つのよい例は、McCann Worldgroup UK（McCann London、Momentum、MRM/Meteorite、Craft）が、Microsoft社Xbox向けのゲーム『RISE OF THE TOMB RAIDER』のために制作した、『Survival Billboard』である。『Survival Billboard』は、ゴールドを含む６つのエンターテイメントライオンズを獲得した。ちなみにこの６つの賞の他に、アウトドア、ダイレクト、インテグレーテッド、メディア、プロモ＆アクティベーションカテゴリーで11の賞を受賞した。

　私はゲーマーではなく、ビデオゲームには関心がない。全くだ。12歳の息子が『CALL OF DUTY』のちょっとしたファンであるため、かろうじてゲームの発売日をチェックしているくらいだ。ビデオゲームの発売は、実際にゲームをプレイする人をターゲットにしているものがほと

んどだ。非常に限られたターゲットだからだ。2000年、私の会社PMK・BNCがSonyのPlayStationを担当していた頃、PlayStation 2を発表するときに、まるで大作映画のように、ミシェル・ロドリゲス、ルーク・ウィルソン、ヴィン・ディーゼル、カルメン・エレクトラといった有名人を招待して、派手なハリウッドパーティーを開催したのを覚えている（有名人やインフルエンサーにイベントに出席してもらうために、お金を払わなくてもよい時代だった）。当時（今よりずっと単純な時代）の目標は、PlayStation 2の利用者をゲームのハードコア層よりさらに拡大し、PlayStation 2を単なるゲーム機ではなく、家庭のエンターテイメントシステムとして見てもらうことだった。発表イベントは大成功であった。エンターテイメントやライフスタイルの報道で何度も紹介され、たくさんの新たなハリウッドのゲーマーが、PlayStation 2で遊べる様々なタイトルに夢中になった。しかし、そんな時代は（残念ながら）はるか昔に終わってしまった。それ以来、ゲーム会社やゲーム機メーカーは、ハードルを高く設定し、あらゆるものを使ってゲームに注目させるための挑戦を続けなければならなかった。あらゆるものとは、ゲームキャラクターの裏話を伝える凝ったコンテンツから、実写の予告動画や、ゲームの発売日に生まれた赤ちゃんにキャラクターの名前を付けた人には、そのゲームを一生分プレゼントするというぶっ飛んだ宣伝キャンペーンまで、多岐にわたる（『The Elder Scrolls V: Skyrim』、君のことだ）。

　しかし私に言わせてもらえれば、『Survival Billboard』は間違いなくゲームチェンジャー（しゃれのつもりではない）であり、大衆に訴えかけ、またブランドの名前（この場合はゲームの名前）抜きにしては語れないアイデアを生み出すうえでの、ハードルを上げた作品だった。『RISE OF THE TOMB RAIDER』は、サバイバルや戦闘を中心とした様々な環境における、ララ・クロフトの冒険を描いた、アクション・アドベンチャーゲームである。ゲームの発売記念企画として、McCann Londonはロンドンの真ん中に、「勇気あるものたちのサバイバル」を見せるため、生き

た人間を使った看板を設置した。そこでは8人の勇敢な人々（数週間前に印刷広告や屋外キャンペーンを通して、「ひどい、過酷な状況」に耐えられる人を募集した）が、文字通り看板の縁に立たされ、非常に厳しい様々な気象状況にさらされた。彼らの目標は、7人の対戦相手より長く耐えて、最後の1人になることであった。最後の1人は、ゲームの世界を堪能できる素晴らしい旅行をプレゼントされるのだ。

　もう一度言うが、私は確実にターゲット層ではない。しかし、このキャンペーンのことは非常に鮮明に脳に焼き付いており、そのことについて人と話題にしたことも覚えている。なぜなら、これは一般人がPRの一部として参加できる試みだったからだ。このプロモーションをよりインタラクティブなものにするため、消費者は8人の参加者が置かれる気象状況を投票で決めることができた。それは、吹雪、豪雨、灼熱、強風など様々で、8人はその場に立ったままこれらに耐え続けなければならなかった。この狂ったプロモーションはネットとTwitchで配信され、すぐさま人々の注目を集めた。ソーシャルメディアでも大量のメンションを集め、1日で3万2000件のコメントと、わずか22時間で350万再生を獲得した。なぜこのキャンペーンは、こうも多くの人々にとって魅力的に映ったのだろうか？リアリティ番組やセンセーショナリズムへの視聴者の愛に訴えかけたからだろうか？（これは結局のところ、テレビ番組『サバイバー』のミニ野外版であった）。それとも、究極の身体状況への強い興味や、誰かの運命を握っているときに感じる征服感に訴えたからであろうか？なんにせよ、このアイデアはXbox Liveに新たな意味をもたらした。

» There is no such thing as bad publicity
悪いパブリシティなど存在しない

　先に述べたように、ニュースを生み出すことは、必ずしも素晴らしい

ブランデッドエンターテイメントの必要条件ではない。しかし、確実に役に立つ。では、もしニュースが良くない内容だったら？

　デジタルマーケティングエージェンシーの360iが制作した、HBOの『GAME OF THRONES：氷と炎』について見てみよう。この作品は、ライブブロードキャスト・ライブストリーミング部門にエントリーし、カンヌライオンズは受賞しなかったものの、最終選考には残った。2017年3月、HBOはヒット番組『GAME OF THRONES』を取り巻く、絶大なファン層やその作品愛、期待感を活用したいと考えていた。シーズン7は2017年のどこかで開始される予定だったため、ファンは根気強く切実に、いつ再開するのかという公式発表を心待ちにしていた。公開日を発表するにあたり、HBOはFacebook Live上でとあるプロモーションを行った。それはある場所に設置された巨大な氷の塊の中に、公開日が隠されているというものだった（テレビ番組の原作である小説シリーズが『氷と炎の歌』というタイトルのため、そこからPRのテーマがつくられた）。炎が氷を溶かすため、視聴者は「fire（炎）」とコメントするように頼まれた。そしてコメントがつく度に、氷の塊が火で燃やされるというものだった。

　技術的問題によって、生配信は二度中断されることとなった。最終的に、16万人以上が配信を視聴したが、氷が溶け切って公開日（2017年7月16日）が見えるまでに1時間以上もかかってしまった。繰り返すが、16万人以上もの人々が、1時間以上も、氷が溶ける様子をひたすら見ていたのだ。ゆっくり……徐々に……氷が……溶けるのを。したがって、このプロモーションがかなりの反発を受けたのは、驚くことではないだろう。ニュース報道のほとんどが、「GAME OF THRONES」のクリエイターでさえも、いかにそのキャンペーンが気に入らなかったかについて語った。見出しは以下のようなものだった。「GAME OF THRONESの制作者にとっても、氷のPRは恥だった」（vulture. com）、「GAME OF

THRONESのショーランナー（番組の総責任者）も氷のPRを嫌った」（mashable.com）、「HBOはGAME OF THRONESのファンに、いやに長い時間、氷が溶けるのを見せた。HBOはおかしくなったのか」（businessinsider.com）。

　アイデア自体は非常に独創的で、シンプルかつ費用対効果が高いものであり、溶けていく氷を人々が見続ける様子を本気で考えてみると、正直おかしく滑稽だ。それは『GAME OF THRONES』の力を見せつけ、どれほどの人気が当時（そして今も）あったのかを強調している。結局、この作品は最終候補どまりだった。人々を巧妙に結びつける企画であったが、企画に参加して得られる感情は望ましいものではなかったのだ。ファンからもマスコミからも、多くのネガティブな反応をもらい、人々を繋げるべき瞬間が、人々を苛立たせるものになってしまった。結局、この部門では1作品もカンヌライオンズを授賞しなかったが、『GAME OF THRONES：氷と炎』のシーズン7発表の配信は、最終選考に残った唯一の作品となった。しかしこの悪い評判も含めたニュース報道は、この番組の視聴数拡大に影響しただろうか？あなた自身が判断してみてほしい。

》The great debate　重要な議論

　最近、私は息子とドライブして、ディズニーランドの「ダウンタウン・ディズニー」にある、The VOIDが提供する超現実VR体験をチェックしに行った。シミュレーテッド・リアリティの世界を体験する通常のVRとは違い、The VOIDでは触れたり、感じたり、匂いを嗅いだりできるため、存在する中で最も没入感があり、リアルな体験の一つとなっている。ロサンゼルスでは日常茶飯事の渋滞につかまっても私の電気自動車には（半）自動運転機能が付いているので、ゆっくりとニュースに聞き

入る余裕があった（そのニュースはビットコインが1万ドル以下に下落したことについてだった）。息子は後部座席でSnapchatで遊んでいた。そんな私の一日には珍しい点など何もない。しかし、一つひとつ考えてみれば、—— VR、自動運転、仮想通貨、ソーシャルメディアなど —— 私はテクノロジーに溺れていることに気づいた。間違いなく私たちはテクノロジーに依存した世界を生きている。私たちはテクノロジー進化の過程にいるのか、それとも技術革命前夜なのか、あなたがどのように世界を見ているか次第だろう。

マーケティング担当者として、テック企業のクライアントからよく聞かれる質問の一つは、イノベーションがどれほど人々の生活を豊かにしているかを示すために、テクノロジーに人間味を付加（＝ヒューマナイズ）する方法について、である。「ヒューマナイズ（humanize）」という言葉は、ここ数年でマーケティングにおける大きな流行語となった。「ブランドをヒューマナイズする」「体験をヒューマナイズする」「テクノロジーをヒューマナイズする」というように。

しかしその逆はどうだろうか？テクノロジーによって人間をもっと「ハイテク」にすると、どうなるのであろうか。1980年代の映画『ロボコップ』や『ブレードランナー』を思い出してみてほしい —— 両方の映画の舞台である、バイオエンジニアリングされたサイボーグが支配するディストピアの未来を。かつて遠い未来のように思えた、発展した世界が今ここにあり、すでにしばらく前から続いているのだ。

義肢やペースメーカー、補聴器、股関節置換、人工眼、義手やその他人工物を身体につけている人は、厳密に言えばサイボーグと見なすことができる。なぜなら、彼らはテクノロジーによって強化された人間だからだ。この技術は、それがなければ身体的に不利になるような、障がいを持った人々の生活を豊かにしてきた。実際多くの場合、このようにテ

クノロジーによって「強化」された人たちは、身体能力が向上したおかげで恩恵を受けている。一体どの時点で、それが悪や間違いになるのだろうか。人間をバイオエンジニアリングするうえで、明確な制限を設けるべきなのだろうか。ただできるからというだけでは、するべきだということにはならない。

　これらの問いは、『DEUS EX MANKIND DIVIDED』というゲームで探求されている。これは、機械化された人類が、制御不能になり、無法で暴力的になってしまった後の、2029年の世界を舞台にしたRPGである。ゲームの公開にあたり、スクウェア・エニックスと広告会社Turner Internationalは、『Human by Design』というキャンペーンを制作した。ここでは、人間強化の倫理という注目の話題に切り込み、一般的なゲーマーの枠を超えて意識喚起を促した。このキャンペーンは、サイボーグについての史上初のサミットを中心としており、業界のパネリスト、ゲーム開発者や、実際に強化された世界中のサイボーグが集まり、テクノロジーがいかに彼らの生活を向上したかを示した。その会議とともに、Amazon Primeでは人体拡張に関する30分のドキュメンタリーも配信した。彼らはサイボーグのために初の権利章典まで宣言した。これらのアプローチにあって、スクウェア・エニックスは、未来の人体拡張とその影響に関する、大きな議論と会話を巻き起こした。メディア企業IGNは「『Human by Design』は人類の未来を再定義する作品だ」と評し、このキャンペーンは広く知れわたった。それはかなり大きな声明であった。

　繰り返しになるが、これはブランドの域を超えてニュースを生み出した作品の一つの例である。あるいはこの場合、商品が宣伝されるよりもずっと大きなトピックについて、国民の討論や議論を生み出した。

» When no news really can be good news
ニュースにならないのがよいニュースになる時

アイデアはクリエイティブであると同時に、効果測定可能でなければならない。しかし、ニュースで報道されることだけが、その基準ではない。大きなインパクトを残したが大規模にニュースで報道されなかったプログラムの、最も良い例の一つは、TBWA\ChinaがPenguin Booksのために制作した、『Penguin Frozen Storybook』である。この本は、地球温暖化のために家の周りの環境が溶け、家を出なくてはならなくなった、1羽の普通のペンギンの物語である。しかし、これは普通の本ではなかった。気温が上昇すると反応して消える、特殊なインクをで印刷された、世界初の「凍った」童話の本である。新しい住処を探すペンギンの旅を読み進めるにつれ、ペンギンの故郷や、訪れた場所、道中で出会った友人たちの姿が、徐々に消えていく。本を読めるのは、一度にたった15分しかない。しかしそれは、地球温暖化が環境やすべての人に及ぼす大きな影響について、記憶に残るよう伝えるには十分な時間であった。

その本のコンセプトおよび物語は、斬新で可愛らしく、そして魅惑的であった。Case Filmによると、1ヶ月で1万6500冊の本が予約注文され、売上予想を85.6%も上回った。『Penguin Frozen Storybook』はまた、いくつかの幼稚園や保育園で、環境に優しい本として選択された。新しい世代の読者が、地球温暖化が持つ壊滅的な影響を学ぶことができるからだ。よって、この作品は『Pass the Heinz』のように、何億ものメディアインプレッションを獲得したわけではなかったが、大きな影響を残し（たとえ一度に15分しか読めないとしても）、何世代にもわたって生き続ける意味のある物語であった。

ブランデッドエンターテイメントを作り出すときは、コンセプトが

ニュースたり得るかではなく、まずはストーリーから考え始めなければならない。これは当たり前のように思えるかもしれないが、皆があらゆるメディアで、毎日毎分たくさんストーリーを伝えている世の中では、誰もの心に響くような目的のあるストーリーを作るのは、ますます困難になっているのだ。

すべてのブランデッドエンターテイメントがニュースを生み出せるわけではない。しかしもう一度言うが、すべてがニュースにならなくてもいいのだ。PRが実施されたからという理由だけで、たとえ大々的に報道されたからといっても、その作品やプログラムが突出するというわけではない。重要なのはそのプロジェクトが伝えるストーリーで、ニュースはあくまでコンテンツを輝かせる手助けをするに過ぎない。そこに目的はあるか？さらに大きな目標はあるか？大きな話題、会話の一部であるか？観客はメッセージを理解してくれるか？あなたが伝えるものを人々は拡散してくれるか？

この章で言及した事例はすべて、共通の要素を備えている。それらはすべて注目され、シェアされ、議論されるように作られていた。また、ブランドに関連していて、人を引き付け、忠実な方法で、ターゲット層から生の感情や反応を呼び起こすものだった。すべての作品は、――エンターテイメント、政治、女性の権利にかかわらず ―― 時代の精神、文化に踏み込んでいた。当初意図していたターゲット層をはるかに超え、広く人々の心に響いていたからこそ、これらの作品は、時の試練に耐えうる決定的な瞬間を生み出すことができたのだ。さらにそれぞれの作品は、ストーリーテリングの力で、当初の意図を超えてスケールアップするポテンシャルを持っていた。

リスクをとることを恐れてはいけない。そして、安定志向から抜け出し、ブランデッドエンターテイメントを消費者と繋がる手段として活用

して、効果的かつ人々に考えさせるようにストーリーを伝えるのだ。と
てもシンプルなアイデアでも、多大な影響を与える可能性がある。正し
く実行すれば、あなたは文化の一部となりえるだけではなく、実際に文
化を創り出すことができるかもしれない。投資に対するリターンは、こ
の上なく大きく貴重なものとなるだろう。

PART II

THE ART OF BRANDED
ENTERTAINMENT

4

プロダクト・プレイスメントから
アイデア・プレイスメントへ

ペレ・シェネール
Pelle Sjoenell, Bartle Bogle Hegarty

ジェイソン・ゼノポラス
Jason Xenopoulos, VML South Africa

From product placement
to idea placement

　カンヌライオンズ・エンターテイメント部門で優秀な作品として選ばれたものはどれも、作品の背景にある、そのブランドにとって重要である「何か」について見る側に考えさせるストーリーを持っていた。

　ある銀行の作品は、私たちのお金との関係を見直すきっかけとなった。スウェーデンのウォッカの作品は、私たち人類のルーツはアフリカにあることを思い出させてくれた。あるインターネットセキュリティ企業は、インターネットの将来への不安を呼び起こした。ある食料品チェーンは、日々の生活の中にあるときめきの大切さを思い出させた。またあるNGO団体の作品は、難民とはどのようなものなのか、その理解への第一歩となった。

　どのストーリーも、商品やサービスそのものは中心に据えていない。それらはすべて、価値や信念、ものの見方に焦点を当てていた。そのようなものの見方こそ、商品をとても魅力的に見せるのだ。上手くやれば、作品はブランドや商品の代名詞となるのである。

　この章では、アイデアはなぜ必要で、人々を感動させることがいかに重要か、一つひとつ噛み砕いていく。論点は、オーディエンスはプロダクト・プレイスメントよりも、アイデア・プレイスメントに興味を示し、

心を動かされるということだ。それによって、より良いストーリーが生まれ、結果として売上にも繋がるのである。

» Make the idea bigger, not the logo
ロゴを見せるよりも、ビッグアイデアを。

2000年代初頭、本章の著者の１人であるジェイソン・ゼノポラスは、『クリティカル・リポート』という長編映画を監督した。この作品はアフリカを舞台に、ジェームズ・ボンドのようなタイプの勇敢なヒーロー、マイケル・パワーを主人公にしたアクション映画だ。ニューヨークのリンカーンセンターで開催されたニューヨーク・アフリカン映画祭で初上映され、その後世界中の大手配給会社によって公開された。しかし、『クリティカル・リポート』をそのような特別な映画にしたのは、イギリスのGuinnessが資金提供したという事実だった。

私たちの知る限り、『クリティカル・リポート』は、ブランドが全面的に資金提供した初の長編映画の一つである。その映画には多くの欠点や制限があるにもかかわらず、ナイジェリアをはじめアフリカ中で大きな成功を収め、多大なる認知度向上と好印象の獲得につながった。しかし、本当に驚くべきは、Guinnessブランドは映画の中でほとんど映されていないということだ。90分の映画全体の中で一、二度はGuinnessを飲むシーンがあったかもしれないが、プロダクト・プレイスメントはほとんどなかった。だが、ナイジェリアで89%、ガーナで81%の認知度を達成することとなった。

この例外的な現象の理由は、映画の主人公であるマイケル・パワーが、すでにブランドの象徴となっていたことだ。『クリティカル・リポート』が製作される前の５年間、Guinnessはマイケル・パワーを主役にした、テレビおよび屋外キャンペーンを行っていた。テレビCMは非常に人気

で、テレビ局は番組として無料で放送し始めた。CMの一つは、凛々しく堂々と立つマイケル・パワーのショットから始まり、「Guinnessを誰かに例えるなら……この男だ！」というようなナレーションが流れるものだった。その瞬間からマイケル・パワーは、ブランドの生きる象徴となった。映画が公開された頃には、マイケル・パワーの地位は確立されていたため、人々は彼を見ればGuinnessを思い出す、というほどだった。

『クリティカル・リポート』の場合、パワーのキャラクターこそがアイデアであった。彼はGuinnessブランドの生きる象徴だった。彼の強さ、勇気、誠実さはブランドの価値そのものであり、Guinnessの男とは何たるかを説得力を持って体現していた。さらに映画の主人公であった彼がブランドメッセージを伝えるために発した一言一句、一挙手一投足が、ブランドのストーリーを前進させていった。『クリティカル・リポート』はGuinnessにとって絶大な商業的成功となり、そして、アイデア・プレイスメントはプロダクト・プレイスメントよりも効果的になりうることを示す初期の例となった。

》 The feeling is the message
感情はメッセージである

メディア論の端緒を開いたマーシャル・マクルーハンの有名な言葉に「メディアはメッセージである」というのがある。しかし人間として、本当に重要なメディアとは、私たちの感情に他ならない。感情はより深いメッセージを受け取る働きがあり、コミュニケーションの主な手段である。脳は物事を理解できるが、それに共感するのは心だ。この概念こそ私たちの論点の中心である。なぜなら、適切になされれば、アイデア・プレイスメントは表面的なプロダクト・プレイスメントを超越し、より深く共感を呼ぶメッセージを伝えるからだ。これを表す素晴らしい例が、2017年のカンヌライオンズの受賞作に2つある。感動的かつ重要な短編

映画『Home』と、伝説的な映画監督ヴェルナー・ヘルツォークが監督した長編ドキュメンタリー、『LO：インターネットの始まり（原題：Lo and Behold: Reveries of the Connected World）』だ。

　『Home』は、難民となった若い一家の物語である。彼らは国境の先の自由を目指す道の途中、果てしない困難と屈辱を強いられる。『Home』が他とは異なり、また予想外で、観客に感動をもたらした理由は、この映画で描かれる家族が、私たちが想定するものと対極にあるからである。彼らはシリアやソマリア、コンゴ、ミャンマーの難民ではない。また、アフリカ人や中東人、アジア人でもなく、私たちの分からない言語を話す人々ではない。この家族はイギリス人一家なのだ。普通の郊外の家に住み、見慣れた暮らしをしていた。近所や友人にいてもおかしくない。彼らが無力にも車のトランクに投げ込まれる姿を見たり、弱々しく泣く声、尊厳を失わんとする叫びを聞いたりすれば、あなたは（恐らく初めて）難民になるとはどういうことかを理解するはずだ。Black Sheep Studiosの共同創設者、かつ本作の共同プロデューサーのアンソニー・オースティンによると、「この役割の逆転によって、共感を生み出し、まるでこの状況が自分に起こっているかのように人々は感じ、『Home』の世界観を身近に感じるような作品になっている」。

　この戦略は上手くいった。この20分の映画によって、（映画の最後まで、国連についての言及はなく、制作の意図の詳細も明らかにされないが）何百万人もの人々がUNHCRの#withrefugees　#難民とともに キャンペーンに署名する後押しとなった。カンヌライオンズでゴールドを受賞したことに加え、本作品は50以上の映画祭で上映され、2017年の英国アカデミー賞（BAFTA Awards）の最優秀英国短編映画賞を初め、多くの賞を受賞した。

　『Home』はアイデア・プレイスメントの完璧な例であり、「感情はメッ

セージである」ということを証明した。クリエイターは商品を販売しようとしたり、営利目的があったりしたわけではない。彼らの目標は人々のものの見方を変えることだった。そのためには、もしかしたら統計を利用して、情報満載の企業広告を作ったりホワイトペーパーを発行したりといったこともできたかもしれない。しかし彼らはその代わりに、ブランデッドエンターテイメントと感情の力を活用して、事実や数字では決してできない方法でメッセージを伝えたのだ。「『Home』は、人々を共感させ、難民問題を自分事のように感じさせた」と、Black Sheep Studiosは述べている。「この作品は、難民にまつわる会話に、新しい強力な視点を与えた」。

広告祭の審査員として、私たちはここまで作品に感動させられるとは予想していなかった。確かに、カンヌライオンズを広告祭と呼ぶのはふさわしくない。これはそれ以上のものだ。しかし、作品はしばしば、商業的でなくてはいけないという制約が設けられている。カンヌライオンズは世界中から最高のクリエイティブなアイデアを見つける場であり、映画館は感動したり楽しんだりするために行く場所である。ところが『Home』という作品は、この境界を感動的な方法でぼかした。私たちは映画の最初から終わりまで、一つの芸術作品を見ていると分かって鑑賞していた。印象的なのは、この芸術としての映画が、重要な問題に関する私たちの考え方を実際に変え、そしてそれが終わる頃には、『Home』は従来の広告よりも人々の心に訴えかけるという義務を果たしていたことだ。

人々は素晴らしいストーリーに感動する。人々は感情に働きかけるものによって動かされるのであって、必ずしも伝えられた言葉によって心が動くのではない。これが、アイデア・プレイスメントが非常に効果的な理由である。それは単に人々のブランド体験を向上させるだけでなく、ブランドの目標を実現するためのより効果的な方法でもあるのだ。

人々が、ある問題に当事者意識を持ち、会話の流れを変えたもう一つ

の作品は、『LO：インターネットの始まり』である。これは、NetScout社のためにヴェルナー・ヘルツォークが監督した、素晴らしいドキュメンタリー映画だ。『LO：インターネットの始まり』もアイデア・プレイスメントを活用し、事業目標を達成したブランドの良い例である。NetScout社のブランドはこの映画のどこにも取り上げられていないが、90分の映画を見終わると、その製品やサービスへの確実なニーズが生まれるように作られているのだ。

　NetScout社はもともと、BtoBマーケティングに力を入れてきたインターネットセキュリティ企業だ。そのサービスは大企業向けに作られており、料金は月に数十万ドルに達することもある。このような大型契約を確保するために、NetScout社は、CEOその他経営幹部レベルとコミュニケーションをとる必要がある。彼らはこういった将来の顧客に、複雑で高価なセキュリティーサービスの必要性を理解してもらわなければならない。最も分かりやすい方法は、大規模ネットワークの運用に伴うリスクを、プレゼン資料のチャートで示すことであったかもしれない。この方法だと必要な情報は伝えられるが、与えるべき感情的なインパクトは生み出せなかったであろう。また、会話を促進し、経営陣の心を動かして、NetScout社が解決しようとしている問題を深く考えさせることもできなかっただろう。このブランドには、もっと影響力があり、役員会の枠を超えて人々の想像力を捉えるものが必要だった。消費者にこれらの問題について考えることを優先させ、NetScout社の製品やサービスへの新たな需要を生み出すものだ。これを達成するために、NetScout社とその担当広告会社Pereira O'Dellは、インターネットの力と脆弱性を露わにする長編ドキュメンタリーを制作することにした。しかし、説得力を持ってこれを行うには、彼らは広告という枠を超える必要があった。

» **Enter Werner Herzog**
ヴェルナー・ヘルツォークの世界へ

　石の下で過去50年間生きてきたわけでもない限り、そのアカデミー賞ノミネート監督かつカンヌ国際映画祭受賞監督の名前と、彼の映画を少なくとも一つは見聞きしたことがあるだろう。そうでないなら、あなたのリストに加えておくことをお勧めする。ヴェルナー・ヘルツォークの映画監督としてのスキルは、この作品に彼が選ばれた理由のたった一つに過ぎない。映画評論家のロジャー・イーバートは、「ヘルツォーク監督の作品には、妥協の産物、恥ずべきもの、関心を引かないものは一つとしてない。彼は、金銭的な理由で作品を手がけることもない。商業的には失敗したとしても、必ず美しい作品を撮る」と評した。ヴェルナー・ヘルツォークの名前が付くことで、作品の信頼性と、役員会を超えて世に出るような市場性が担保された。そうは言っても、ヘルツォーク監督の評判は彼の名前より重要である。彼は「雇われ監督」などではない。自分の信じないことは言わないし、することもないのだ。確固としたビジョンを持つ映画監督であるヘルツォークはどの映画でも手を抜くことはなく、『LO：インターネットの始まり』も例外ではなかった。このプロジェクトの特徴は、進みゆくテクノクラシーに対するヘルツォークのディストピアのビジョンが、NetScout社が伝えようとする警告のストーリーと完全に交わっていたことである。『LO：インターネットの始まり』を説得力のある物語にした、ヘルツォークのアイデアとテーマは、まさにNetScout社が人々の意識に植え付けたかったアイデアなのだ。これこそ、最も洗練されたアイデア・プレイスメントである。

　この映画においてNetScout社があまりに「内気」なため、人々は同社の貢献に気づかないのではないかという人もいるだろう。確かに、これは審査員がかなり広範囲にわたって議論したことだ。—— 特に、グランプリを選出する局面においては。『LO：インターネットの始まり』は、大

賞を受賞する圧倒的な候補だった。というのも、審査員は全会一致で、これは映画祭一の作品であると同意したからだ。しかし、他の素晴らしい作品（特に、最終的にグランプリを受賞したSantander銀行の『Beyond Money』）と並べて審査した時、ブランドの扱いがあまりに分かりづらい点は減点要因であると、審査員は判断した。ただし真実は、このレベルの微妙さなくしては、『LO：インターネットの始まり』は存在できなかっただろうということだ。ヴェルナー・ヘルツォークは映画を作ることに同意しなかっただろうし、ヘルツォークの非凡なビジョンがなければ、この映画は同じようなインパクトを残すことはできなかったであろう。Magnolia Picturesに売られることも、何千もの将来の顧客にこのアイデアを見てもらうこともなかっただろう。2017年は、ブランデッドエンターテイメントがいまだ広告業界の延長と見られ、主流のエンターテイメントとは区別されていた時代であった。そのため、『LO：インターネットの始まり』もNetScout社のかかわり方があまりに分かりづらいとして、批判されたのかもしれない。しかし将来、ブランド構築の事実上のアプローチとして、ついにアイデア・プレイスメントがプロダクト・プレイスメントに取って代わるとき、『LO：インターネットの始まり』は真の先駆者として見なされるようになるはずだ。

» Make the brand part of the story
ブランドをストーリーの一部にする

　『クリティカル・リポート』は、本書の執筆者の１人、ジェイソン・ゼノポラスがブランデッドエンターテイメントに初進出した作品であり、彼の考え方を永遠に変えることとなった。先述した素晴らしい作品たちのように、ブランドが存在を見せつけなくても目標を達成できることを『クリティカル・リポート』は証明した。ジェイソンはあらゆる形のエンターテイメントにおける、プロダクト・プレイスメントに対して強い抵抗を示すようになった。トーク番組でテーブルの上にコーラの缶

が置いてあることも、ジェームズ・ボンドがTag Heuerの時計を身に着けていることも。彼にとっては、すべて軽率なまがい物で、世にある迷惑なマーケティングのどれよりも苛立たしいものだった。

しかしカンヌライオンズ2017の審査員として、ブランドがコンテンツ内で力強く堂々と存在感を放つ作品を、ジェイソンはいくつか目にした。そして、うまく行われれば、ブランドと商品でさえも、エンターテイメントそのものへの良いスパイスになり得るのだと気づいた。私たちはこの現象について詳細に論じることで、「堂々とした」プロダクトおよびブランドのプレイスメントが、いくつかの例では素晴らしく機能するのに、一方では致命的に人々の気を散らす例もあるのはなぜなのか、紐解こうとした。結果、わかったのは、ブランドが人々の気をそらしてしまうということだ。重要なのはブランドの目立ち具合ではなく、ブランドが表現する意味の深さである。言い換えれば、プロダクト・プレイスメントの上手な処理方法より、どれだけうまくアイデア・プレイスメントを実行できているかということなのだ。

» Branded love stories that fuel brand love
ブランド愛に火をつけるラブストーリー

ロマンス映画は誰もが好きなわけではない。よって、ブランドが作った２つのラブストーリーに審査員全員が感動の涙を流したことがどれほど驚くべきことか、想像に難くないだろう。一つ目の作品は、ギリシャのLactaチョコレートのための、全５話のウェブシリーズ、『From the Start』だ。この素晴らしいキャンペーンのことは、他の著者たちが各章で詳細に説明している（『時間との戦いと集中力持続時間についての誤解』と『基本に立ち返る：なぜ「ストーリー：物語」は最も重要なのか？』）ので、ここではストーリーについて詳しくは述べないでおく。その映画はブランドが制作した作品かもしれないが、どのテレビコンテンツにも

勝るような素晴らしいエンターテイメント作品である、と言えば十分だろう。(『世界に広がるアイデア』の章でサマンサ・グリンが示しているように）これはそれ自体で素晴らしい成果であるが、商品がストーリーの中でいかに中心的な役割を果たしているかを考えると、一層すごいことだ。

　このキャンペーンを担当した広告会社であるOgilvy Worldwide in Athensは、カンヌライオンズで『From the Start』という作品を、「愛を信じられない男が、Lactaのチョコレートを食べるたび、夢で見る女性と恋に落ちる物語のウェブシリーズ」だと表現する。その短いあらすじを聞くと、物語の中でブランドが重要な役割を果たしているように思える。そして、実際そうだ。また、まるで豪華なテレビCMのようにも聞こえるが、ウェブシリーズであるという事実以上の何物でもない。

　『From the Start』は素晴らしい映像作品であり、商品はストーリーの中で大事な役割を持っている。ある点では、『チャーリーとチョコレート工場』のゴールデンチケットを彷彿とさせる。仮に同作によって、チョコレート「ウォンカ・バー」の売上が伸びたとしても、作者のロアルド・ダールを非難する人などいないだろう。彼は単に物語の一要素としてチョコレートバーを利用していたのだ。『From the Start』も同じである。Lactaチョコレートを作品に使ったのは、図々しくも見える行為だが、それは決してペテンなどではない。ストーリーの邪魔になってなどいないし、感情を白けさせもしない。チョコレートは物語のトリガーであると同時に、作品の世界に自然に馴染んでいるため、ストーリーや感情を盛り上げる役割をしているのだ。皮肉にも、もし劇の中でのブランドの存在感がもっと薄かったら（カウンターだとかのプロダクト・プレイスメントに相応しいところに置いているだけだったら）、強い目的を持って商品をストーリーの中で使用するよりも、作品にとって害が及んでいたことだろう。

　このあからさまなプロダクト・プレイスメントは、コンテンツの価値を増大したのか、それとも下げたのか、審査室では熱い議論が巻き起こった。結局支持者側が勝利し、『From the Start』はゴールドを受賞した。商品はストーリーの中で真正の役割を果たし、作品全体のエンターテイメント価値を高めていると審査員は判断した。ブランドは作品の中で堂々と存在感を放っているが、それはただのチョコレートバーとして存在しているのではなく、恋に落ちる魔法を象徴している。物語とブランド両方の心髄にあるアイデアだ。

　伝えたいストーリーとブランドの交差点を見つけることが、ブランデッドエンターテイメントの最終的な目標である。それは必ずしも、コンテンツの中にブランドを物理的に存在させることではなく、むしろブランドの本質を作品に落とし込んで、人々に伝える方法を見つけることである。コンテンツの表面にブランドロゴを貼り付ければいいのではない。コンテンツの芯に意味を織り込むのだ。『From the Start』では、広告会社はこの両方を同時にこなしたのである。

　OgilvyOne Worldwide in Athensのエグゼクティブ・クリエイティブディレクターであるパノス・サムブラコスは、なぜこのように映画にアプローチしたのか、次のように説明する。「Lactaのために制作した前作の映画は、観客の涙を誘ったが、商品は作品の中に一切登場しなかった。多くの人が視聴したが、チョコレートの売上は伸びなかった。そこで、商品をストーリーにとってより不可欠な存在にしよう、ストーリーに溶け込ませようという決断をした。そしてLactaのチョコレートを、私たちならではの、アラジンの魔法のランプに生まれ変わらせようと決めた。チョコレートを食べると……魔法が起こるのだ！商品が出てきたときも、観客は気にしなかっただけではない ―― むしろそれを心待ちにしていたのだ」。このような商品とストーリーの美しい共存関係は、Lactaのチョコレートの使用を、一般的なプロダクト・プレイスメントから、

洗練されたアイデア・プレイスメントに高めている。そして、エンター
テイメントとしても広告としても、成功を確実なものにしているのだ。

　私たちを泣かせ、ブランデッドエンターテイメントにおける私たちの
立場について改めて考えさせた2つ目のラブストーリーは、Monoprix
のために制作された美しい短編映画、『Label of Love』である。もし
『From the Start』のストーリーが、こじつけで不自然にブランドメッ
セージに偏っていると感じたのなら、この作品について聞くまで少し
待ってくれ！

　『Label of Love』は、10年に渡る甘いロマンスだ。Monoprixのパッケー
ジからロマンティックなフレーズを切り取って作ったラブレターを、
こっそりロッカーにすべり込ませて、好きな女の子に渡す少年の物語で
ある。ある日、彼は少女が引っ越してしまったことを知る。ひどく落ち
込む少年。そして時は10年後。大学生になった彼は、大学で綺麗な若い
女性を見かける。女性が自分のロッカーを開けると、箱が地面に落ちる。
こぼれ出たのは、切り取られたたくさんのMonoprixラベル。彼女だ
……彼女は少年のラブレターをすべて大事にしまっていたのだ！彼は
スーパーに走り、最後のラベルを見つける。そしてそれを切り取り、彼
女に手渡す。そこにはこう書いてある。「Better "latte" than never. ＝
どんなに遅くなっても、一生会得ないよりはずっといい。」をもじった
フレーズだ。

　『Label of Love』は、テレビの宣伝広告のように聞こえるかもしれな
いが、私たちが4分間の映画を見終わるまでに、審査室の中に涙を流さ
ない者はいなかった。俳優の演技も音楽も素晴らしく、『Label of Love』
はついに、90分にわたる長編映画よりも、多くの感情を4分間で届ける
ことに成功した。少しセンチメンタルだと映画を批判する人もいるかも
しれないが、センチメンタルでないラブストーリーなどあるだろうか？

『From the Start』の制作チームのように、このプロジェクトのクリエイターは、コンテンツを損なうことなくブランドを映画に入れ込む方法を発見した。確かに、この例において、商品は物語の一要素以上の役割を果たしている。映画のキャラクターになっているのだ。ストーリーを語るうえで商品が不可欠となっており、最終的には映画内で愛を伝えるための媒体になっている。Monoprixブランド抜きでは、この小さなラブストーリーは存在しえない。この場合、商品がまさにアイデアである。結果として、映画が終わる頃、観客はMonoprixが表すものだけでなく、ブランドが観客にどのように感じてほしいのかも理解するのだ。

ブランデッドエンターテイメントのクリエイターは、プロダクト・プレイスメントをアイデア・プレイスメントに置き換えようとするべきだと私たちは信じているが、『Label of Love』と『From the Start』は、正しく行えば両方に対応できるという証明となっている。

別のバックストーリーに移ろう。それは晴天のフレンチ・リヴィエラの中、薄暗い審査室で他の審査員たちと集まるよりずっと前のことだ。2011年、ペレはGoogle Creative Labと一緒に、インターネットブラウザのGoogle Chromeのキャンペーンに光栄にも取り組む機会があった。そのキャンペーンは『The Web Is What You Make of It』だ。そのキャンペーンのコマーシャルの一つは特に、彼の今までのキャリアで最大の出来事となった。その映画は『Dear Sophie』という。Bartle Bogle Hegarty社は何年間もGoogle Chromeのプロジェクトに取り組んできて、素晴らしい成果を上げ、カンヌライオンズでいくつか賞も獲ってきたが、この作品は違った。それはもっと大きなもので、社会現象になった。今日でも、それを会議で見せられれば、人々はほぼ毎回涙を流してしまう。その理由は、私たちの心の奥深くに入り込むからだ。感情を呼び起こすのである。

ストーリーは極めてシンプルだった。それは基本的には、インターネットである人がChrome、GmailやYouTubeを使う様子をスクリーンショットで見せた、製品デモだった。とある父親が、いつの日か娘に見せるために、娘の成長の記録を彼女へのEメールという形で書き記していく物語だ。

　それはすべて、人々は目的のないネットサーフィンをそれほどしていないというインサイトに基づいていた。私たちは、むしろ人生の計画を立てたり、整理したりするためのツールとして使っている。作品をきっかけに、物事を成し遂げるための重要なツールとして、Chromeを活用するようになる。それがGoogleの考えで、それこそがChromeを特別なものにした。ストーリー自体は、人々を感動させるやり方で伝えられた。『Dear Sophie』は『Time』誌で、2011年のナンバーワン広告と評された。そしてChromeはその時、また今もなお、様々なオンライン世論調査でナンバーワンのブラウザとなった。

　それは素晴らしい功績だが、たかが広告でありコマーシャルだった。エンターテイメントと一体何の関係があるのだと、あなたは尋ねるかもしれない。本章でアイデア・プレイスメントに関してこの例を取り上げたのは、素晴らしいブランデッドエンターテイメントを作ろうとする際にも、全く同じ図式が当てはまるからだ。通常の広告を作るときも同じである。意見やアイデアがあったら、次は人々にそれを信じさせる。この例の場合、アイデアは意見だ。アイデアは製品ではないが、意見を明確にするために製品が使われている。

　感情を生み出すことにおいて、メディアも明らかに重要であり、今日までのエンターテイメントビジネスにおいて、最も成功しているフォーマットが映像である。インターネットでも圧倒的に利用されているフォーマットで、YouTubeでは毎分300時間以上の動画がアップロード

され、毎日約50億本の動画が視聴されている。クレイジーだが、完全に理にかなっている。なぜなら、例えば画像なんかよりも、動画は私たちの感情を呼び起こせるからだ。そして「百聞は一見に如かず（a picture is worth a thousand words）」という諺もある。映画は通常、1秒に24フレーム、つまり24の画像を見せるもので、諺通り（1枚の絵が1000語分の価値）に計算すれば、映画は1秒に合計2万4000語に値する。たくさんの感情だ。

» Will VR kill the video star?
VRは映像を消してしまうか?

こういった意味で大きな可能性を秘めていて、以前の技術より私たちの感情を呼び起こせる新しいフォーマットは、VRである。VRは映像よりも多くの感覚に訴えかける。より深い没入感によって多くの感覚に訴え、それによって私たちを違う世界に運び、他の誰かになったり、行ったことのない場所に行ったりする感覚を味わわせてくれる。VRが映像と違うのは、私たちは画面を見ているのではなく、VRを通して世界を見ることができる点だ。観客を楽しませ、魅了しようとするブランドにとって、これは巨大な利益を得るチャンスである。今日のブランドは、VRを活用し始めることを間違いなく考慮するべきだ。

2016年のエンターテイメントライオンズの優勝者、つまりエンターテイメントグランプリの受賞作は、まさにそれを実行していた。それはVRを用いて、どこかに行ったり他の誰かになったりという、今まで経験したことのない感覚を与えてくれた。『New York Times』誌の、『The Displaced』という作品だ。それはVRを使用して、人々を世界の別の場所に運び、難民になるのはどのようなものか、ほぼ直接的に体験させる。それほど深く、正確にこの体験を作れるのは、VRだけだろう。正確性や真実味を損なうだろうとして、その体験には『New York Times』

の新聞を1枚たりともどこにも映さなかった。この場合のアイデアとは、『New York Times』が示したジャーナリズムの誠実さであった。それはアイデア・プレイスメントであり、プロダクト・プレイスメントではなかった。そしてVRという媒体が、その効果を強烈なものにした。なぜなら観客は、今まで記事でしか読んだことのなかった場所に行き、難民になるとはどのような感じなのか、身をもって体験したからだ。

先に述べたように、『Home』も全く同じ動機で、似たような作品を制作した。それはただVRを使わず、ストーリーテリングのテクニックのみ、つまり台本を観客に近づけることで、難民になる感覚を私たちに体験させた。どちらも見た者との関係を築き、感情を駆り立てる術である。当事者意識を私たちに持たせたのだ。

人々を結びつけ、互いに関係を築く手助けをすることは、ブランドが今日の世界の状況を改善するためにできる、最も大切で必要な2つのことである。うまくいけば、世界に貢献しながらも、ブランドや製品を良く見せることができるのだ。ばらばらの世界を一つにする存在が必要であり、ブランドはこの役割をとてもうまく果たせるようにできている。そのことを考えれば、世界統一政府は存在しないが、世界的なブランド、つまり人々の声を聞き、世界を一つにできるブランドは存在する。私たちに言わせれば、それはブランドの特権であるだけでなく、大きな責務であるのだ。

今日の政治情勢において、メディアや報道組織のあり方は世界中で疑問視されている。そんな中で、真実と理解に対する信念を伝える必要性を感じているのは、『New York Times』だけではない。デンマークの代理店& Co.とTV 2もまた、これを実行するため『All That We Share』を制作した。2017年のもう一つの重要な受賞作だ。本作はエンターテイメント部門でシルバーを受賞したが、続いてサイバーライオンズ部門で

はソーシャルビデオでゴールドを獲得した。この映画が成し遂げたことを一つ挙げるなら、人々を団結させたことだろう。アイデアはそのシンプルさにおいて秀でていた。まず一つの部屋に多くの人々を集め、ひと目で分かるグループに分類する。自転車に乗る人、ヨガをする人、高所得者、看護師、移民、デンマークで生まれ育ったデンマーク人など……。続いて、全員にある質問がされ、当てはまる人は前に出てくるように言われる。例えば、ダンスが好きな人、という具合に。そして様々なグループの人々が、共通のものを持つ新しいグループに入る。素晴らしいアイデアだ。

この実験映像は、私たちの見方を変え、他者への理解を深めることはどのようなものか、私たちに教えてくれた。私たちを一つにしたのだ。この場合のアイデア・プレイスメントは、私たちを隔てるものより、たくさんの共通点を私たちは皆持っているはずだという、TV 2の信条だ。そのような強いメッセージを伝えるために、何か商品を見せる必要はない。フレンチ・リヴィエラの薄暗い審査室でその作品を見た時点で、再生数は2億8400万を超えていた。デンマークの人口はたったの600万人だということを、心に留めておいてほしい……。

» Products cannot have opinions, but brands do, and they certainly should have one
商品が意見を持つことはないが、ブランドは持つべきだ

ブランドが意見を持つ必要性について、いくらか紙幅を割いてお話ししたいと思う。なぜ、ブランドが大事にしていることが、消費者に対してブランドを明瞭なものにし、素晴らしいストーリーを生むのか。そしてそれがいかにして素晴らしいエンターテイメントを作り出すのか。この段落のタイトル通りだが、商品が意見を持つことはできない。製品やサービスが何かを考えることはない。それは馬鹿げている。また感情を

抱くこともない。一方でブランドは、ものを考えることができる。なぜなら、ブランドとは商品の背後にいる人々だからだ。この人たちは意見を持つことができる。その意見は時に、TV 2や『New York Times』の例のように、他者や世界の見方に関するものである。本書の多くの章で言及されている『Beyond Money』を制作したSantander銀行は、お金よりも大切なのは人生であることを再確認しなければならないと考えている。それは意見であり、商品からではなくブランドから来ている。だからこそ、商品についてではなく、意見についてのストーリーを作ることが大切なのだ。例えば映画『レゴ・ムービー』は、映画全体に商品を使っているが、映画自体は商品についてのものではない。ペレが対立について述べた章『緊張感を高める』で説明されているように、その映画はマニュアルに従って（教育に頼って）LEGOを組み立てる人々と、マニュアルを無視して（想像力を使って）頭に浮かんだ通りに組み立てる人々の対比を描いている。それは、1時間半の上映時間分の価値があり、何百万ドルもの興行収入を得るのも納得の物語だ。

すべてのブランドが持つ一つの思いは、自らの商品を愛しているということだ。当然の事実である。そんなことは皆分かっているので、改めてそのストーリーを伝える必要はない。しかし結局のところ、ブランドがエンターテイメントの形で広告に投資するのは、商品をより多く販売するためである。では、どれくらい商品を露出させればよいのか、どうやって知ればいいのだろう？

» What is right for one brand is not necessarily right for another
ブランドに普遍的な答えなど存在しない

100%確かなことは、ケースによってそれぞれ異なるということだ。一概には言えない。いつも言われている通り、つまらない答えだが真実

だ。ガボール・ハラチの章『皆ドキュメンタリーを求めている』で詳しく読むことができるが、例えばRed Bullと『The Art of Flight』は、ブランデッドコンテンツの歴史を作り上げたブランドの完璧な例である。これは、コンテンツの中でドリンクの缶を一切見せることなく、Red Bullは翼を授けるのだという信念に沿って作られた作品だ。それはRed Bullにとっては正しい選択である。あなたが観客であれば、商品を買いたくなるだろう。あなたはこう思うはずだ。「Red Bullは、アクティブなライフスタイルにはエナジードリンクが必要だと考えているのだ」と。理にかなっている。そして、エナジードリンクを飲むのを見るより、アクティブなライフスタイルを送る人々の動画を見たいと思うだろう。

カンヌライオンズで大賞を受賞した別のエナジードリンクのキャンペーンに、2011年のGatoradeの『Replay』がある。本作はプロモライオン、PR部門のグランプリ、インテグレーテッド部門のゴールドライオン、メディア部門のシルバーライオンを受賞した。これはエンターテイメント部門が生まれる前の作品だ。

TBWA\Chiat\DayとGatoradeは、当時のメンバーは現在30歳半ばになっている、アメリカンフットボールの２つのライバル校を呼び戻し、同点で終わったゲームの再試合を行なった。私たちにしたら、これは過去最高のブランデッドエンターテイメント・キャンペーンの一つだ。しかし本作は、Red Bullの作品と違い、選手はGatoradeを飲んでいて、かつそこにおかしい点は一つもない。Gatoradeにとってはそれが正しい選択だったのだ。エナジードリンクは、30代の大人が試合をもう一度やり直すには必要なものだ。よって、あるエナジードリンクにとっては正しい方法も、別のものには必ずしも合わないのである。

» **When Sweden went to Africa**
スウェーデンからアフリカへ

　最後に、2017年のライオンズからもう一つのお気に入りにスポットライトを当てるべきだろう。Absolut VodkaのためにVMLが制作した『ONE SOURCE』では、私たちの感情を動かすアイデア・プレイスメントの素晴らしい例を見ることができる。商品そのものだけでも十分良い例でもある。

　まずは背景を軽く紹介しよう。Absolut Vodkaの一滴一滴はすべて、スウェーデン・スコーネ郡にある小さな中世風の村、オーフスの蒸留所周辺の材料で製造されている。このプロセスは「ONE SOURCE（ワンソース）」と呼ばれている。

　スコーネはアフリカ大陸から遠く離れているが、繋がりがそこにある。「ONE SOURCE」というアイデアが、2つを結びつけるのだ。アフリカでAbsolutのキャンペーンが上手くいったのは、人類にとって共通の真実を見つけることで、スウェーデンのコンセプトをアフリカに関連させたからである。私たちは皆同じ起源（SOURCE）、アフリカからやって来たのだ。

　Absolutのための『ONE SOURCE』キャンペーンは、ヒップホップアーティスト クリ・チャナのコンセプトアルバムという形で、アフリカ文化を賛美した。アルバムには、10人のアーティストとコラボして作り上げた8つのオリジナル曲、ドキュメンタリーシリーズ、ミュージックビデオやライブパフォーマンスが盛り込まれている。これらはすべて、全人類の一つの起源（ONE SOURCE）であるアフリカを称えている。素晴らしい。

　さて、この作品は商品を一切見せなくても成り立っていたと思われる。いずれにしてもAbsolutは、観客にとっては至極明白な「真犯人」だった。何より優れていた一つのことは、Absolutブランドとウォッカの製品が、作品を通して違和感なく、時には堂々と存在していたことだ。アルバムでは、Absolutのロゴと同じ書体がカバーに使われ、ビデオや写真で火が映るシーンは、ブランドカラーを彷彿とさせる青色の炎が揺らめいていた。そして何と、クリ・チャナは時たま歌詞に「アブソルート」や「ウォッカ」という言葉を混ぜているのだ！冒涜にもとられかねないが、私たちは気にしない。むしろ正反対だ。Absolut Vodkaの要素を、アフリカの素晴らしい躍動感の一部として取り入れた姿勢を気に入ったのだった。

　したがって、ブランデッドコンテンツではどれだけ商品を見せていいのかという問いについては、やはり、一概には言えないということになる。ケースバイケースがあるべき姿だ。そもそももしブランドとして社会に対して発信したい意見を持っていないのであれば、伝えるに値するアイデアやストーリーなどはない。それは、エンターテイメント部門で我々が表彰したいずれのカンヌライオン作品においても、当てはまる法則である。

5

なぜ「ストーリー : 物語」は 最も重要なのか?

鈴木智也
TOMOYA SUZUKI, CEO・Creative Producer
STORIES® / STORIES® INTERNATIONAL

　小学生の頃、毎週日曜日の朝、私にはルーティーンがありました。

　雨が降ろうが、雪が降ろうが、私は父に連れられて街の図書館に通ったのです。

　６年間、毎週日曜日の午前、一日たりとも休むことなく。

　父と私は本を読みながら、３時間程度を図書館の中で過ごし、お昼前に、そう、父は母と弟と合わせて３人分の図書館カードを使って15冊の本を借りて、家に帰る。父は一週間になんと15冊以上の本を読んでいたのです。父は、とにかく「活字中毒」で、子どもの頃、私の質問にはたいてい答えてくれるいわゆる「生き字引き」のような人でした（実際、何度も百科事典を"調べる"のではなく、ただ"読んで"いるのを見たことがあります）。この親子のルーティーンのおかげで、私も自分の図書館カードで５冊の本を借りて、読むのが習慣になり、私は「物語」にすっかりと魅せられてしいました。「物語」の虜になり、恋をして、父と同じ立派な「活字中毒」になってしまったのです。ワクワクしながら読んだ、ギリシア神話、エジプト神話、三国志をはじめ数多くの文学や物語。何十年も前なのに、未だにその感動が記憶に残っています。

　日曜の朝の図書館通いの結果、私は社会的には不器用な活字中毒になってしまいましたが、父にはとても感謝しています。この日曜の朝のルーティーンのおかげで私はフィルムメーカー、そしてストーリーテラーという、好きなだけ物語に没頭できる素晴らしい道に進むことがで

きたからです。そして2011年に、物語つまり「STORIES」という会社を仲間と共につくることにも繋がったのです。

　2017年、事前審査からカンヌでの6日間に及ぶ審査で世界中から応募された1000以上に及ぶ数多くの優れたブランデッドエンターテイメントプロジェクトを学ぶ幸運に恵まれました。カンヌライオンズ、ブランデッドエンターテイメント部門で何が議論され、どんなプロジェクトが高く評価されたのか、私が感じたこと、学んだことを皆さんに共有したいと考えています。私の章では、最初にブランデッドエンターテイメントに限らず、すべてのエンターテイメントにおいて最も重要な役割を果たすと言っても過言ではない、ストーリーテリングの基本を解説します。そのうえで、カンヌライオンズで高い評価を受けたプロジェクトがどのように評価されたのか、そして効果的なブランデッドエンターテイメント・プロジェクトを構築するうえで重要なポイントをまとめてご紹介したいと思います。

» Stories matter　ストーリーこそ重要

　この世界は科学ではなく、ストーリーでできていると私は信じている。

　それは約1万7000年前、フランスのラスコーの壁画に描かれたように、人類がその日の狩りの武勇伝を仲間にストーリーとして語った頃から、変わっていないのかもしれない。太古の昔、ギリシアの人々が夜空の星を見上げて、神々や英雄のストーリーを想像し、子どもたちに世代を超えて数千年も語り継いでいったことも同じことだろう。そしてそのストーリーは数千年の時を超え日本に生まれた私にも届いたのである。そうギリシアの物語は数千年以上も生き残ったのだ。さらに物語には歴史を動かす力さえある。歴史は人々の選択によって動き、人々の選択は愛、欲望、怒り、悲しみ、様々な感情によってなされる。クレオパトラの鼻があと少し低ければ、歴史は変わっていただろうというフランスの数学

者パスカルの有名な言葉がある。つまり恋愛感情や欲望、この場合はローマのカエサルのクレオパトラに対する感情で歴史は変わっていたかもしれないということである。数千年にわたり、人類や文化を動かしてきた様々な宗教でも、その聖典・経典の多くは、物語で構成されている。そして現在でも物語の果たす役割はあらゆるレベルで重要だ。政治家は民衆に自らや未来についてのストーリーを語り、票を得ようとする。男の子がお母さんにおもちゃを買ってもらうために語るストーリーも雄弁だ。『スター・ウォーズ』も、ビヨンセのコンサートも、テレビ番組の『American idol』も、結局は物語を体験したくて人は会場や劇場に足を運び、そしてあらゆるスクリーンに見入るのだ。

　いつの時代もエンターテイメントの中心にあるのがストーリー。確かにストーリーのないエンターテイメントもあるが、やはり基本中の基本はストーリーである。映画、テレビドラマ、舞台など現代のメジャーエンターテイメントのベースとなるのは脚本である。そして脚本を構成する最も重要な要素はストーリーだろう。筋立てのないリアリティショウやドキュメンタリーも人はキャラクターの変化に物語を感じ、共感するからこそ、エンターテイメントとして楽しめるのである。

　だから私は、この世界は科学や物質ではなく、人々の物語によって成り立っていると考えているのだ。
　それは映像の形をとっていようが、舞台であろうが、説法であろうが、イベントであろうが、リアリティショウだろうが同じことである。そして今、ブランディング、マーケティングの世界でもブランデッドエンターテイメントというストーリーの力を存分に活用した手法が注目を集めている。つまり広告コミュニケーションビジネスにおいて、ストーリー、物語の力がかつてないほど重要になってきているのだ。

» Entertainment audience vs advertising targeted consumer
オーディエンス vs 消費者ターゲット

　ブランデッドエンターテイメントという手法が、特にこの10年で拡大してきた背景には2つの変化がある。

　メディア環境の変化と広告フォーマットの変化である。要するにインターネットが広告フォーマットやコンテンツの配信方法を大幅に変えてしまったのだ。

　これまでは新聞、雑誌、ラジオ、テレビ、屋外広告という枠組みで、30秒スポット、4色1ページ等、決まったフォーマットで効果的にメッセージが届けられてきた。こうした伝統的な比較的情報量の少ない広告フォーマットにおいては、ストーリーではなく、一瞬で注意を喚起する、つまりアテンションを重視したクリエイティブが活用されてきた。しかしこのフォーマットが変わってきたのである。

　多くの国のテレビCMで主流となってきた30秒スポットなどで最も重要なのは、目立つことである。アテンションが最も重要といっても過言ではない。どんな手を使ってもいい、CMを「ながら見」する視聴者のアテンションをなんとか得なければならなかった。しかし、メディア環境変化とともにフォーマットから解放されたブランドコミュニケーションはエンターテイメントの基本かつ重要要素である、ストーリーの力を活用することができるようになった。メッセージを必ずしも30秒に収める必要はなくなったからだ。インターネット及びその影響によって、長さに囚われないフォーマットの広告が可能になり、長尺の動画が活用されるようになってきた。短尺とアテンション偏重のクリエイティブという制約から解き放たれたのである。

　今、ブランドコミュニケーションには、これまでの消費者・ターゲットという考え方ではなく、オーディエンスファースト（観客最優先）の

アプローチが求められている。

　なぜならば、ブランドにとっての敵はもはや競合広告主だけではなく、観客の目の前にある様々なスクリーン（テレビ、PC、スマートフォン、タブレットなど）で展開されるエンターテイメントコンテンツ、情報、そして様々なライブエンターテイメントになっており、およそすべてのコンテンツと、観客の時間と興味を奪い合うために、戦わなくてはならないのである。考えてみていただきたいのは、NetflixやAmazonをはじめとする動画配信サービスのコンテンツを10時間、一気見したオーディエンスはその間、一切広告に接触しないということだ。こうしたブランドや広告産業にとって恐ろしい、あるいは立場を変えればエキサイティングな事実がある。加速する、情報・コンテンツ過多、そして何を見るかは、結局のところ、観客＝オーディエンスに選択肢が委ねられている。メディア環境においてブランドの広告やメッセージを届けるのが、どんどん難しくなっていると言うことができる。

　ブランドが顧客にメッセージを伝えようとするときに、私たちマーケティング広告産業がここ50年間ずっとやってきたように、マーケティングの「消費者・ターゲット」として認識するのでなく、様々なコンテンツを楽しむ「観客、つまりオーディエンス」と捉え直して、エンターテイメントの文脈に乗せてメッセージや体験を届ける必要性が高まってきた。結局のところ観客に見られて、人の心が動いて、アクションが起きる、だからこそブランデッドエンターテイメントという手法が注目され、ブランドもストーリーを語れる、いや語るべき時代になったのだ。

» Storytelling and craft(production values) in the era of branded entertainment
ストーリーテリングとブランデッドエンタメ時代のクラフト（プロダクションバリュー）

長尺のブランドコミュニケーションを実施する際には、「エンターテイメント」としてしっかり成立していなければ、オーディエンスには見向きもされない。強制的に30分の広告を最後まで見せることは非常に難しいからだ。だからこそ、ストーリーテリングの手法を高いレベルで活用すること、観客を物語の世界に引きずり込み、離さない高いレベルの「クラフト」（映像や音などの表現技術）を実現することが重要である。広告の世界で言う「クラフト」は、映画やテレビの世界では「プロダクション・バリュー」と呼ぶことも多い。また、30秒で求められるアテンションに比べ、60秒を超えるストーリー性のあるコミュニケーションプロジェクトには、演劇や映画、テレビの世界で活用されてきたストーリーテリングの手法を使うことが非常に効果的である。

　この章では映像コンテンツの世界で活用されているストーリーテリングとクラフトの基本を説明し、さらに実際にカンヌのブランデッドエンターテイメント部門で受賞した事例の多くが、このストーリーテリングの基本要素や高いプロダクション・バリューをいかに活用しているかについて解説する。

» What is storytelling and what are production values(craft)?
ストーリーテリングの基礎要素

　ストーリーテリングの基本は、シド・フィールドなどの著名な脚本分析術の本を読めば詳しく解説されている。興味がある方はぜひ読んでいただきたいが、映画は約100年、小説や演劇は数千年の歴史の中で、オー

ディエンスが感動・共感する基本パターンが分析され、学術的にも確立されてきた。当然、全世界すべてのストーリーがこの要素やフォーマットを踏襲しているわけではなく、フォーマットから外れていても、優れた作品はたくさんある。しかし多くの観客を魅了してきたストーリーはこの基本パターンを効果的に活用しながら構築されているものが多いのも事実である。本章ではいわゆるドラマのストーリーテリングにおける重要な基本要素をいくつか紹介する。もちろんラブストーリーやスリラー、ホラーなど違うジャンルになれば、違う要素が強調されたりもするが、ここではドラマをベースに解説する。ストーリーの基本は、プロット（筋書き）とキャラクター（登場人物）で成り立っている。

プロット：

　プロットは単純化すれば「何がどの順番で起きるのか？」ということである。そのプロットの中で主人公が何かを求め、どのように変化するのかを追いかける、その変化のプロセスをヒーロー・ジャーニーやキャラクター・アークと言ったりもする。そのジャーニー、つまり旅路に観客が共感していくのがドラマの基本フォーマットである。

　そして多くのエンターテイメントや受け継がれている神話は3幕で構成されている。いわゆる3幕構成である。日本では起承転結というフォーマットが一般的だが、私としては、同様に解釈できる部分が多いと考えている。3幕構成の中でも10〜12程度の出来事のプロットポイントがあるとするフォーマットが一般的だ。3幕はシンプルに「ビギニング」「ミドル」「エンド」で構成される。「冒険への出発」「障害を克服する冒険」「解決と帰還」といった言い方もされる。この3幕の時系列を入れ替えたり、様々な方法で崩す手法、通称「フラクチャードナラティブ」（映画では『ラン・ローラ・ラン』や『パルプ・フィクション』等が著名な例）という手法もあるが、それも3幕の基本構成があってこそである。

　主人公の目的は通常「WANTS：欲求」と言われる。そして主人公が

欲求達成に向けて成長するための必要な心の気づきや変化を「NEEDS：必須要素」と呼ぶ。

　物語や主人公の目的は多くの場合、セントラルクエスチョンという呼ばれ方もする。そして、物語にかかっているもの、つまりステーク（利害）が大きいかどうかも重要である。そのステークが物語のテンションを高め、観客に興奮を感じてもらえるのである。テンションは異なる2つの価値観や勢力の衝突によって生まれる。

　セントラルクエスチョンは例えば『スター・ウォーズ』ならば、「ルークはジェダイの騎士となって、帝国のデススターを倒せるのか」。ラブストーリーなら、「その男は、その女と結ばれることができるのか」。ホラーならば「主人公は生き残れるか」などである。

　3幕構成のうち、第1幕では多くの場合、主人公を新しい世界、非日常の冒険へと誘う何かの出来事が起きる。2幕で様々な障害を乗り越えて、目的に向かってひた走るものの、2幕の終わりには、元の木阿弥に戻ってしまうような瞬間が訪れる。そして3幕で最後の問題を解決し目的を達成する。これがプロット、3幕構成の基本である。もちろんシンプルすぎると観客も予想できてしまうので、これらのプロットの基本を押さえた上で、アレンジを加えていくことが多い。例えば映画『ラ・ラ・ランド』のエンディングは最後、ギリギリの瞬間まで、セントラルクエスチョンの答えを明かさないが、3幕を非常に上手くアレンジした構成だと考えられる。

キャラクター：

　ストーリーにおいてもう一つの重要ポイントがキャラクター、登場人物である。主人公は通常、プロタゴニストあるいはヒーローやヒロインと呼ばれる。プロタゴニストは目的を持ち、変化・成長していく人物とされる。『スター・ウォーズ』であればルーク・スカイウォーカーがプロタゴニストだ。ルークのキャラクターの変化・成長は真のジェダイの騎

士になっていくというものである。ちなみにプロタゴニストが登場する
時間が、そのコンテンツの中で最も長いとは限らない。例えば『ショー
シャンクの空に』で、ティム・ロビンス演じるアンディは主人公ではあ
るが、実はプロタゴニストとは言えない。なぜならば、彼はストーリー
の中で無実の自分が外に出るべきであるという信念を一切変えることな
く貫き通しているからである。このアンディの信念に突き動かされ、生
きる目的を取り戻していくモーガン・フリーマン演じるレッドという
キャラクターが変化・成長するプロタゴニストである。

　主人公がいれば、当然ヴィランやアンタゴニスト（敵対者・競争相手）、
そしてメンターとなるキャラクターがいて、観客にドラマの世界を説明
するようなキャラクターや従者、アンチヒーローやコミックレリーフな
どもいる。これらのキャラクターとのかかわりを通じて主人公が成長・
変化し、旅を続けていくのである。『スター・ウォーズ』で言えば、ルー
クがプロタゴニストであり、ジャバがヴィランで、ダースベイダーがア
ンタゴニスト、オビワンがメンターで物語の世界の案内役、そしてハン
ソロがアンチヒーロー、従者である。もちろんR2-D2とC3-POがコミッ
クレリーフである。

ハイコンセプト：

　このプロットとキャラクターに加えてストーリーテリングのフォー
マットでは、重要な要素がいくつかある。

　その一つは「ハイコンセプト」と言われる要素である。これはストー
リーに観客を惹きつけるために非常に重要な要素である。ありきたりな
設定でなく興味深い設定やユニークかつ共感できるキャラクターを設計
できるかはエンターテイメントとして非常に重要である。今から40年以
上も前、1970年代に宇宙での壮大な戦争物語をフォースという不思議な
力を持った主人公を通して、映像で描くという『スター・ウォーズ』の
コンセプトは圧倒的にユニークで、ハイコンセプトなプロジェクトだっ
たと言える。警察の鑑識官なのに連続殺人鬼という主人公のテレビドラ

マ『デクスター』や、高校の化学の教師が麻薬王に上り詰めていくテレビドラマ『ブレイキングバッド』なども、観客に見てみたいと思わせるハイコンセプトなプロジェクトである。

伏線と回収：

　英語では「セットアップ（伏線）とペイオフ（回収）」という言い方がなされるが、ストーリーテリングで観客を引き込むために重要な要素として伏線の設計と回収がある。ハリウッドのメジャークリエイターであるションダ・ライムズ（『グレイズ・アナトミー』『スキャンダル』『殺人を無罪にする方法』）は「伏線を張り、回収することがストーリーそのものである」と言い切っている。ミステリーやスリラーにおいて重要な要素であるのはもちろんだが、ドラマやラブストーリーなど他のジャンルにおいてもこの伏線と回収を効果的に使えているプロジェクトは面白いことが多い。

　タイトル、台詞、場所、小道具、音楽から人物の表情や立ち位置に至るまで、様々な要素を活用し伏線を張り回収し観客の共感や笑い、そして満足感を獲得していく。『スター・ウォーズ』シリーズにおける最も重要な伏線・回収は、もちろんルーク。彼がなぜ強いフォースを持っているのかという伏線が圧倒的フォースを持つ敵、ダース・ベイダーの息子であるという事実で回収されることである。そして「May the Force be with you：フォースと共にあれ」という台詞も繰り返し大切なシーンで登場する。これも一つの伏線・回収の例と言える。

ビジュアル・ストーリー：

　これは物語というよりは動画、映画・テレビにおけるポイントではあるが、ハリウッドでは特に台詞ではなく映像、つまりビジュアルで何が起きているのか、どんな感情なのかを語る方がより伝わりやすいという大原則が貫かれている。これは映画やドラマに限らず、オンライン動画や、全世界をターゲットにすると非常に重要なコンセプトである。人間

は文字よりも絵や動画で伝えられた方が、興味を持ちやすい、集中力が続きやすいというポイントも、このビジュアル・ストーリーが重要な要素になっている理由でもある。ちなみに私が通ったハリウッドの映画学校でも最初に制作する短編映画には台詞を入れてはいけないというルールが設定されており、ビジュアル・ストーリーの重要性は徹底的に叩き込まれる。

普遍性と時代精神（ツァイトガイスト）：

　そして最も重要な要素の一つが、テーマとして「普遍性」と「時代精神」をしっかりと押さえることである。このテーマに貫かれたプロジェクトは結果として人の心に深く届くため、強く、本質的なストーリーを語るために重要である。普遍性のあるテーマとは、例えば親と子どもの問題、恋愛の問題、社会力学（学校、会社、地域での人間関係など）等、おそらく人類が何千年も同じように悩み続けている問題である。公に語られるのが憚られるようなテーマも重要なテーマとなる。例えば、いまだに人類社会からなくならない戦争、殺人、差別、貧困などである。時代精神とは、現代の観客の心に訴えかけるようなテーマである。特に私たちにとって耳の痛い事実、課題が人の心を揺さぶるテーマとなり得る。現代的な課題である、ソーシャルメディア依存、社会性ストレス、多様性受容の課題、高い離婚率の問題などももちろん時代精神をついたテーマとなる。

　この２つのテーマが重要なのは、語り手が、なぜ語るのかという根源的な理由の部分になるからである。語り手、制作者が本気で、情熱を持って語りたいと信じて作られるストーリー、プロジェクトには観客の心を揺さぶる大きな力が生まれる。そして公には言いづらいテーマを設定するために、「大胆さ」「図太さ」も重要になる。しかしこの大胆さや本気のテーマが語り手の心にある時に芸術としての誠実性が担保され、観客をインスパイアする優れたストーリーが生まれるのである。

» Craft(Production values)
クラフト（表現技術：プロダクションバリュー）

　ストーリーテリングの基本を説明したが、ここからはストーリーを実際に表現として映像などに定着させる技術であるクラフトについて解説する。クラフトがストーリーテリングを補強する重要な理由は2つある。

1. 観客を捕まえて、物語の世界から逃がさず、浸らせ続けるため

　クラフトは物語の世界にリアリティを与え、観客に信じてもらうために最も重要な要素である。観客に物語の世界に入ってもらうためには、まずその映像や音が、信じられるものになっていなければならない。また一度物語の世界に入ってもらったとしても、少しでも何かがおかしいと感じたら、覚めてしまい、少なくともその一人にとっては、すべてが台無しとなってしまう。夢から冷めてしまうのと同じだ。観客を物語の世界に魅きつけ続けるためには妥協が許されないのである。台詞、演技、カメラワーク、照明、美術、CG、音楽、SE、編集、どこか一つにでも破綻があって、物語の世界から引いてしまったら終わりなのだ。ドキュメンタリープロジェクトでも同様だ。観客はちょっとした嘘をすぐに嗅ぎ分ける、優れた能力を持っている。高い表現技術、つまりクラフトによってフィクションでも本物であると信じ込める世界を構築してあげる必要があるのだ。ドキュメンタリーにおいても誠実性、信頼性を譲らないことが観客を物語の世界にとどめておくために重要だ。

2. 観客を芸術的に感嘆させるため

　芸術的に優れたビジュアルやサウンドや演技、構成は観客を強く驚嘆、感動させることが可能である。誰も見たことがない映像美や、引き込まれるような演技、圧倒的なサウンドや感情を揺さぶる音楽によって、観客は心が動かされるのである。体験として感動し、脳の中でエンドルフィンが放出され、一度見ただけで二度と忘れない経験を得てもらうことす

らできるのである。1956年の映画『十戒』や、『2001年宇宙の旅』のシーンやサウンドは公開当時、圧倒的な感嘆を呼ぶことができた。近年で言えば、『ラ・ラ・ランド』や『ダークナイト』のオープニングシーンは、作り込まれた美しさ、そして斬新な映像（カメラワークやIMAXフィルム撮影など）と音の表現の力によって観客を驚嘆させることに成功した。

　演出、撮影、演技、編集、カラーグレーディング、SE、音楽、美術など、すべての要素が信じられる物語の世界、そして芸術的な驚きを観客に提供するためには必要なのだ。

　30秒のテレビCMを制作するのと、30分のドラマを制作するのとでは、異なるスキルセットが必要である。だからこそブランデッドエンターテイメントを含む、長尺のコンテンツの実制作においては、テレビや映画の世界で優れたクラフトを提供できるスタッフと協業することが重要となる。成功するブランデッドエンターテイメントは、いわゆる通常のエンターテイメントつまり映画やテレビドラマと同水準の質が必要である。なお米国では特にテレビドラマや映画の予算が非常に高額であることから、高いハードルと言える。そして通常のエンターテイメントと同水準であれば、ブランデッドエンターテイメントであっても、広告枠を購入することなくテレビ放送や、NetflixやHuluといったSVOD配信など通常のエンターテイメントの流通・配信網に乗ることができる可能性が高まり、企業としてはお金を支払わずに、むしろ観客がお金を払って広告を見てもらう構図が成立しうるのである。

» Successful storytelling cases from Cannes
カンヌで見えてきた成功事例の ストーリーテリングとクラフト

　ここからはカンヌライオンズのエンターテイメント部門で受賞した優れたプロジェクトを例にどのようにストーリーが活用されていたのか、

ストーリーテリングとクラフトの面から解説したい。実際に予備審査も含めて1000以上のプロジェクトを見る幸運に恵まれたが、心を動かされた優れたプロジェクトの数々はエンターテイメントとしてストーリーテリングやクラフトを効果的かつ創造性高く、活用しており、特にセリフに頼らない、ビジュアルストーリーを活用した普遍的に伝わるものが審査員の多くから評価されていた。評価時に重要となったポイントは次の通りである。

- ・普遍性、時代精神を強く感じるようなテーマがあり、ビジュアルストーリーで展開されていたか。
- ・ストーリーのセントラルククエスチョンがわかりやすいか。
- ・プロジェクトの設定はユニークかつ伏線回収の驚き、強さがあるか。
- ・クラフトのレベルは高いか。
- ・ブランドの課題の解決策が、自然かつ効果的に統合されたプロジェクトになっているか。

　続いて、ブランデッドエンターテイメント部門のグランプリ、ゴールド受賞プロジェクトを中心に、それぞれをストーリーテリング、クラフトの視点から分析のうえ、いかに優れたプロジェクトとして制作、展開されたかについて紹介する。
　ここから先を読み進める前に紹介する4つのプロジェクトの映像を実際にご覧いただくことをお薦めしたい。皆さんの感動を台無しにしたくないし、見た後の方がよりストーリーテリングについての理解が深まるからである。

Beyond Money
—Santander Bank— Spain
Cannes Lions Entertainment Grand
Prix 2017

　スペインの銀行によるショートフィルム形式のブランデッドエンターテイメントである。グランプリにふさわしいプロジェクトであった。観客の強いインサイト（本人も気づいていないような本音の感覚・感情）に基づいたテーマ設定、優れたストーリーテリング、高いプロダクションバリューがあったからである。このショートフィルムはストーリーテリングとクラフトにおいて様々な要素で高いレベルに到達していた。だからこそ国内映画館で上映され、動画配信サービスでも通常のコンテンツとして配信されるなど流通・配信経路においても、ブランデッドエンターテイメントとして大きな成功をおさめている。何よりもエンターテイメントとして引き込まれるパワーがあり、オーディエンスとして楽しめ、しかも考えさせられるプロジェクトになっていた。ジャンルはSFスリラーである。

　まずはタイトル『Beyond Money』に表現されているように、コンセプトが非常にユニーク、つまりハイコンセプトである。お金のために自分の大切な記憶を売ることができる近未来の世界という設定。買い物依存症になっている、1人の女性が、自らの大切な記憶を銀行に売り続けているという話である。

　物質文明を代表するような現代的な病である、買い物依存症の主人公のストーリーが投げかけるテーマは「お金と人生の記憶、どちらが重要なのか？」「あなたはいくらなら、自分の記憶を売るのか？」「人生でお金より大切なものはあるのか？」などである。時代性・普遍性の両面でシンプルだが、深く現代の観客のインサイトに根ざしたテーマ設定ができている。サービスとしてお金を扱う銀行がこのテーマを設定したところに大胆さがあり、そしてそのことが観客に伝わったことが成功の要因

である。

　ストーリー上のクエスチョンは、この後女性はどこまで大切な記憶を売るのか。どこで止められるのか、というシンプルなもの。最初は初恋の経験、そして最後に結婚式の記憶と大切な記憶を売っていく、そのことで、夫の顔や自分の子供の顔さえも思い出せなくなっていく。ステークがどんどん大きくなっていくというプロットもストーリーテリング上、効果的に使用されている。主人公の親友が世界を説明してくれる役割、案内役として設定されていることで、この物語世界のルールや主人公の置かれた状況が、自然に理解できるようになっているように、キャラクターの設定も上手にできている。この物語におけるアンタゴニスト（敵役）はキャラクターではなく、買い物依存という病状そのものがその役割を果たしており、主人公の女性が、記憶を売るのを止めて家族との人生に向き合うという運命、ウォンツから遠ざけようとする。

　伏線・回帰というポイントでは、自分の結婚式で夫の顔が思い出せない夢を見るオープニングシーンで始まるこのストーリーの謎が、２幕の終わりに、結婚式の記憶を売ってしまうことで解き明かされるところが最大の回収ポイントとなっている。そしてプロジェクトのタイトルである『Beyond Money』、つまりお金より大切なものというメッセージは物語の結末によって観客への答えとして伏線・回収される。

　クラフトの面でも非常に高いレベルでプロジェクトが仕上げられている。演技、撮影、カラーグレーディングは言うまでもなく、ビジュアルストーリーで何が起きているか、理解できるような設計で進んでいく。また特にSFジャンルでは重要となる高いCGのレベル、美術デザインでは観客を逃すことがない、リアリティのある世界観が表現されている。

　「あなたはいくらなら、自分の記憶を売るのか？」。この質問は観客にとって考えさせられるインサイトをついたコンセプトであり、人生の中でお金はどれくらい重要なのか、お金vs経験という構図が強いテーマと

なっている。特にお金を扱う銀行が、このテーマでブランデッドエンターテイメントをしっかりと構築したことは、それ自体が大胆な選択であり、キャンペーンとしての成功にもつながっている。スペインでは高い失業率に若者が苦しみ、金融機関に対するイメージが非常に悪いのが実態である。そんな中、実際にこのプロジェクトは大きな成功をおさめ、ブランドの課題であった、この銀行に対する若者のブランドイメージと新規口座開設増加という難題をクリアすることに成功した。

　この銀行の「私たちはお金より大切なものがあることがわかっている」というメッセージの、コンテンツへの練りこまれ方のレベルが脚本段階から非常に高いレベルで行われていることは特筆すべきポイントである。このプロジェクトは、普遍性と時代性のあるテーマ、記憶を売れる世界というハイコンセプトな設定、数々の伏線・回収、一体どこまで記憶を売るのか、止められるのかというセントラルクエスチョン、主人公の興味深い成長・変化、わかりやすい敵対的圧力（買い物依存という病気）など、ストーリーテリングの要素を非常に効果的な形で活用している。そしてクラフトの面でも、演出、撮影、グレーディング、演技、CG、美術、編集など高い技術で制作されており、エンターテイメントとして優れたブランドコミュニケーションが成立している。エンターテイメントとして高いクオリティで制作されているが故に、映画館や動画配信など、通常のエンターテイメントコンテンツとしての流通にも乗り、結果、お金を払って、このブランデッドコンテンツを体験した観客もいたのである。ブランデッドエンターテイメント部門のグランプリにふさわしいプロジェクトであった。

FROM THE START
―LACTA CHOCOLATE― Greece
Cannes Lions Entertainment Gold
2017

　ギリシアで展開された「LACTA」という
チョコレートのブランデッドエンターテイ
メント。約15分の5エピソード構成のいわ
ゆるウェビソードドラマだが、再編集され
たバージョンがテレビ映画としてバレンタ
インの日に放送された。

　ジャンルはSFラブストーリーである。

　女性が苦手な、未熟でダメな大人、フィリップが誕生日に手に入れた
LACTAチョコレート、そのチョコレートを一口食べたら、ある島で行
われているパーティーに自分が突然現れるという不思議な夢を見て、そ
の夢の中で運命の人に出会う。しかしある所で、我に返るとそこは島で
はない。夢から覚めてしまったような感覚。これは果たして現実なのか？
夢なのか？不思議に思いながら再びチョコを食べると、テレポートする
かのように、また同じパーティーの場所へと自分が戻り、運命の女性と
のストーリーが進展していく。

　各エピソード15分の中でもしっかりと3幕があり、5話全体を通じて
の構成も見事なプロットとなっている。プロットは『グラウンドフォグ・
デイズ』『オール・ユー・ニード・イズ・キル』などのリピート構成を活
用している。

　観客は、フィリップはなぜ夢を見るのか、そして女性は一体誰なのか、
という謎を追いかけつつ、最も重要な問い、セントラルクエスチョンと
しては、2人は結ばれるのか？という分かりやすく、しかし共感しやす
いラブストーリーとしての命題が設定されている。2幕の終わりに、チョ
コを食べても、夢の世界に戻れず、彼女に会えなくなるという最悪の事
態が定石通り訪れる。そして観客が心配したところで、友人からの電話

があり、夢の中で何度も参加していたパーティーが実際に、この後行われることを知る。ここでようやくリピートの輪から抜け出し、時間が動き出す。最大の伏線・回収は最初の夢の中でフィリップが見た結婚式のパーティーのポスターである。そのポスターがトリガーとなり、フィリップが決断し、成長していく。そのダメっぷりが魅力的な主人公の、つい共感してしまうようなキャラクターの成長。さらには主人公が未熟な大人から決断する大人へと成長・変化していく際のキャラクターアーク（キャラクターの感情の高まり）も上手く描かれている。

　テーマは人間関係が築けない大人という現代的なものと、運命の人に出会えるのか？という普遍的なラブストーリーのテーマで分かりやすく、しかしインサイトをついたテーマでもある。そして高いレベルのクラフト＝プロダクションバリューも物語の世界に連れ込んだ観客をつかんで決して離さない。

　ギリシアの美しい海岸線、夜の海の美しいシーン、２人の情熱的なラブシーン、ゴールデンアワー（夕景）のパーティーシーンなどを優れた撮影技術とグレーディング、素晴らしい音楽で物語の世界をしっかりと表現している。またテーマ曲の歌詞もしっかりと物語に寄り添い、伏線として機能している。

　チョコレートを一口食べることで、Sweetな夢の世界に入っていくというブランド価値のインテグレーションも非常に自然であり、効果的だ。何よりもチョコレートが単なる小道具ではなく、あたかも重要な登場人物かのように物語を前に進めるのに大きな役割を果たしている。ストーリーテリングとクラフトの両面からエンターテイメントとして、高いレベルで完成しており、どうなるのか続きを見ずにはいられない。そして再編集されたバージョンが、ギリシアの地上波でテレビ放送された。通常のエンターテイメントの流通に乗ったことも、このプロジェクトがブランデッドエンターテイメントとして優れたプロジェクトであったことの証明となっている。

Label of Love ─Monoprix─ France
Cannes Lions Entertainment Gold 2017

　同じくゴールドを受賞したプロジェクトでフランスのスーパーマーケット、Monopirixのブランデッドエンターテイメントである。このプロジェクトも効果的なストーリーテリングと高いクラフトの両面から非常によくできたプロジェクトである。

　ストーリーの構造は、非常にシンプルな３幕構成のラブストーリーである。１）男の子が女の子と出会う（ボーイミーツガール）。２）女の子との関係性が深まるが、女の子が去っていく。３）２人は再び出会う。非常にシンプルだが、２幕の終わりの裏切りポイントが効いている。プロットは次のように進む。小学生の男の子が、クラスの女の子を好きになる。内気な男の子は女の子のロッカーにメッセージを入れる。しかし自筆の手紙ではなく、クッキーやビスケット、お茶などのパッケージに書かれたちょっと洒落たコピーを切り抜いて、メッセージを送っていく。例えばお菓子のクラッカーの箱にある「Totally "Crackers（夢中）" For You」というメッセージなどを切り抜くのだ。メッセージを送りながら、少しずつ声をかける勇気を持てそうになる男の子だが、ようやく声をかけようと決意した２幕の終わりに、最悪の瞬間が訪れる。女の子は転校してしまったのだ。しかし３幕では、大学生になった男の子が奇跡的な

再会を遂げ、最後にもう一度パッケージを使ったメッセージを届け、声をかける。パッケージに書かれたメッセージは「Better "latte" than never」（どんなに遅くなっても、会えないよりはずっといい）。

　何よりも素晴らしいのは、MonopirixのPB商品の特徴、つまり商品の箱に書かれたコピーが洒落ているという事実が、物語上のキャラクターとして主人公の恋物語をサポートしていることである。これ以上の賢くかつ自然なインテグレーションは望めないのではないかというアイデアである。もちろん再会のシーンで都合が良すぎるというツッコミは可能であろうが、2幕の終わりの最悪の瞬間でハラハラさせられたオーディエンスの期待にしっかりと応えたエンディングとなることで、満足度が高いストーリーになっている。

　クラフトも素晴らしい。映画のような撮影技法、サウンドデザイン、音楽、子役の2人の演技など、観客を惹き込み続けるリアリティがそこにはある。

　特に最初から最後まで一切台詞がないビジュアルストーリーで語られていることで、全世界の多くの人がビジュアルだけで、何が起きているか、はっきり理解できる。そして、少年の気持ちに共感できるような自然かつ美しいクラフトで展開されていることでエンターテイメントとしても、時には音が出せない様々なスクリーンで見られるオンライン広告キャンペーンとしても優れたプロジェクトになっている。

EVAN ─Sandy Hook Promise ─ USA

　同じくゴールドを受賞したプロジェクト『EVAN』を紹介する。

　このプロジェクトは、見るものを裏切るという意味において、観客に挑戦するような、大きな伏線が全体に張られていることが、圧倒的な効果を生むエンターテイメントならではのプロット構造になっている。

　2分30秒のウェブショートフィルムは、学校で起き続けている銃犯罪を防ぐことを提唱する非営利団体によって制作されたプロジェクトであ

る。高校生のエヴァンが、学校の図書室の机に彫り込んだ「退屈だ」という言葉。その言葉を受けて、「ミスター退屈さん！はじめまして」と机に文字を彫り込んで返信してくれた女の子。彼はその子を探し出そうとしている。その後もエヴァンは図書室の机で文通を続けながら、クラスで、廊下で、様々なところで想像を膨らませて、女の子を探していく。２幕の終わり、学期の終わりに最悪の瞬間が訪れる、図書室はすでに閉じてしまい、夏休みの間、文通ができない。彼は探し出すためのきっかけがなくなってしまうことに落胆するのだった。しかし３幕では、休みに入る前に体育館で行われていたイヤーブックの配布の際（アメリカではイヤーブックというアルバムにサインやメッセージを書くのが一般的）、そのページに書いた文字を見たある女の子が、エヴァンの筆跡に気づく。２人は遂に出会うが、ハッピーエンド、とはならず、この後に訪れる追加のチャプターがこのプロットの肝である。

　体育館で出会い、照れながらも談笑をする二人の奥で、体育館の扉が開き、一人の男が現れる。その手にはマシンガン。それを見た高校生たちはパニックになり、大声をあげる。そして銃弾を装填する音がガチャっと聞こえたところで、いったん画面が暗くなる。そこに現れるメッセージは、「あなたがエヴァンの物語を見ている時、別の高校生が銃乱射へと傾いていくサインを見せる、もう一つの物語に気がつきましたか」。

　物語は最初に巻き戻され、図書館のオープニングシーンから、クラスルーム、廊下、インスタグラムを見るシーンなど様々なシーンが繰り返される。しかし今度はエヴァンの背景に映り込んでいる、別の男子高校生にフォーカスが当たっている。いじめられている様子、銃の雑誌を読んでいる姿、銃を持ったインスタ写真などが続いていく。この衝撃の伏線・回収によって、観客に強く印象的にメッセージが伝わる。「銃暴力は防げる、もし私たちがその兆候に気づくことができれば」。このプロジェクトの成功はもちろん、この頭抜けたアイデアが大きな役割を果たしているが、非常に高いレベルのクラフトも重要である。物語の世界のリアリティが担保され、観客は埋め込まれた伏線に気づくことなく、エ

ヴァンの恋物語を追いかけることになる。共感性の高い高校生たちの演技、物語を丁寧に補完する音楽、無駄のない編集技術などである。エンターテイメントとしての完成度が高く、見た人はさらに伝えたくなるようなサプライズを持ったプロジェクトになっていることが最も効果的であることは言うまでもない。

　何よりも、観客に最後まで気づかせない伏線と回収が、「非候に気づけば銃暴力は防げる」という、この非営利団体のメッセージそのものにダイレクトに繋がっていることが、ブランデッドエンターテイメントとしてのプロジェクトの価値を非常に高いものにしている。

East vs West

　ここからは西洋と東洋にストーリーテリング上の違いはあるのかというテーマで議論を行いたい。ここまでご紹介してきたように、確かに西洋の戯曲、伝説、ドラマ、映画の多くは3幕で構成され、目的を持った主人公の成長・変化に共感させる基本フォーマットが多い。アジアでも私が知る限りにおいてエンターテイメントプロジェクトであるメジャー映画やテレビドラマでは、そのような構成になっていることが多い。実際私が生まれ育った日本の昔話や伝説もほぼ同様の3幕構成である。また、先にも述べたように日本には「起承転結」というフォーマットが基本としてある。なおこの起承転結は中国の漢詩から派生したものと言われている。

　この起承転結では転という形で2幕の終わりの裏切りや展開が強調されているが、西洋の3幕構成と大きく違うことはないと考えている。従って私はストーリーテリングのフォーマットは本質的には普遍性があり、文化や地域を超えて通用するものであると信じている。しかしながら文化的、文脈的な違いに留意すべき必要もある。

　それらは地域と時代によって変わるものでもある。例えば性別による言葉遣いや衣服の違いなどが一例である。人間関係や家族のあり方は、文化や宗教などの影響によって大きく異なることもある。ストーリーテ

リングを活用する時、こうした文化的、文脈的な差異や価値観の違いについては十分に留意する必要があるのは言うまでもない。自分たちの文化では当然・常識と思うことでも、他の文化では非常識になりうるからである。

　またアジアにおけるストーリーには、静かなスライス・オブ・ライフ的なストーリーテリングフォーマットがエンターテイメントとして受け入れられる素地が大きいと感じる。それは、すべてを説明しない、より受け手の想像力に頼るようなストーリーテリングと言えるのかもしれない。

　例えばカンヌライオンズでシルバーを受賞した、Volvo台湾のブランデッドエンターテイメント、『Alice's Wedding』やザ・グレンリベット『Single Belief』などもプロット上の展開においてセントラルクエスチョンの提示が曖昧だったり、遅くに提示されているものがある。しかしこれらのプロジェクトは、ユニークなプロット展開であっても、しっかりとその地域において受け入れられており、観客の高い評価を受けている。

　同じく、シルバーを受賞した、日本のソニー・インタラクティブエンタテインメント『GRAVITY CAT ／ 重力的眩暈子猫編』も1幕の世界が回転し始めるまでの説明に大きく時間が使われており、しかし逆に、最大の伏線回収を遅らせることで、このプロジェクトの価値が高まっているとも言える。

　ストーリーに基本はあるものの、狙うオーディエンスの地域や時代、文化的側面に合わせた設計が必要なのは言うまでもない。しかし、カンヌライオンズを受賞したプロジェクトの多くはやはり、どこの国のどこの文化的コンテクストから見ても普遍的に通用するものになっているのが、プロジェクトの強さの要因だと考えられる。

効果的なブランデッドエンターテイメントを創作するために：
　6日間にわたりカンヌライオンズの審査員として多くの優れたプロジェクトを視聴、体験することで学べたことは、ストーリーテリングとクラフトが非常に重要であるということである。ここからは効果的なブ

ランデッドエンターテイメントキャンペーンを構築するために重要なポイントを挙げていきたい。

オーディエンスファースト（観客最優先）：

優れたプロジェクトは、相手をターゲット・消費者ではなく、エンターテイメントを求める観客・オーディエンスと設定していることが重要なポイントである。

ブランドやマーケッターは、今オーディエンスの目の前にあるスクリーンで提供されるエンターテイメントや情報コンテンツ、そしてライブエンターテイメントのすべてが観客の時間と興味を奪い合う競合であると考えるべきだ。言うなれば「観客時間経済」の時代が来ているのだ。この章の初めに書いたような、有料の動画配信サービスを10時間、一気見する消費者も然り。あるいは共著者であるPJ・ペレイラが最初の章で述べている通り、エンターテイメント視聴を突然遮る「広告」は邪魔者と感じているのであり、エンターテイメント性のないコミュニケーションを届けるのが難しい時代が来たのだとも言える。

この章で紹介してきた優れたプロジェクトはいずれもオーディエンスを楽しませるエンターテイメント性と高いレベルのクラフト、芸術性を担保しており、だからこそブランデッドエンターテイメントとしてブランドのメッセージを届けることに成功している。敵が競合広告主、ブランドだけではなく、エンターテイメントコンテンツすべてなら、成功するブランデッドエンターテイメントを創るためには、「オーディエンスファースト」のアプローチが最も重要である。

オーディエンスファーストのブランデッドエンターテイメントを創るために重要なポイントは、普遍的かつ、観客のインサイト（本音）に根ざしたテーマで、ハイコンセプトなアイデアを持った、楽しめる、見たくなるストーリーを考えることである。例えば『Beyond Money』は「あなたはいくらもらえたら、自分の大切な記憶を売りますか？」というテー

マを投げかけている。そのブランデッドエンターテイメントプロジェクトが今を生きる人々の心に深く刺さるものであれば、人々はそれを議論し、それをシェアする。パワフルなストーリーがあるプロジェクトであれば、結果として多くのメディア露出や通常のエンターテイメントとしての配信・流通も確保できる。お金を払ってでも見たい広告プロジェクトができるのだ。

ミーニングフル・ブランド・ロール（意義あるブランドの役割）：

　次に重要なことは、ブランドのメッセージをしっかりと届けるために、ブランド・商品にしっかりとストーリー上の役割を意義深く、そして自然に与える設計である。例えばLACTAチョコレートのプロジェクトでは、チョコレートがしっかりと物語を前に進める重要な役割を果たしている。

　単に商品・ブランドが画面に映り込んだり、文脈から外れて無理やり紹介されるような「プロダクト・プレイスメント」は避けるべきである。オーディエンスが物語の世界から離れてしまうからだ。意識の中で、結局広告なのか、と気づかれた瞬間に見るのをやめてしまう可能性も高い。

　物語、エンターテイメントプロジェクトの中でブランドが果たす役割を最初のコンセプトの段階から考えて、脚本の中で自然かつ重要なキャラクターのように登場させることが重要である。それこそが単なる番組・コンテンツ提供スポンサーコンテンツとブランデッドエンターテイメントの最大の違いであり、メリットだからだ。

　私はブランドにストーリー上、意義のある役割を持たせることは、ブランデッドエンターテイメントを成功させる上で、最も重要なポイントの一つだと考えている。私たちSTORIESが制作を担当してきた、SUBARUの『Your story with』シリーズというプロジェクトがある。90秒のテレビCM、ウェブショートフィルムシリーズ、そしてCMを原作にした3本のテレビドラマ、さらにはCM原作ではおそらく世界で初めての小説化という形で、ブランデッドエンターテイメントプロジェクト

として約10年間に渡り、広がっている。このシリーズの中で重要視してきたポイントも、SUBARU車が、単純に使われるのではなく、物語を前に進める重要な役割を果たす、キャラクターとして登場するような脚本設計だ。ブランドの持つ哲学をしっかりと伝えるためであり、それを自然な形で実現するためである。

» Creating effective branded entertainment
新しい時代のブランドコミュニケーションに
必要なポイントは

　事前審査からカンヌでの6日間に及ぶ、数多くの優れたブランデッドエンターテイメントを審査する幸運に恵まれた中で私が学び、重要だと考えるポイントをこの章のまとめとして共有したい。

　最も大切な問いは、そのプロジェクトはエンターテイメントとして消費者ではなく、観客を楽しませることができるか、である。観客の時間と興味をいただくのにふさわしいコンテンツになっているのか。オーディエンスファーストのアプローチは必須だ。すべてのエンターテイメント、情報とお客の大切な時間、興味を奪い合う、言うなれば観客時間経済の時代に広告・ブランドがコミュニケーションをしていく上で消費者を観客と捉え直すというコンセプトは非常に重要だ。

　オーディエンスファーストでブランデッドエンターテイメントプロジェクトを創作する上で、ストーリーテリングとクラフトの力を活用することが欠かせない。

　ストーリーテリングの面では、普遍的かつ心をえぐるようなインサイトをついたテーマ設定、3幕構成とそのアレンジによるプロット、わかりやすく興味深いセントラルクエスチョン、共感できる主人公の変化・成長、伏線とその回帰による充足感、そして映像で語るビジュアルストー

リーテリングといったポイントを押さえることがプロジェクトを成功に導く。そして当然のことながらストーリーの中でブランドが重要な役割を自然に果たすような設計、つまりブランドのメッセージがしっかりと伝わり、結果としてブランドの課題を解決する構造になっていなければ、ブランデッドエンターテイメントとしては成功とは言えない。

クラフトの面からはキャスティング、演出、撮影、美術、CG、編集、グレーディング、音楽、SEなどの要素を高いレベルで表現し、物語世界のリアリティを表現して観客をその世界に引きずり込み、最後まで離さないことが重要だ。

この2つのポイントで成功しているプロジェクトはいわゆる通常のエンターテイメントとしても高い評価を受けて、ブランデッドエンターテイメントとしては理想的なテレビ放送や映画館上映といった通常のエンターテイメントとしての流通・配信経路でも広げることができる。

『Beyond Money』が動画配信サービスで普通の映画やテレビ番組と並んで配信されていたり、『From the Start』がテレビドラマとして放送された実績はブランデッドエンターテイメントとして見事な成功だ。実質的に観客がお金を使って見た広告として成立しているからだ。

最初に述べた通り、30分のブランドの言いたいことだけを伝えるプロジェクトは、見てもらうのは難しい。そして見てもらえなければ、あるいは見続けてもらえなければ意味がないという現実がある。実際にブランデッドエンターテイメントを企画・制作していく上で必要なことは、広告主、広告会社、クリエイティブディレクター、監督、脚本家などすべての関係者が、このプロジェクトは観客が時間を使う価値がある、楽しめるプロジェクトになるだろうかという同じ基準を持つことである。

この本の共著者たちも様々に述べているように、ブランデッドエンターテイメントを定義するのは非常に難しい、今後もマーケティングコミュニケーションの中で様々な挑戦がなされ、新しい概念が生まれてくることだろう。広告・ストーリーのスペシャリストたちがチャレンジを

続けて、観客として楽しめて、時間を使って良かったと思えるような、ブランデッドエンターテイメントがますます増えて、広告が邪魔なものではないと感じられるコミュニケーションが溢れることを期待してやまない。

　最後に、カンヌで数々の優れたプロジェクトについて、世界中から集まった驚くほど優秀なクリエイター、プロフェッショナルと議論をするのは素晴らしい体験だった。さらにカンヌライオンズの審査員として初めての本を執筆し学びを共有するという機会を私に提供してくれたエンターテイメント部門審査委員長・リーダーのPJ・ペレイラに、そして一緒に議論を交わした審査員のメンバーに心から感謝したい。

6

緊張感を高める

ペレ・シェネール
Pelle Sjoenell, Bartle Bogle Hegarty

Amping the tension

　本章を執筆している今、私は家族とともにロサンゼルスの山火事から
避難している（下の写真参照）。この章を無事完成できること、また、
再び家に帰ることができた時（あるいはできたとしたら）、子どもたち
のために建てた我が家が無事であることを願う。

　　　　　　　　　　　2017年12月6日早朝、ロサン
　　　　　　　　　　　ゼルス。右下に見える白い建物が、
　　　　　　　　　　　我が家の屋根である。

　　　　　　　　　　　ご覧の通り、今ここにあるのは、
　　　　　　　　　　　対立と緊張である。すべてのス
　　　　　　　　　　　トーリーにおいて最も大切な部分
　　　　　　　　　　　だ。物語にかじりついて、行く末
を見届けたいと思う理由だ。対立なしでは、素晴らしいストーリー、素
晴らしいヒーローや、語り継がれるに値する物語は生まれない。私たち
を魅了する既存の素晴らしいストーリーに対抗したいならば、この章で
使って、なぜ対立をしっかりとつくりあげることが、最高のストーリー
を生み出すのに大切なのかを説明しよう。そして、我が家が無事である
かどうかも、そこでお伝えしよう……。

素晴らしいストーリーはすべて緊張の上に成り立っている。緊張がなければ、注意を引くことができないからだ。

　悪役のいないゴッサムシティを描く漫画、映画、テレビ番組、書籍など存在しない。一つとしてない。想像してみてほしい。バットマンとロビンがひたすらバット・ケイブでギアをいじってだらだらしている間、アルフレッドは買い物や用事に出かけているのを。ひょっとすると一日の終わりは皆で素敵なディナーを食べ、寝る前は書斎に集まってジン・ラミーのゲームに勤しむのだ。映画にするまでもない。しかし、書斎でのシーンに戻り、テーブルの上に1枚のジョーカーが残されていたら、どうだろうか。そう、そこから映画が始まるのだ。

　その点に関して、ブランドや広告会社は、対立をつくるのが大事なのだとは教わっておらず、むしろ正反対だ。私たちはそれを避けるようにと学んできたし、それには理由がたくさんある。

　ブランドが対立を避けてきた理由の一つ目は、選択の問題だ。従来の広告では多かれ少なかれ視聴者に強制的に見せられることを前提に、アイデアを選んだり生み出したりするのが、広告のプロの主な仕事だ。私たちが公共の電波を侵略してメッセージやストーリーを流すから、視聴者はそれを見るはめになる。言ってしまえば従来型の広告モデルでは、視聴者を引き付けなくともよい。広告を見続けさせるために、興味深い対立を作る必要がないのだ。プレロール広告（YouTubeなどで選択した動画が始まる前に流れる動画広告のこと）が登場した時、恐らく初めて、広告をスキップできる場合はストーリーの伝え方を工夫しなければならないことを我々広告業界人は学んだ。テレビ広告では最後の5秒が一番大事だというのは当たり前だったが、今やオンラインにおいては、最初の5秒が最も重要なのだ。かつてテレビでストーリーを伝えていた時は、最後に説明やあるいは「まさかのオチ」と共にブランドの名前を出して

視聴者を満足させようとしていた。現在オンラインの映像では、興味を
引くものを最初に見せて、視聴者に続きを見るか、「広告をスキップする」
か選ばせないといけない。偉大な作家はいつもこの方法を使ってきた。
実際、多くの素晴らしい脚本や小説は、結末から始まる。私たちはどう
やってそのような結末になるのか興味を抱くのだ。フランツ・カフカの
『審判』の冒頭にはこうある。

"だれかヨーゼフ・Kを誹謗したものがあるにちがいない。なぜならK
自身はなにも悪いことをしたおぼえがないのに、ある朝逮捕されてし
まったから。"（フランツ・カフカ『審判』飯吉光夫訳、筑摩書房、2002年）

　対立を避ける2つ目の理由は、ネガティブなものはウケないからだ。
何かを宣伝することは、誰かに何かを売ったり提案したりするというこ
とを意味する。とある辞書による「広告」の定義とは、「販売または参加
を促進するため、各種メディアにおいて製品、サービス、イベントなど
について説明あるいは注意を引くこと」である。ブランドや製品につい
て何かを伝えたいときは、良いもの、ポジティブまたは新しいことでな
くてはならない。このように、私たちはポジティブなことを宣伝し、ネ
ガティブなことは避けるように教えられてきた。しかし広告の歴史から
みると、実はそれもありきたりな考え方であることも事実だ。過去のキャ
ンペーンの中にはそのルールに従わなかったことで、後世に残る最大の
成功になった素晴らしい例がいくつかある。『Avis—私たちはナンバー
ツーに過ぎない。だから一生懸命頑張るのだ。（We're only number two
so we try harder）』、VWの『Lemon（＝不良品）』などだ。アル・ライズ
とジャック・トラウトは、著書『マーケティング22の法則』にこれを記
録した。「15：正直の法則」では、「自分のネガティブな面を認めれば、
顧客はあなたにポジティブな評価をくれるだろう」と説明している。こ
れはエンターテイメントの場合、特に当てはまる。私はこれを、ブラン
デッドエンターテイメントの最初の掟、「対立の掟」と呼ぼうと思う。「ネ
ガティブな面を見せようとしなければ、多くの観客は見込めない」とい

うことだ。

　対立を避ける３つ目の理由は、時間の問題だ。時間が少ししか、例え
ば30秒しかなければ、伝えるべきことを優先しなければならない。言わ
なければならないことは、コマーシャルそのものに既に優先して盛り込
まれている場合が多い。ところが普通は、時間に収まるより多くの情報
がある。遠くからでも素早く読めないといけない看板についても、同じ
ことが言える。時間の余裕がないため、広告に対立を盛り込む余地が単
純にないのだ。しかし長編形式のコンテンツやエンターテイメントの登
場によって、この状況は完全に変化してきた。観客の興味を引き付けて
おくためには、それが時間的に入れ込めるからではなく、対立は絶対に
必要な要素なのだ。

　歴代のカンヌライオンズエンターテイメントの受賞作を見れば、素晴
らしいストーリーを作るための勝利の方程式は、対立を取り入れること
であることは明らかだ。満場一致で決まった2017年のグランプリ受賞作
は、Santander銀行の（そう、銀行がブランデッドエンターテイメント
部門で優勝したのだ！）作品である、MRM//McCann Spain制作、キケ・
マイーリュが監督した『Beyond Money』だ。

　この素晴らしい作品の心髄にあるのは、対立と緊張である。この作品
を見るにあたっては、近年起こった不況の影響で、スペインは過酷な経
済情勢に見舞われ、お金や銀行に対して人々の中にネガティブな気持ち
が生まれていたということを、念頭に置く必要がある。Santander銀行
は問題から目を背けるのではなく、この緊張に向き合い、同行が人々の
思いを理解しているのだということを、人々にしっかり伝えようとした。
プロットもまた、対立に深く根差している。このハリウッド級の短編
SF映画は、お金のために人はどこまでのことをするのかと問いかけて
いる。それは、自らの記憶を売るルチアという女性の物語だ。鈴木智也

が彼の章『なぜ「ストーリー：物語」は最も重要なのか？』で説明しているように、記憶を売るという、倫理的な議論を呼ぶ行為が、ストーリーの緊張を高める多くの問題を引き起こす。実に見事なプロットで、最後まで見る価値のある作品だ。

『LO：インターネットの始まり』のあるシーンに出てくる家族が、ほとんど頭を切り落とされて亡くなった4番目の妹の写真を見るシーンは、インターネットで拡散した。「インターネットは反キリスト的だ」と。

『LO: インターネットの始まり』のワンシーン。NetScout社出資によるドキュメンタリー作品。Pereira O'Dell制作。2016年

この年のもう一つの大きな受賞作は、『LO：インターネットの始まり』だ。ヴェルナー・ヘルツォークが監督し、Pereira O'Dellが制作した、サイバーセキュリティブランドNetScout社のためのドキュメンタリー映画だ。グランプリに最も近かったゴールド受賞作の一つである、この98分間の作品は、インターネットの過去、現在、そして未来を描く。一つ確かなのは、本作はインターネットが人類にもたらした緊張や対立から目を背けていないことだ。作品内ではハッキング、ネット中毒、AI

の出現などを取り上げている。明るいシーンもあれば、中には残酷なものもある。「悲劇的な事故に遭った娘の家族に、ヴェルナーがインタビューするシーンがある」。PJ・ペレイラは『Adweek』のインタビューで、映画についてこう語った。「警察は、娘に起こったことを家族に見せようとはしなかった。しかし警察官の1人か最初の対応者が、事故の様子を写真に撮って友達に送り、それが拡散し始めた。そして誰かがその娘の、頭がほとんど切り落とされている写真を、家族に送ってしまった。恐ろしいことだ。あるところで、母親がカメラを見つめてこう言う。『インターネットは反キリスト的だと思います』と」。

2017年のエンターテイメント受賞作の3つ目の例は、UNHCR（国連難民高等弁務官事務所）のために制作された、『Home』という作品だ。『Adweek』の元編集者であるティム・ナッドは、「昨今、多大な賞賛に浴した、広告会社のプロジェクトの一つは今なお、気安く見ることができない作品である」と述べている。話を続ける前に、この作品は私が所

『Home』のワンシーン。主人公の家族が、安全な前の家を離れることを余儀なくされた後、新しい一時的な避難地である難民キャンプに到着するシーン。ダニエル・ムロイ制作、脚本、制作。DokuFest・Black Sheep Studios・Somesuch共同制作。2016年

属するBBHの制作部門である、Black Sheep Studiosが制作したということに言及しなければならない。つまり、バイアスがあって、利害の「対立」がある。まさにその理由で（そして当然ながら）、私が投票することは許されなかったが、他の審査員たちの投票によって、BBHは光栄にもカンヌライオンズでゴールドライオンを獲得した。

「いわゆる非営利団体などの施策はソーシャルグッド部門以外ではグランプリを獲れない」というルール通り、本作はグランプリの候補に入ることはなかった。いわゆるブランドの広告プロジェクトより非営利団体プロジェクトがどうしても、社会的感動や共感を呼びやすいがゆえに定められたルールであり、妥当だ。

『Home』は、近年で最大かつ最も困難な問題の一つ、難民危機についての作品である。この問題に取り組むこと自体が難しい理由は、私たちが危機にあえぐ他者との関係を持てないためだ。毎日、テレビなどのメディアで難民を目にし、彼ら、彼女らを救える可能性があるにもかかわらず、だ。このストーリーは立場を反転させ、イギリス人一家が家を離れ別の国で難民になり、新しい家を探そうとする台本を描くことで、そのギャップを埋めることを目指している。これによって、安全な家を離れ、コントロールを失い、子どもや愛する人を危険にさらすとはどのようなものなのか、私たちは自分ごと化し、体験できるのだ。見るのもつらい作品だが、同時に深い関心を誘う。国連が難民危機について伝えるブランデッドエンターテイメントプロジェクトを制作したのは、このためである。音楽番組の間の30秒のCMで、そんなことを達成できるだろうか。

ただし、対立は必ずしも、暗く悲観的である必要はない。非常に面白いおかしいものでもいいのだ。多くのコメディーは実際、一種の対立や誤解から生まれる笑いでできている。『ジム・キャリーはMr.ダマー』『ハングオーバー』『ラリーのミッドライフ☆クライシス』『ホーム・アローン』

『天国から落ちた男』『ミート・ザ・ペアレンツ』『40歳の童貞男』など。最後に挙げた作品は、タイトルそのものにも緊張を含んでいるとも言える。

　対立とユーモアが勝利の鍵だということは、博報堂と東北新社が制作した、ソニー・インタラクティブエンタテインメントの『GRAVITY CAT』によっても証明された。この作品は、カンヌライオンズ2017のエンターテイメント部門で私の個人的なお気に入りプロジェクトである。私はこの作品を何度も話に持ち出して、審査員全員に自分と同じくらい好きになってもらおうと試みていたほどだ。本作はカンヌブロンズライオンに終わったが、もっと良い色のライオンでも良かったかもしれない。

　『GRAVITY CAT』の素晴らしさは、本来なら悲劇的な出来事を、ユーモラスに描いたことで生まれている。2人の日本人の姉妹とペットの猫が、次々に向きを変える重力に振り回されるストーリーだ。まずは、猫が重力を「振り回し」、次にアパート、そしてついには世界全体を混乱に巻き込む。アパートはすっかりめちゃくちゃになり、2人と1匹は窓の外に放り出され、死に向かって一直線……ただし今は、重力があべこべになっているため、ひょっとすると彼女らは無事生き延びて、もっとエキサイティングな旅に出かけるかもしれない ―― そんなストーリーでSonyのPlayStationの新しいゲーム『GRAVITY DAZE 2』を紹介する、見ていて非常に楽しい長編動画の見事な例である。これもすべて、作品を成り立たせている対立構造のおかげである。

　猫というテーマは、エンタメ界でも長い間注目されてきた。インターネットは猫のビデオで埋め尽くされている（試しに「猫　動画」で検索してみれば、数億件のヒット数と、途方もない数の動画が出てくるだろう）。それに加え、脚本家たちに聞いてみれば、ほとんどの人がきっと、ブレイク・スナイダーのベストセラー本『SAVE THE CATの法則 本当に売

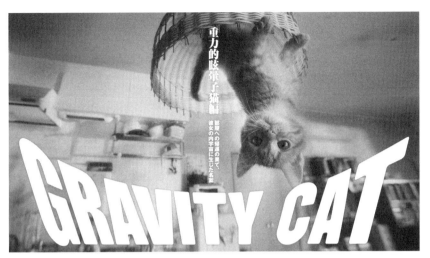

重力的股雷子猫編
部屋への帰還の果て、
彼女の内宇宙に生じた名案

GRAVITY CAT

『GRAVITY CAT』の紹介画像。Sony Interactive Entertainmentの広告作品。博報堂制作。2017年
この可愛らしい猫が、めちゃくちゃになった重力と見事な撮影技術と相まって、飼い主の姉妹の
アパートをすっかり破壊してしまう。

れる脚本術』のことを知っているだろう。その本は、脚本に取り掛かる
ときはまずログラインから書くように、という内容から始まる。ログラ
インとは、物語に含まれる対立を描写することで、どのようなストーリー
か説明する短い文章だ。人々に「見たい！」と思わせ、そして見続けさ
せるのはこの対立である。私たちマーケティング担当者は、その小さな
フォーマットを使い、ブランドをプロットの中で不可欠な要素にする方
法を探す必要がある。

　対立を作り出したからといって、必ずしも観客に良くない印象を与え
るわけではない。世界が分断されている近年の世の中では、人々をアイ
デアで結びつける大きなチャンス、むしろ責任が、大手ブランドにはあ
る。昨年度の成功例の一つが、180LAが手がけた携帯会社Boost Mobile
の選挙投票キャンペーン『Boost Your Voice』だ。本キャンペーンは、
プロモ＆アクティベーション部門でグランプリを受賞した後、インテグ
レーテッド部門でも２つ目のグランプリを獲得した。Boost Mobileの顧

客は、サービスの行き届かない、低所得のマイノリティ層が中心である
ため、この素晴らしいキャンペーンは非常に有効かつ重要であった。「前
回の選挙では、何百万人もの低所得層やマイノリティの有権者が、不便
な場所で長い列を作って投票に並んでいた」と、180LAのCCOである
ウィリアム・ゲルナーは、『Creativity』『Adage』の記事で語る。「これ
らの地域にもBoost Mobileの店舗はあるのだから、人々のために選挙の
ための投票所を店頭に作って（注：米国では実際にこういうことが可能
だ）、投票によって、すべての人の声が届くように手助けするのは、当
然ではないだろうか？」。Boost Mobileの意図は、決して注目されるた
めの仕掛けをつくることではなく、ブランドとユーザー双方にとって意
義深い取り組みだった。政治的主張の右か左どちらか片方に与するので
はなくはなく、両方の立場を尊重するアイデアであった。このプロジェ
クトは、人々にマイナスの印象を抱かせることなく、対立というテーマ
に真っ向から取り組んだのだ。

　まだはっきりと分からない方のために、もう一度言おう。対立構造無
くしてブランデッドエンターテイメントの成功はない。しかし、どのよ
うに対立やストーリーを見つければいいだろうか？あなたの助けになる
であろう素晴らしい例をいくつか提示して、この章を締めくくりたいと
思う。私が言いたいことはただ一つ、「対立」という言葉をこれからはポ
ジティブな言葉として、素晴らしいストーリーを作るために必要なもの
として考えてほしいということだ。

» The conflict (that is, the 'Great Story') can be in the product itself
対立（つまり「素晴らしいストーリー」）は 商品そのものの中にある

実際にはそうではないが、カンヌライオンズエンターテイメントグラ

ンプリを一つと言わず、5つ位受賞すべきだろうと私が個人的に思うブランドは、LEGOである。このブランドは世界中で興行収入を何百万ドルも上げた映画・映像作品をいくつも製作し、世界でも有数のエンターテイメントブランドの一つになっている。それはすべて『レゴ・ムービー』から始まった。どのようにして商品そのものが持つ対立構造が、素晴らしいストーリーの鍵となったのか？

LEGOで遊ぶ方法には2通りの見方がある、というところからプロットはスタートした。それは、マニュアル（教育）に従う人と、色とりどりの可能性（想像力）を信じる人である。商品が持つこの対立のおかげで、LEGOは90分の映画を大成功させることができた。この映画は本質的には、言うなれば、めちゃくちゃ面白い長編映画であり、実は製品デモ映像にもなっている。もしそれが広告会社からのテレビコマーシャル案だとしたら、こう言っていたに違いない。「教育と想像力、両方の立場を描くなど無理だ。一つ選べ！」と。テレビスポットでなら、私たちの言うことはきっと正しかっただろうが、これは人々がお金を払って見に行く、長編の映画になっているのだ！

» The conflict can be found in the history of the brand
対立はブランドの歴史の中にもある。

『The Tales of Thomas Burberry – トーマス・バーバリーの物語』は、Burberryが制作し、アカデミー賞ノミネート脚本家のマット・チャーマンが脚本、アカデミー賞受賞監督アシフ・カパディアが監督を務めた。この映画は、Burberry創業者でファッション界のパイオニアである、トーマス・バーバリーのある挑戦を描いた物語だ。トーマスが撥水性に優れた生地を発明し、南極探検家のアーネスト・シャックルトン卿に衣類を提供したものの、卿が行方不明になったこと。第一次世界大戦の最中、Burberryのトレンチコートに身を包みながら、戦地で苦しみ、死

んでいったイギリス兵たち。トーマスが妻を裏切り、女性パイロットの
ベティ・カービー＝グリーンと浮気したことですらも。こういった、彼
の人生やイギリスの歴史が描かれている。それは私たちの慣れ親しんだ、
Burberryのようなブランドが普段見せる「いい時代の」ライフスタイル
ファッションではない。代わりに、創業者と登場人物たちが歩んできた
物語を通して、彼への共感や、ブランドの成功への尊敬の念を生んでい
るのだ。

» The conflict can be brought to you by the brand; the brand doesn't have to be in it
対立はブランドによってもたらされる。 ブランドが対立の中にある必要はない

　今年のアカデミー賞では、とあるeコマースサイトが『マンチェスター・
バイ・ザ・シー』という映画で脚本賞を受賞し、新たな歴史が作られた。
Amazonがそのサイトである。「我が社の素晴らしい商品配達やカスタ
マーサービスについて伝える、良いストーリーとは何だろうか？」。彼
らがエンターテイメント作品を作るにあたり、まさかこんなことは考え
ていなかっただろう。むしろこのように考えていたに違いない、もしく
はそうであってほしい。「我が社にはAmazon Primeというサービスが
あって、もっと多くの人に使ってほしい。では、Amazon Primeを契約
していれば視聴できる、素晴らしいインディペンデント映画を作ってみ
てはどうだろう？」と。Amazonが成功するために、ブランドをストー
リーの一部に含む必要はない。現在すべてのブランドが、オスカーを狙
えるほどの、Amazonのようなリーチ数や、劇場で作品を上映するだけ
の資本を持っているわけではない。しかし、実際には多くのブランドは
コンテンツを載せるための独自のチャンネルを持っているではないか。
ところで、この映画『マンチェスター・バイ・ザ・シー』をご覧になっ
ていなければ、ぜひ見てほしい。すべてが対立でできており、抗えない

破滅的な対立がそこにはあり、見る価値が絶対にある。

　ブランドがエンターテイメントにアプローチするにはたくさんの方法がある。平凡なエンターテイメントでいいのなら、ただ対立を避ければ良いだろう。ほとんどのブランドがそうであるが、このような考え方の弊害は、おそらく観客が見たいものにはならないことだ。それはお金と時間の無駄である。しかし、もし観客獲得に成功したいのであれば、そしてカンヌライオンズで賞を獲ることを目指すのであれば、世界最高のエンターテイメントと匹敵する（もしくは超える）くらい良いエンターテイメントを作ろうという意気込みで制作しなければならない。それがブランドに立ちはだかるハードルである。なぜならば、それこそが人々が見たいと思うものだからだ。

» The one conflict to actually avoid
避けるべき対立とは。

　商品、サービス、そしてブランドとして世界レベルのエンターテイメントを作りたい場合、避けるべき対立が一つある。それは、商品に関するストーリーとエンターテイメントのストーリーが合致していなかったり、不自然だったりすることだ。これは、従来のプロダクト・プレイスメントにおいてはよく起こっていたが、最近の観客は目が肥えていて、こうした取引にはすぐに気づいてしまう。商品が無理やりそこに置かれていたり、有名人がお金をもらって普段は言わないことを言わされたりしていれば、人々はすぐ察してしまうのだ。ブランドがプロダクト・プレイスメントの枠を超えてエンターテイメントに進出するとき、オリジナルコンテンツを共同制作しようとするときにも、同じことが起こる。審査では、ブランドや商品がストーリーに自然かつ意義ある形で入っておらず、無理やりこじつけられているように感じられたばっかりに、受賞を逃してしまったプロジェクトが、かなり多数見受けられた。広告やブランディングの由来を考えてみれば、この考え方は理解できなくはな

い。ブランディングの概念は何千年も前から存在してきた。奴隷や家畜に所有者の名前を焼き付ける風習から、罪人に刻印を入れる習わしや、製作者のマークの使用など多岐にわたる。これらはすべて所有の印であり、所有を主張したいという願望は、今日の広告においてもいまだに多く見受けられるからだ。

　いわゆるコンテンツ・スポンサーシップでは、最小限の予算で、より多くのスペースを確保すれば、得をすることができる。しかしブランデッドエンターテイメントとは名ばかりの、昔ながらのエンターテイメントコンテンツへのスポンサーシップと真にブランデッドエンターテイメントを制作することにはスタンスとして大きな違いがある。

　この違いは目的とするものの違い、そして行動の違いにも結びつく。スポンサーシップの目的は、ブランドや製品のストーリーを伝えることが第一で、エンタメ性を犠牲にしてしまうことが少なくない。ブランデッドエンターテイメントの目的は、素晴らしいエンタメを生み出すことであり、そしてその作品はブランドによって実現していることに気づいてもらうことである。勝利を望むなら、後者を選ぶほうがよい。しかし、エンターテイメント側を選ぶにしても、行動の変化は必要である。ブランドがハリウッドにアプローチするとき、プロジェクトに資金を提供してくれる、単なるATMとして歓迎されることが多い。ブランドが適切な共同制作者として見なされることはめったにない。また、ブランドのストーリーは脚本家、プロデューサーまたは監督にとって、彼ら自身が作りたいストーリーより重要ではないことが多い。ブランドがエンタメ業界の中でコラボレーターとして対等に扱われるようになる必要がある。Amazon、Netflix、Hulu、Red Bull、LEGO、Intel、NetScout、Santander銀行など、多くのブランドがその権利を獲得しており、リストは年々長くなっている。2018年には、Facebook、YouTube、Apple、AT&Tやその他多くのブランドが、世界最高のエンターテイメント制作者として、その特別なリストに名を連ねるだろう。そして彼らは、お

そらくカンヌライオンズのトロフィーを証明として、持ち帰ることになるだろう。

　審査員としての仕事と本章から得られた教訓は、はっきりしているのではないだろうか。普通のブランドや広告会社がやりがちなアプローチは、エンターテイメントを生み出す際、対立を避けることだが、その真逆のことをせよ、と私は伝えたいのだ。もし私がCMOだったら、対立を探し求めるだろう。近年のマーケティング実績データをチームに要求するのと同じように、対立構造を探すよう要求するだろう。また、私たちは対立を避けるように教わってきたため、ブランドが対立にアプローチすることに違和感を覚えてしまうが、それは問題ではない。本物のエンターテイメントを作り出したければ、常識とは違う手法が必要なのだ。最後に、一つだけ避けるべき対立がある。それは、商品のストーリーとエンターテイメントのストーリーとの矛盾だ。なぜならば観客を騙すことはできないし、誰も見ないという最悪の結果を招くことになる。

　私は明白な境界線は次の通りだと考える。私たちはまず、第一にオーディエンスに向けて、そして第二に消費者に向けてプロジェクト制作を考えるべきということである。結局、両者は一つであり、同じものではあるが、順番を間違えてはいけないのだ。

　そして、最初にお伝えした、山火事の危機の淵にあった、我が家の状況だが、おかげさまで、家は無事だった。
　最後まで付き合ってくれてありがとう。

7

みんなドキュメンタリーを求めている

（あるがままに生きることを恐れるな）

ガボール・ハラチ
コンサルタント・元 Red Bull Media House
Gabor Harrach, Consultant,
formerly of Red Bull Media House

Everyone wants a documentary
(or Don't be afraid to live your truth)

　マーケティングの専門家がブランデッドエンターテイメントに求める
要素を含んでいるにもかかわらず、どのブランドも絶対に避けたい「ド
キュメンタリー」プロジェクトがある。そのドキュメンタリーは興味深
く、信憑性が高い。自然かつ嘘のない方法でブランドが取り上げられて
いる。このドキュメンタリーは、何百万もの既存および潜在顧客に視聴、
シェアされたにもかかわらず、映像の制作者には何の賞も与えられない
という例があった。さらに悪いことに、そのせいで仕事（もしくは年末
ボーナス）を失ったかもしれない役員たちもいたのだ。その映像は2017
年４月に、United Airlines3411便の乗客の１人によって、携帯電話で撮
影された（そして瞬く間に世界に配信された）。撮影者の友人が、シカゴ・
オヘア国際空港のセキュリティによって、機内から無理やり引きずり出
される様子を撮った映像である。

　この事例からは航空会社だけでなく、私たち皆にとっての貴重な教訓
が汲み取れる。それは、「今、ブランドの映像を制作できるのは、ブラ
ンドや広告会社だけではない」という事実だ。すべての顧客が潜在的に
それを可能としている。2018年４月にフィラデルフィアのStarbucksで
撮影されたとある映像についても、同じことが言える。その映像には、
黒人の常連客２人が、不法侵入の疑いで逮捕される様子が映し出されて
いる。この動画は国民の大きな怒りを呼び、人種差別撤廃教育のため

8000店以上のStarbucks店舗が一時的にクローズすることとなった。

　台本からリアルへ、長期にわたる制作期間からリアルタイムの制作期間へ、複雑な配給からモバイルファーストへと、マーケティング戦略や映画製作の形が移り変わるにつれて、大胆にも携帯のカメラを使って、誰でも気軽に映画を撮ることができるようになった。これは良い変化である。なぜなら、そのように撮られたムービーは新しいベンチマークになるからだ。新たな基準点ができることで、私たちは顧客により良いサービスを提供するだけでなく、人々にとって本当に意味のあるコンテンツを生み出す努力をするようになる。これは、2017年のカンヌ国際クリエイティビティ・フェスティバルにて多くの審査員が学んだ重要な教訓でもあった。その年、私は優秀な審査員（であり本書の著者たち）の仲間に加わって、ブランデッドエンターテイメントの優れた作品に、ブロンズ、シルバー、ゴールドのライオンを授与した。そして、その中でも最高のものにグランプリを与えた。モバイルファーストが世界のトレンドになっているように、台本のないドキュメンタリーがグランプリを受賞することを、私は密かに望んでいた。

》Festival-quality content　映画祭レベルのコンテンツ

　従来の広告が信頼とパンチ力を失うにつれ、多くのブランドが「顧客に対して正直であり、真実を語ることが重要だ」と考えるようになった。そして、ブランドは広告会社に台本なしのコンテンツ、あるいは事実に基づいたコンテンツを要求したため、ドキュメンタリーが数多く制作されるようになった。

　ドキュメンタリー作品の膨大な量とその質を見ると、「カンヌライオンズ 国際クリエイティビティ・フェスティバルが、サンダンス、トラ

イベッカ、ベルリン、トロント、カンヌのような伝統的な映画祭といつか張り合える日が来るのではないだろうか」と思い始めてしまう。映像制作者のキャリアにとって、ドキュメンタリー作品がチタニウム部門でグランプリやゴールドライオンを受賞することは、ベルリン映画祭で金熊賞を獲ることや、サンダンス映画祭でグランプリや観客賞を獲ることと同じくらい重要になったと、私は主張したい。

しかし、ブランドについてのドキュメンタリーは、ベルリンやニューヨーク、トロント、パークシティの映画祭で上映されるような著名な作品と、本当に競う必要があるのだろうか。それとも、有名な映画人の作品のレベルを超えるクオリティーで、「シリアルやらリキュールブランドが制作、もしくは出資した作品を見ている」とは観客に思わせないようにしなければならないのだろうか。本章、および本書が、その問いの答えを見つけるための端緒になればと願っている。

» Unscripted surge　ドキュメンタリーの急増

エンターテイメントライオンズ2017の3分の1以上は、実話や実在の人物を基にしたコンテンツが受賞した。そして、それ以上に大きな割合で、長編または短編のドキュメンタリー、テレビのリアリティ番組、実際の出来事に基づいた台本ありの映画などの、事実に即したコンテンツがフェスティバルに応募されていた。「本物のストーリーテリングとブランデッドエンターテイメントが広告の未来である」と信じる私たち皆にとって、これはすでに偉業である。このトレンドだけでも、私にとっては、どんな賞のトロフィーをもらうよりも価値があることなのだ。

また、2016年のブランデッドエンターテイメント部門2016のグランプリ選出も、台本のないコンテンツの急増を後押しした。その年にグラン

プリを得たのは、『New York Times』のVRドキュメンタリー『The Displaced』だ。このVRコンテンツは、難民の子ども３名の実生活を体験できるものである。ドキュメンタリー分野で、金字塔と言える成功があったにもかかわらず、多くのブランドや広告会社は互いに似たりよったりの企画にとどまった。結果、真のコンテンツやドキュメンタリーを制作するにはそれなりの代償が必要であり、クリエイターにとっては大きな困難となることを学んだ。真正直なドキュメンタリーには、確立されたストーリーテリングのルールやインタビュー技術、厳格なジャーナリズムの基準（これについては後述）があるため、飛び抜けた創造性や、ギミックが許される余地はあまりない。数多ある作品たちから頭一つ抜きん出ることは難しく、企画はいとも簡単に失敗する。さらには、下手をすると観客を飽きさせてしまう。

　かつて私は、新しいドキュメンタリーのフォーマットを確立しようと試みた。語り手の解説や、インタビューシーンをなくすことで、より本物に近い対話を見てもらえるようにし、「制作された映画を見ている」ということを忘れさせるような形式にした。そうしたフォーマットによって出来上がった作品と映画のペースは断然素晴らしいものだったが、すべてのステークホルダーを「中身のあるドキュメンタリーにはインタビューがあるものだ」という、一昔前の伝統から抜け出すように納得させることは、困難な戦いだった。

» And the Grand Prix goes to . . . scripted!
そしてグランプリ受賞者は…フィクションだ！

　これに対して、台本のあるコンテンツは、キャラクターやストーリーの流れを自由に作れるだけでなく、映画制作のテクニックを活用できるといった利点がある。おそらくこれが、ドキュメンタリーの急増にもかかわらず、ブランデッドエンターテイメント2017のグランプリをフィク

ション作品、正確に言えばSFの作品が受賞した理由の一つである。『Beyond Money』は芸術的な短編SF映画で、MRM//McCann Spainが Santander銀行のために制作した、マルチプラットフォームキャンペーンである。このキャンペーンは、「体験はお金よりも大切である」という、大胆かつ一貫性と信頼性のあるブランドメッセージと、観客にとっての真のエンターテイメント価値とを完璧に組み合わせている、と審査員は判断した。

「素晴らしいストーリーには悪役が必要」というのは、定番かつ重要な考え方なのだが、ネガティブな作品になることを恐れてか、たいていのブランドは足踏みをする。しかし、『Beyond Money』は、「銀行自らを悪役にする」という大胆な一歩を踏み出した。もっと厳密に言えば、Santander銀行は、古臭い銀行の姿を悪役と見なした。勇敢かつ先例のないこの一歩を大きく踏み出したこと一つとっても、『Beyond Money』はグランプリにふさわしいプロジェクトだった。

『Beyond Money』のプロデューサーたちは、才能あるタレントを集め、観客が使う時間に値する作品を生み出し、現在のマーケティング業界における重要な真理を体現する「言葉」の優れた例を実現した —— と審査委員長のPJ・ペレイラは本書でこう述べている。その言葉とは、彼の章のタイトルでもある、「マーケターのように考え、エンターテイナーのように振舞い、ベンチャーのように行動せよ」だ。『Beyond Money』は、これら3つの要素において、すべてで秀でていた。しかし、今年応募された、多くのブランドのドキュメンタリーは、しっかりした内容のものでさえ、いずれにおいても苦戦している。彼らは複雑な物語にブランドメッセージを埋もれさせ、プロットの意外さに欠き、ターゲット層にリーチする、新たなメディアプラットフォームに適応できていなかったのだ。

» No beacon　標識の喪失

　そうしたプロジェクトは、努力を怠っていたわけではない。『A Love Song Written By A Murderer』は、ペルーの大物ソングライターであるディエゴ・ディボスが歌うラブソングに、殺人犯がその妻を手にかける前に送った手紙のフレーズを用いる、という企画だった。ディエゴ・ディボスと広告会社Circus Greyによる、慈善団体Vida Mujerのためのキャンペーンで、ペルーで起きている女性へのドメスティック・バイオレンス問題にスポットを当てたものだ。ところが、後にこの手紙の信憑性に関する論争に巻き込まれてしまった（詳細は、モニカ・チェンの章で）。

　いくつかの作品では、見たくもない真実がカメラにはっきりと映されていた。『The Lick-Hiker's Guide to Inner Strength』という、ヘルシンキのHasan&Partnersによるドキュメンタリーでは、イギリス人コメディアンのイアン・ライトがヨーロッパ中を旅して回り、ロシアの公衆トイレといった、文字通り最も汚い場所を見つけた限り舐めていく。そして、どんなにまずい味で、どんなに体に悪いものを口にしたとしても、フィンランドのスーパーフードブランドValio Gefilus（免疫の活性化を標榜する飲料・食品）の力で帳消しにできることを示した。このドキュメンタリーは、これまでで最も挑発的かつ衝撃的で、賛否両論を集めるブランドフィルムの一つである。視聴者と審査員の意見も真っ二つに分かれた。その堂々たる大胆さと勇気は、ブロンズライオンに表彰され報われたが、広告業界の方向性としては、そちらには向かわなかった。

» Perception vs reality of authentic
　本物に対する認識と現実の差

　広告業界のクリエイティブにかかわるほとんどの人は、ジャーナリス

トやドキュメンタリー映画制作者ではない（あるいは、彼らと仕事をすることに慣れていない）。マーケティング担当者および広告主として、私たちは綿密に計画し、ストーリーボードに起こし、改良を重ねたメディアコンテンツを生み出す。事実確認よりも最適化が重要なのだ。「本物に対する認識」が、「本物の現実」よりも優先されることは珍しくない。つまり、私たちは中立な傍観者や記録者などではなく、何でも自分の思うままにしたがるコントロール・フリークなのだ。

　広告業界で働く人々は、ストーリーを「つくり上げる」ことに慣れている（ドキュメンタリー映画においてそれは、文字通り「罪」だ）。フェイクニュースがはびこり、ソーシャルメディアのフォロワーも買うことができるこの時代でさえ、ドキュメンタリーの信頼性は高いままである。なぜなら、大物キャストや有名な専門家や、ユニークな場所を取り上げるドキュメンタリー全体をねつ造することは、ツイートのねつ造や事実のでっち上げよりもずっと複雑だからだ。加えて、ドキュメンタリー全体のねつ造は恐らく、真実を撮影するよりも多くの努力を必要とするだろう。広告主にとって重要なのは、たいてい画面に映るものだけだ。しかし、偉大なドキュメンタリー映画制作者は、さらに作品の裏に隠された、隠れた「驚き」の要素も大切にする。

» Capturing the film-makers' equivalent of lightning in a bottle
映像制作者にとって奇跡のような瞬間

　数年前、フランスの天才カメラマン兼ドキュメンタリー映画監督のセバスチャン・モンタズ＝ルセが、そんな魔法のような瞬間を捉えた。彼のアプローチは、常に親密かつ控えめだ。しかし、この日はそれだけではなかった。ノルウェーの壮大なフィヨルドの一つにそびえる山でクルーと撮影している間、スイス人ハイライナーのベルンハルト・ヴィッ

ツが、1キロメートル以上の深さの奈落の上に張られた約50メートル長の綱渡りを歩いて練習しているのに、セバスチャンは偶然にも遭遇した。

Red Bullの『Ultimate Rush』ドキュメンタリーシリーズで、セバスチャンはベルンハルトとの出会いをこう振り返る。「私は彼を知らなかった。彼の他に2名がいた。彼は長い時間をかけて、ただウォーミングアップをしていた。私は考えた。"彼はなぜ、綱渡りを何度も繰り返しているのだろう？"と。3、4回も綱渡りをしたら、その後は別のことに移るのが普通だろう。だが、彼はひたすら綱渡りを繰り返した。そして突然、彼はスワミベルトを脱ぎ捨てた。それは（安全用の）ハーネスでもなく、ただのベルトだった。それから彼は崖の側に行き、その縁に座った。私は彼に近づき、こう尋ねた。『今からここを渡るのでしょうか？撮影してもいいですか？』『ああ、問題ないよ』」。

次のシーンは、受賞歴のある『Ultimate Rush』の脚本家スティーブン・シフが、「映画監督にとっては奇跡のような瞬間」と呼ぶものである。ベルンハルトは何にも縛られず、ただ1人でロープの上を歩く。真下に1キロメートルの崖がそびえる場所を、一度のみならず二度も、だ。それは息を呑む妙技である以上に、変革的である。目の前で、アスリートは新たなレベルの身体的達成と精神集中に到達するだけでなく、まさに別の存在に変化していくのだ。私がRed Bullで働いてきた中で、最も強烈な映画製作経験の一つであった。ベルンハルトの行動は、エナジードリンクブランドを意識したものでも、セバスチャンが構えたカメラのためのパフォーマンスでもなかった。しかし私の目には、ブランドの主義に従って生きる者の姿のすべてが映っていた。一言の言葉も発することなく。それは意図せずに始まったものだが、これ以上ないほど本物であった。これこそが、素晴らしいドキュメンタリーの根底にあるものなのだ。

» *The Displaced*　『**New York Times**』制作の動画

2016年のグランプリ受賞に際して、銀行やヨーグルトメーカーではなく、ジャーナリズムの巨人である『New York Times』ブランドを活用したことが成功の一因だったことは確かだ。だが、成功の影にはそれ以上のものがあった。『The Displaced』は、完璧なストーリーテリングと、最先端かつ入手しやすい技術を組み合わせ、『New York Times』の読者が、従来の動画だけでなく、無料で360度動画を視聴できるよう配信戦略を策定した。『New York Times』が持つ、『The Daily 360』というプラットフォームでVR動画コンテンツを毎日投稿し、今後、ブランド制作のドキュメンタリーをさらに世界に広く発信してくれるのは、一体どのブランドだろうか？

» **Love for the authentic　本物に対する愛**

2017年春、カンヌライオンズ・エンターテイメント部門のオンライン審査が開始された頃、私はドキュメンタリーやノンフィクションの作品を見ることを特に楽しみにしていた。実を言うと、私はブランドのコンテンツマーケティングの仕事をする前、ジャーナリストであり、ドキュメンタリー映画の監督であり、ノンフィクションエンターテイメントのプロデューサーであった。最初のキャリアで、私はシリアルキラー、学校銃撃犯、カルト団体の指導者に対してインタビューをした。殺人事件の裁判で証人として証言したり、グアンタナモ湾（米国の有名な刑務所がある場所）を訪れて、「インタビューのテクニック」について米国CIAの担当者と話し合ったりもした。私のような人間がカンヌライオンズの審査員になったことは、広告業界において、どんな意味があるのだろうか？端的に言うとブランドは、賞を獲得する最も容易な方法である「本

物に対する愛」を選択した。つまり、古き良きドキュメンタリーの制作
へと走ったのだ。

» The truth, the whole truth and nothing but the truth
真実を、ありのままに、どこまでも真実のみを

　ドキュメンタリーを公開すれば、必然的に信用が高まる。これこそ、
ドキュメンタリーが従来のコマーシャルや広告に勝る、大きな利点であ
る。真実を伝えることに使命感を覚えた歴代のドキュメンタリー映画監
督やジャーナリストたちは、観客の信頼を獲得してきた。偽物の歯医者
が出演する歯磨き粉のCMなんかより、医療専門家についてよく調べた
ドキュメンタリーの方が、ずっと信頼される。例えば先ほど紹介したド
キュメンタリー『The Lick-Hiker's Guide to Inner Strength』では、「菌
を舐める」実験台となった人間の免疫システムをどのように活性化させ
るのか、フィンランドのスーパーフードValioが、生々しいが信頼でき
る方法で証明している。30秒のCMでは、到底これだけの説得力は生み
出せない。

　私が以前行った調査ドキュメンタリーの一つは、フロリダでの死刑事
件の証拠としても使われた。こんなにリスクの高いことはない。いい加
減な仕事をすれば、殺人犯を野放しにするか、無実の人を死刑台に送る
ことになっていたかもしれないのだ。たとえ話題が殺人ではなく、オー
トミールの商品であったとしても、ブランドはドキュメンタリーを制作
することで「本物」感を獲得できるだけなく、信頼や、観客そして顧客
からの信用を得ることができるのだ。

» Don't jump (to conclusions)　結論を急ぐな

　ブランドのドキュメンタリーを制作するときに得られる、この信頼に伴う責任は、テレビニュースネットワークの制作と同じくらい、すべての関係者にとって難しくなり得る。ブランドスタジオで制作を監修する役員に就いた直後、私は「その難しさ」を経験した。ある日曜日の午後、フィールドプロデューサーの1人が私に電話をかけてきた。それは1935年以来、少なくとも64名のクライマーが亡くなっている、スイスのベルニーズアルプスにある、悪名高いアイガー北壁からの電話だった。アスリートの1人がウイングスーツを着てアイガーから飛び降りる予定だったが、強風によってさらに危険な状態になっていた。プロデューサーは、アスリートに予定通り飛び降りてもらうべきか、安全な代替案に切り替えるべきか、私に決断を求めていた。もう一度言うが、こんなにリスクの高いことはない。もちろん、常に最優先されるべきは身の安全である。当然のことだがプロデューサーや役員が電話で、そのような生死を分ける決断をするべきではない。その決断は、常に現場のアスリートに委ねられるべきだ。

» Not *Fearless*　出品されなかった『Fearless』

　私がブランデッドエンターテイメント部門の応募作品として最も期待し、そして見たいと思っていた（が、最終的に見ることが叶わなかった）作品は、美しいNetflixのドキュメンタリーシリーズ『Fearless』であった。『Fearless』は、プロのブラジル人ロデオグループがPBRサーキット（競技ロデオの大会）へ出場し、タイトルを追い求める旅を題材に制作されている。ブルライディング（競技ロデオ）は、実は「アメリカで最も急成長しているスポーツ」である。また、JB・ムーニーという、ノースカロ

ライナ出身の、謙虚で物腰柔らかなカウボーイ・ロデオのチャンピオンについても取り上げている。恐らくニューヨークやロサンゼルスの多くの都会人は彼の名前を聞いたことがないかもしれないが、最も成功したアスリートの1人である。

このドキュメンタリーシリーズは、競技ロデオや選手の超人的な偉業についてだけでなく、生まれた場所に関係なく、アメリカンヒーローになるとはどういうことかを伝え、世界を一つにする作品になっている。

『Fearless』は本質的には、スリリングでとてもエモーショナルな、PBR、つまり競技ロデオのための6時間のコマーシャルでもある（PBRのCEOは共同プロデューサーとしてクレジットされている）。また、（意図しているのか否かは別として）プロのブルライダーの主なスポンサーの一つである、Monster Energyの商品がたびたび画面に登場する。高尚かつ批評的で知られる『New York Times』のレビューでさえ、「優れたプロモーションであり」、そのグラフィックデザインと音楽は「このジャンルのケーブルテレビが流すリアリティ番組の数段上を行っている」と認めざるを得なかった。

『Fearless』はスーパーボウルで流れるCMのレベルで制作されており、世界的な配信戦略を伴っていたが、このような完璧さは驚くべきことではない。PBRは最近、世界的なスポーツ・エンターテイメント芸能事務所のWME-IMGに買収された（2017年、WME-IMGはEndeavorに社名を変更）。『Fearless』こそまさに、カンヌライオンズを含め、もっと多くの場で見たいと思う類のブランデッドエンターテイメントである。しかし、カンヌライオンズでこういった作品を見ることはできなかった。

» The no-shows　フェスティバルに出ない作品たち

　素晴らしいドキュメンタリーは、カンヌに応募されなかった作品の中にもあるのかもしれない。例えば、カンヌライオンズのようなマーケティングに関するフェスティバルに参加して信頼を失うことを恐れるブランドもあるだろう。プロデューサーが、むしろサンダンスやトライベッカの映画祭に映画を提出しようと思うほど、本物のドキュメンタリーとブランデッドコンテンツとの境界線は薄く曖昧になったのだろうか。ブランド自身について語るコンテンツではなく、「コンテンツのためのストーリー」を伝える方が、より効果的だと考えられているのだろうか。それとも、フェスティバルの応募プロセスは、単にお金がかかりすぎ、複雑すぎるのだろうか。素晴らしい作品が応募もされず世に知られないままだと、あらゆる世代の「作品から何かを学ぶ機会」を奪うことになる、というのがPJ・ペレイラの考えであるが、これに私も同意する。カンヌライオンズにエントリーしていなかった作品だとしても、本書で素晴らしいブランデッドエンターテイメントの例として紹介しているのは、まさにこのためである。

» No game-changers　ゲームチェンジャーはいない

　審査が数週間にわたって続く中、完璧なキャスティングと練られた台詞によってできた短いテレビCMよりも、台本のない作品を見ることを私は楽しんでいた。例えば、Tribeca Digital StudiosがDick's Sporting Goodsのために制作した、全員がネイティブアメリカン女性のラクロスチームに密着した2時間のドキュメンタリー、『Keepers of the Game』もその一つだ。同作は、権利を勝ち取った女性アスリートたちについての感動的なストーリーである。とりわけ作品内の静かなシーンなど一部

の箇所は、従来のコマーシャルでは決して上手くいかない（もしくは見せる時間がない）だろう。この作品は、ドキュメンタリーの歴史を変えるような驚きの要素を持たない、比較的伝統に則した内容なのだが、エンターテイメント部門の審査員は、この作品をブロンズライオンに表彰した。『Keepers of the Game』は2017年、受賞した6作品のドキュメンタリーの一つであった。しかし、この作品のために彼らが行ったことは、心温まる映画を制作することだけではなかった。Dick's Sporting Goodsは、映画に出資しただけでなく、恵まれない地域の多くの高校アスレチックチームに、2500万ドルと用具を直接寄付したのだ。

» Exclusive ingredient　独自の要素

　Dick's Sporting Goodsは、すべてのブランドや広告会社が参考にすべき戦略を、見事に実証して見せた。頭一つ抜きん出るには、ブランドは単に面白いコンテンツを生み出すだけでなく、まさにそのブランドにしか作れない独自の要素をコンテンツに加える必要があるということだ。例えば、エクストリームスポーツのノウハウ（Red Bull）、ユニークなロケーションという資産（Marriott Hotel）、商品を役者にするアイデア（LEGO）などである。しかし残念なことに、広告主がドキュメンタリーコンテンツを制作するとき、いまだにほとんどが、商品やサービスのおかげで幸せになった顧客の姿を見せている。こんな手がもはや通用しないことは明らかである。

» Seismic shift　激震的な変化

　1990年代、私がヨーロッパやアメリカのテレビでの仕事を始めた頃、ブランドは単なる広告主であり、スポンサーで、番組を中断する存在だっ

た。ブランデッドエンターテイメント風のプロジェクトは「インフォマーシャル」と呼ばれ、たいてい深夜テレビに追いやられていた。それらのエンターテイメント性は、むしろコミカルな演技や制作物の低予算感から来ていた。しかし、私がRed Bull Media Houseに入社した2000年代頃から、状況は変わり始めた。私はエンターテイメント部門の責任者を務め、5年以上に渡って、アスリートや冒険家、アーティストについての、何百ものドキュメンタリー、テレビ番組やデジタルコンテンツの制作を監修した。Red BullやMarriottのようなブランドが、マーケターや広告主から、真のコンテンツプロデューサー、番組制作者、さらにはテレビやデジタルネットワーク事業者に大きく生まれ変わるのを、私は目の当たりにしたのだ。そしてそれはトレンドの始まりに過ぎなかった。テクノロジーや消費財のグローバルブランドは、本物のコンテンツを制作し、配信するための正しい方法や、コンテンツスタジオを建設するうえでのアドバイスを私に求め続けた。そして、ほとんどのブランドが、ドキュメンタリーを作りたがっていた。ブランデッドコンテンツのための産業が誕生したのだ。この過程で私が学んだ、ブランドおよび観客にとって上手くいく方法は、比較的シンプルで簡単なものだった。実はその後、私が本物のコンテンツについて分かっているつもりだった考えが、すべて一新されることになった。

» The new authentic　新たな本物の定義

　まず、私はブランドが制作するエンターテイメントを「ブランデッドエンターテイメント」と呼ぶのを止めた。なぜなら「ブランデッド」といってもほとんど広告と変わらないものがたくさんできてしまっていたからだ。それが「ドキュメンタリー」と銘打っていても、30秒スポットCMの単なる2分バージョンに過ぎない場合もある。物語のターニングポイントが一つしかなく、ストーリーの山場や変化もなく、だいたい1曲の

BGMに合わせて編集されているようなプロジェクトは、今までのコマーシャルと同じものだと簡単に判別されてしまう。広告は楽しいというより邪魔だという意見を、私たちは何千回と聞いてきた。もちろん、その広告が大胆かつ破壊的、驚きにあふれていれば、楽しいものとして認識される。しかし、ほんの一握りのクリエイターだけが破壊的なアイデアのあるプロジェクトを実現できるにすぎない。映画監督のスパイク・ジョーンズは、その数少ないうちの1人である。2017年、彼の一風変わった長編コマーシャル、『My Mutant Brain』が多くの賞を獲得した。Kenzo Worldのためのこの作品では、女優のマーガレット・クァリーが風変わりな素晴らしいダンスを披露している。これは2つのゴールド、2つのシルバー、3つのブロンズライオンと、そしてチタニウムライオンを受賞した。

　素晴らしいブランデッドエンターテイメントは、必ずしもブランドの話をしたり、ロゴを絶えず映したりする必要はない。素晴らしいコンテンツは、ブランドを作り上げるのと同じもの、同じDNAから生まれる。ブランドは、ブランドについて伝えるためにスポークスマンとして人気のある、しかしブランドとかかわりのない「本物の人」や、さらに悪い「本物らしく見える人」を使うべきではない。それこそ古いインフォマーシャル思考だ。ブランドは、その人自身がブランドである人、あるいはブランドの価値や哲学を生きる人を取り上げるべきである。

» Don't pretend, just be
何かのふりはせず、ありのままでいよう

　例えばRed Bullは、エクストリームスポーツやF1レースを利用して（つまり「スポンサードして」）、ブランドを宣伝しようとしているのではない。Red Bullそのものがエクストリームスポーツでありレースなのだ。つまりこれらの活動はRedBullというドリンクを売るためにやって

いるわけではないとも言える。それが新たな本物のあり方である。その
ブランドは、宣伝としてではなく、複数のレーシングチームを所有・運
営し、自社の車をデザインし、F1やMotoGPの若い才能を育成する、洗
練されたプログラムを運営しているのだ。こういった取り組みは、自社
内のコンテンツ制作としっかり連携している。私たちは、ダニエル・リ
チャルドやカルロス・サインツJr.のような、新進気鋭のMotoGPライダー
やF1ドライバーについてのドキュメンタリーの制作を、彼らがF1の選
手になる数年前に開始していたのだ。

» Red Bull land　Red Bull国

　もっと証拠が必要だろうか？ Red Bullのブランド最高幹部のソーシャ
ルメディア投稿によると、2018年冬季の平昌オリンピックで、同ブラン
ドがサポートするアスリートは13枚の金メダル、5枚の銀メダルと12枚
の銅メダルを獲得した。もしRed Bullが一つの国だとして、選手がRed
Bull国の代表として戦っていたとすれば、アメリカやカナダに次ぐメダ
ルの合計数になっていただろう。Red Bullはオリンピックの公式スポン
サーでさえないことを考えると、この結果は一層印象的に見える。そし
て、これらの効果は考えるまでもない。

» *Lo and Behold*　LO：インターネットの始まり

　「本物の」アプローチは結果をもたらす。2017年、ヴェルナー・ヘル
ツォーク監督のドキュメンタリー『LO：インターネットの始まり』が、
3つのゴールドと一つのシルバーライオン、他に約10の賞を獲得した。
『LO：インターネットの始まり』は、ネットパフォーマンスとサイバーセ
キュリティ製品のプロバイダー、NetScout社のための作品だ。登場人物

の誰もNetScoutブランドの話はしないが、そのほとんど皆が繋がった世界（Connected World）の一部なのだ。イーロン・マスクも、宇宙論者も、仏教の僧侶も、携帯電話アレルギーの女性も、皆どこかで繋がっている。

» A quest for time　時間の探求

『LO：インターネットの始まり』のドキュメンタリーに関して、特に私の琴線に触れた側面が3つある。まず、私が「自分がカンヌライオンズの審査員になる」と知るよりも前に、実際に視聴して楽しんでいた作品だったということだ。英国アカデミー賞を受賞したBlack Sheep Studios制作でUNDP Kosovoの作品『Home』、そしてCAA Marketing制作のChipotleによる作品『A Love Story』も同様だ。『Home』と『A Love Story』はフィクションであり、ドキュメンタリーではない。だが、イギリスからコソボに移動する家族を描いて難民危機という問題を取り上げた『Home』は、実際の出来事に強く影響を受けた作品である。2つ目に、『LO：インターネットの始まり』は、審査委員長で本書の著者の1人でもあるPJ・ペレイラの広告会社、Pereira O'Dellが制作した作品である。よって、公平性を保ち、厳格な審査規定に従うため、他の審査員がその作品について熟考する間、PJは審査室を離れなければならなかった。

しかし、私にとって本当に重要なのは、彼の作品やそれと類似するブランデッドエンターテイメントプロジェクトについて、PJが述べた言葉である。なぜならそれは、広告業界が向かっている方向性を示しているからだ。「クライアントにとっては使った金額分の価値が、観客にとっては使った時間分の価値が、作品になくてはならない。今までのほとんどのブランデッドコンテンツでは、広告会社はただブランドを喜ばせることを目指してきて、それで終わりだった。今やハードルはもっと高い。

観客にとっても、良い時間の使い道だと思ってもらえる必要があるのだ」。これは言い換えれば、ブランデッドエンターテイメントのマーケターおよびプロデューサーとして、私たちは人々の時間を巡って競い合っているということだ。敵は他の消費者ブランドではなく、大手メディア企業や、AmazonやNetflixなどの巨大配信サービスなのだ。

» The message becomes the product
　メッセージが商品になるか？

　アドバイスさせていただくなら、圧倒的にクオリティの高い、観客が使う時間に値するコンテンツを作れということだ。それができれば、巨大配信サービスに対抗する必要がなくなり、それらの配信サービスによって視聴者にコンテンツを届けられるようにすらなる。つまり、ブランデッドエンターテイメントプロジェクトそのものが、配信手数料まで獲得し、収益を生み出せる商品になるのである。私は審査員の1人として、「美しい」あるいは「クリエイティブで素晴らしい」作品だけではなく、配信戦略に成功し、大勢の人々に届けられた作品を評価しようと努めた。子ども向けテレビ番組およびVODシリーズの『RAD Lands』は、この戦略に成功した良い例である。『RAD Lands』はCAA MarketingがChipotleに制作したもう一つの作品で、iTunesと配信契約を結んでいる。その成功により、このプロジェクトはブロンズライオンを受賞した。

　ヴェルナー・ヘルツォーク監督のドキュメンタリー、『LO：インターネットの始まり』に端を発する大きな問いの3つ目は、世界的に有名な監督とブランドが仕事をしたことと関係がある。この映画に刻まれたDNAは誰のものなのだろうか？ ヴェルナー・ヘルツォークか、もしくは企画・出資したブランドNetScout社のものだろうか？ NetScout社の助けがなくても、ヴェルナー・ヘルツォークは同じようなドキュメンタリーを制作しただろうか？ 答えが何であれ、『LO：インターネットの始

まり』から偉大な監督の影は常に消えないだろう（ドイツ生まれのヘルツォークが、自分自身でナレーションを録音して作品に刻んだのだから、この点はなおさらだ）。個人的に、私は可能な限り、最高のタレントと一緒に仕事をするのが好きである。時にそれは、受賞歴のある監督かもしれないし、また違う時には、新人を起用して観客目線で作品を作る。しかし、本当の監督、すなわちDNAと軌跡を作品に反映する主体は、常にブランドであるべきだ。

» How do a brand and authentic content pair up?
ブランドと本物のコンテンツはどのように一つになるか？

予備審査の過程で、提出されたコンテンツを自宅で鑑賞し、その後カンヌライオンズの審査室で審議を重ねた何百時間を経て、私はブランドの数々と仕事をしていた期間に自分が学んできたことが何かを再確認した。統計的な理由だけでなく、自分の中でうまくまとめるために、私はブランデッドコンテンツおよびブランデッドドキュメンタリーの創作を、次の3つのカテゴリーに分類した。

1. ブランドによる、アイデアと実制作
2. タレントや第三者によるアイデアに、ブランドをタグ付ける
3. 既存のストーリーまたは映像のリブランディング

それぞれのカテゴリーでは、本物であろうとするブランドに、異なった課題が与えられる。（1）のように、ブランドがプロジェクトのアイデアを生み出しただけでなく、プロジェクトの実制作やすべての映像と音声の要素を監修した場合、結果は最高になるか最悪になるかのどちらかである。

　歴史を紐解くと、このカテゴリで大きな成功を収めた例は、『Red Bull Stratos』である。2012年10月、オーストリアのベースジャンパー（地上にある建造物や断崖などの高いところからパラシュートを使って降下するスポーツ）であるフェリックス・バウムガルトナーが、成層圏からスカイダイビングした。そして、綿密な計画と完璧な実行により、ニューメキシコ州の砂漠の3万8969メートル上空から記録破りの大ジャンプを成功させた。Red Bullは航空史に残る偉業を達成し、ライブ放送とオンライン配信の記録を更新した。しかし、あなたがロケット科学者になどならなくても、準備に何年間もかかったこのプロジェクトで、完璧な計画や有能なチームが結成されなければ、この未知の領域におけるフリーフォールがいかに危険なものになり得たかを理解できるであろう。その点において、フェリックスやRed Bullの元同僚たちは称賛に値した。

　近道などない。獲得した多くの賞の中で、Red Bullは本作の放送でスポーツ・エミー賞を受賞した。2013年4月、フェリックスとRed Bull Media HouseのCCOアレクサンダー・コッペルは、同じくカンヌで行われる国際映像コンテンツ見本市「MIPTV」でも受賞した。2人はスピーチをし、自らの経験や重要な結果について共有した。Red Bullはこのプロジェクトをカンヌライオンズには提出しなかったが、コンテンツ制作会社であるという精神のもと、『Red Bull Stratos』のドキュメンタリーが複数制作され、世界的に配信された。

» No gimmicks　ギミックは要らない

　私は、他のブランドの動画で、アスリートにとっても見る人にとっても何の目的もなく、危険なスタントをギミックとして売りにしているプロジェクトを目にしたことがある。さらに悪いことに、いくつかのプロジェクトでは、全く不必要にアスリートの命を危険にさらしているケー

スもあった。

　これは私が今まで信じてきたことすべてに反している。

　加えて、たいていの場合、ギミックはもはやブランドには効果がない。今の時代、ブランドは何かのふりをするのではなく、ありのままでいなければならないのだ。幸いにも、2017年度のカンヌライオンズでは、ブランドがイニシアチブを取って受賞した素晴らしい例が多く生まれた。

　心を動かすドキュメンタリー『The Debut』では、Budweiser、米国のケーブルスポーツチャンネルESPN、ブラジル・サンパウロの広告会社Africa agencyが主導し、すでに引退したブラジル人バスケットボール選手のオスカー・シュミットのアメリカのNBAデビューを実現した。伝説的選手かつ往年の得点王であるシュミットが、かつてNBAのドラフトを断り、ブラジル代表チームでプレーすることを選択した出来事から33年後のことだ。審査員はこの感動的なドキュメンタリーをシルバーライオンに表彰した。

　『The Debut』とは対照的に、180LA制作のBoost Mobileの作品『Boost Your Voice』や、BBH Singapore制作のNikeの作品『Unlimited Stadium』は、古典的なドキュメンタリーではなく、むしろ革新と体験のプロジェクトである。そのうえで、どちらのキャンペーンも実生活に根付いていて、参加する人々に意味のある真の目的を提供している。いずれも企画から実施まで、ブランド主導だ。別の章で詳述されているように、2016年の米国大統領選挙で、Boost Mobileの店舗は恵まれない地域で投票所に生まれ変わり、投票のできない人々に「声」を与えた。『Unlimited Stadium』において、Nikeは世界初のLEDランニングトラックを開発した。アスリートはこのトラックで、自分の分身と競走することができる。この功績によって、Boost MobileとNikeのキャンペーンは両方ともゴー

ルドライオンを受賞。携帯電話会社Boostは人々に「声」を与えるのだと主張した。

Nikeはまさに「走って」おり、Budweiserはオスカー・シュミットをNBAに連れていくことで、これこそが「バスケットボール」だと証明した。「これで私のキャリアは完結した。悔いはない！」と、自身のNBAデビュー（とドキュメンタリー）の終わりに、オスカー・シュミットは自信を持ってこう宣言した。他の多くのブランドはまだこのレベルまで辿り着いていない。私のアドバイスは、「語ろうとするな、存在によって示せ」ということだ。人々に影響を与えるような実生活のイベントや行動を率先して起こすことを、私はブランドに強く勧めたい。人々にブランドを好きになってもらうために、重要なことだ。

» **Tagging along　タグ付け**

私は個人的に、カテゴリー２のタレントや第三者によるアイデアに、ブランドをタグ付けする手法が最も難しくリスキーなことだと思う。なぜなら、コンテンツを作るためにブランドは単に「タグ付けられている」だけで、実行と結果は他人の手に委ねられるからだ。さらに、パートナーがブランドと同じ関心、指針、習慣を持っていない場合もある。また、このカテゴリーはIGC（Influencer-Generated Content：インフルエンサーが生み出すコンテンツ）を含む。そして、インフルエンサーの心ない行動によって、ブランドが炎上に巻き込まれるのを私たちは目の当たりにしてきた。YouTuberのPewDiePieによる差別発言や、ローガン・ポールが自殺者の遺体を動画に映したことなどは記憶に新しい。しかし、先述したドキュメンタリー、Tribeca Digital StudiosがDick's Sporting Goodsのために制作した『Keepers of the Game』は、ブランドがいかに正しくキャストやストーリー、パートナーを選択できるのかを示している。ドキュメンタリー内の、全員がネイティブアメリカン女性のラクロ

スチームは、Dick's Sporting Goodsの有無にかかわらず、同じ難題に直面しただろう。同ブランドはただ、黙ってチームに寄り添うことを選択した。そして、スポーツ用品の寄付という実態として意義のある重要な要素を加え、生きる人々とブランドとの間に橋を架けることに成功したのだ。

》Keep walking　前進し続ける

　カテゴリー３の既存のストーリーのリブランディングは、ドキュメンタリーを制作するうえで最も魅力のない方法かもしれないが、それだけでなく、ブランドにとってリスクと潜在コストが最も低い方法でもある。ブランドがストーリーに出資し、活用しようと決めるよりも前から結果は分かっている。『Ode to Lesvos（レスボス島の歌）』は、ニューヨークのAnomalyが、グローバル団体Mercy Corpsの支援として、スコットランドのウイスキーメーカーであるJohnnie Walkerのために制作したドキュメンタリーシリーズである。映画スタッフは、ギリシャのレスボス島にある小さな村へ行った。そこは、何週間も前に30万人の難民が上陸してきた村だ。

　映画スタッフが到着した頃には、難民たちは去ってしまっていた。地元の漁師たちは、「魚ではなく人々を海から救い上げた話」や、「難民の子どもたちが漁師にお礼のキスをするために列を作った話」など、心温まるストーリーを聞かせてくれた。結末はすでに分かっているので、これは明らかに、比較的安全で予測可能な、しかし非常に効果的なストーリーを伝えるアプローチである。このプロセスでブランドが自らをリスクにさらすことはなかった。結果、審査員はこの非常に感動的なドキュメンタリーシリーズにブロンズライオンを授けた。一つ疑問があるとすれば、この感動的なストーリーを伝えることは、それ自体で立派な目的

なのだろうか。それともこのウイスキーブランドは、ギリシャの村人たちの勇気や利他的な姿の恩恵を受けただけなのだろうか。Johnnie Walkerは、村人や難民たちが前に進み続ける（Keep Walking＝Johnnie Walkerのコンセプト）助けになっただろうか。この点は、あなたの判断にお任せする。

2018年、Johnnie Walkerはビジネス、文化、政治において女性を支援し、公式の言葉を借りると「すべての女性を代表して、進歩を続ける堂々とした女性のシンボル」を作るべく、同ブランドの女性版としてJane Walkerを発売した。この取り組みは、現代社会の現実と結びつくための正しい方向への一歩だと私は考える。しかし実際には、この取り組みは遅すぎたとして、ブランドは再び批判を集めた。ブランドストラテジストのジョア・サントスは、LinkedInの投稿でこのことをよく議論している。そこで彼は、Jane Walkerは「偽物でしかなく」、また「ブランドが性平等を目指すムーブメントの文化的側面を無理やり乗っ取ろうとしているように感じる」と述べている。

こうした文化的な会話に切り込み、正しい時期を選ぶことは不可欠だ。そして、重要な会話に乗り遅れるより、たとえ結果がまだ不透明でも『Boost Your Voice』のように早い段階で声を上げるリスクを負う方が、ブランドにとって安全な場合がある（Pepsiの広告を思い出しただろうか？）。とはいえ、私としては誰が何と言おうと、Jane Walkerには、ただ前に進み続けてほしい。

» 'Don't be afraid to live your truth'
「真実を生きることを恐れるな」

2017年度の短編ドキュメンタリーで、あらゆる意味で的を得た素晴らしいプロジェクトの一つが、『Real Color Stories with Tracey Norman』

である。これはニューヨークのGrey Groupが、P&Gのブランド、Clairol Nice'n Easyのために制作した作品で、モデルのトレイシー・ノーマンとClairolのための、美しい救済・再生のストーリーだ。ノーマンは1970年代に、Clairolのヘアカラー商品のパッケージモデルを務めた、実は初の黒人トランスジェンダーモデルだった。1980年、撮影中に彼女の「本当の姿」が明らかになり、ノーマンのモデルとしてのキャリアは終わりを迎えた。それから、約36年の時を経て、Clairolはノーマンに再びコンタクトを取り、彼女に『Nice'n Easy: Color As Real As You Are』キャンペーンの顔になってほしいと告げた。トレイシー・ノーマンの一番のメッセージである、「真実を生きることを恐れるな」という言葉は、彼女自身のストーリーであるだけでなく、Clairolブランドのストーリーでもある。審査員の1人ペレ・シェネールは、本書の『緊張感を高める』の章で、この学びの大切さを次のように強調していた。「一つだけ避けるべき対立がある。それは、ブランドのストーリーとプロジェクトのストーリーとの矛盾だ。観客を欺くことなどできず、ただ失ってしまうだけだろう」。この美しく重要なキャンペーンが、シルバーライオンしか受賞できず、グランプリはおろかゴールドも獲得できなかったという事実を考えると、エンターテイメントライオンズはいかに競争率が高くなったかが分かるとも言える。

» The street writes the best stories
ストリートが最高のストーリーを描きだす

　もちろん本物のストーリーを伝えるという目的においては、必ずしもドキュメンタリー映像を制作することだけが手段ではない。Adidasは現在、そのオリジナル商品、靴やスポーツウエアの分野で非常に成功しているが、その他にも最近、ニューヨーク・ブルックリンの活気に満ちたグリーンポイントにクリエイターファーム（養成所）を設立した。私は2017年10月にファームを訪れ、率直に言うと、とても感動した。ファー

ムのクリエイティブディレクターであるマーク・ドルチェ氏に話を聞い
たとき、このファームの目的は「デザイナー、アーティスト、ストーリー
テラーのためのオープンソースのハブになること」だと言った。マーク
とそのチームは、時にはニューヨークのストリートから、新たな才能、
つまり新人クリエイターを発掘して、3ヶ月間、ファームに参加させて
いる。作品は必ずしもスポーツを中心にしたものである必要はなく、要
は文化なのだと彼は言う。つまり、Adidasはストリートの声を聞いて、
そのDNAをブランドに還元しているのだ。出来上がったストーリーは
映画やビデオクリップとは限らないが、いずれも成功したプロジェクト
となっている。

» Too much charity?　チャリティーが多すぎる?

　Adidasクリエイターファームのアプローチとは対照的に、『レスボス
島の歌』のように、世界的な危機や不平等への対応、あるいは災害後に
救援を行なう慈善団体と協力すれば、多くのブランドや広告会社は、最
も価値があり感情的に嘘のないストーリーを見つけられる。両親のいな
い子ども、難民、きれいな水などのインフラが行き届いていないコミュ
ニティ以上に、現実的なものはない。しかし本物・真正性の追求に関し
て、こうしたプロジェクトを表彰する、カンヌライオンズにおいても問
題が浮かび上がった。Observatory（かつてのCAA Marketing）のCEO
で、エンターテイメント部門2016の審査委員長だったジェイ・グッドマ
ンはこう述べた。「オートミール（グラノーラ）についてのブランドプロ
ジェクトが、世界的な難民危機についてのプロジェクトと、何とか張り
合える可能性はあるだろうか?」。一部のブランドや広告会社が伝統的
なブランドメッセージを伝えようとすれば、心を揺さぶるチャリティー
コンテンツよりも、ライオンを受賞する可能性は低くなってしまうだろ
う、と不満を訴えたのだ。この問題を解決するため、エンターテイメン

ト2017の審査員は、ブランド中心のコンテンツも慈善的コンテンツも、同じくらい厳しい基準で審査した。ブランドと慈善団体の、コンテンツの効果を深く考察した。時には、審査中に疑義が生じた場合など、提出した当事者に対して追加の質問を行い、多くの場合は効果の証明を求め、私たち自身で調査を行うこともあった。

» New tracks　新たな部門

　カンヌライオンズの主催者も、同様の懸念を感じ取っていた。2018年以降、カンヌライオズは純粋なチャリティー作品とブランド中心の作品を、別々のカテゴリーとして区別し始めている。最終的には、すべてのチャリティー作品をソーシャルグッド部門のみに集めるという構想だ。この決断には拍手を送りたい。

» What is missing?　欠けているジャンル?

　心を動かすストーリーを作り、観客と繋がるために必要な人間的要素は苦難だけではない。例えば、笑いはどうだろうか?2017年度には、ユーモアは明らかに過小評価されていた。コメディアンが文字通り最も汚い場所を舐めていくプロジェクト、『Lick-Hiker's Guide to Inner Strength』が、エンターテイメントライオンを獲得した唯一の面白おかしいドキュメンタリーだった。審査員として、私たちはもっとユーモラスな映画を、特にブランドが自分自身を笑いものにしているような高尚な作品を、もっと見たかったのだが。興味深いことに、Tide、Amazon、NFL、Tourism Australia、Doritos、M&M's、Michelob Ultra、Bud Lightといったブランドの、第52回スーパーボウルのコマーシャルは、まさにこのユーモアを活かしたプロジェクトで成功を収めていた。

»Let's entertain!　楽しませよう！

マーケティング担当者として、私たちは多くの場合、人々の生活をより便利で楽しいものにする製品やサービスを売り込もうとしている。であれば、私たちのプロジェクトも同様に面白いエンターテイメントであってしかるべきだ。これこそまさに、私たちのドキュメンタリーがどちらかといえば、シリアスな問題に取り組むことが多い、いわゆるオリジナルのドキュメンタリーとは違うものになり、伝統的な映画祭や配信サービスと競い合える理由にもなる。私たちは、著名な作家、アカデミー、評論家の作り上げた道をたどる必要はない。かき乱し、驚きを与えることが大事だ。映像の出資者であるブランドの存在を隠す必要もない。堂々とブランドを統合し、そのユニークさを物語に貢献するように作り上げるのだ。いつもささやかにブランドを見せる必要もない。時には思いっきり前に出してもいいのだ。ましてや批判したり、説教を垂れたりする必要もない。私たちは行動を起こすのみだ。

私たちはただ、観客をエンターテイン、つまり楽しませることを考えよう。

怒りの力で社会を変える

ルチアナ・オリヴァレス
Luciana Olivares, Latina Media

Feeding our anger

「バナー博士、今なら怒っていいぞ」
「キャプテン、秘密を教えよう。私はいつも怒っているんだ」

キャプテンアメリカとブルース・バナー、映画『アベンジャーズ』より

　はじめに、とある物語についてご紹介しよう。昔々あるところで、23
人の美しいお姫様が一つの王冠を巡って戦っておりました……ではな
く、2017年10月30日、ペルーのリマで、23人の激烈な女性たちが男女平
等と人間としての権利を求めて戦っておりました —— これは「ミス・ペ
ルー」を決めるコンテストで起こった出来事だ。

　ペルーで最も伝統的で最も多くの人に見られているイベントの一つ、
ある「ミスコンテスト」が女性の社会進出を支援し、暴力反対の声を上
げるためのプラットフォームに生まれ変わった。ペルーでは毎日、9人
もの10代の若者がレイプされている。強姦犯の89%はいまだ何の罰も受
けておらず、2000件を超えるレイプ事件が被害者の自宅で発生している。
統計はまだ続く。ペルーは女性への性暴力事件の発生率が世界第3位の
高さである。こういった恐ろしい数字が毎日テレビ、新聞やインターネッ
トで報道されているという酷い真実がある。

　しかし、ペルー人はこの現実に心から注意を払っていなかった。そこ

で、ミスコンテストを放送する「Latina Media」とミス・ペルーの主催者ジェシカ・ニュートンは、コンテストを乗っ取って誰もが予想もつかないことをしようと決意した。コンテストで、出場者が述べるはずのヒップサイズとバストサイズを、ペルーでの性暴力に関する統計に置き換えたのだ。

　最初の出場者カミラ・カニコバがステージに現れると、こんな風にスピーチを始めた。「私の名前はカミラ・カニコバです。私のサイズは……2200件です。これはペルーで女性が犠牲となった殺人事件の件数なのです」。ステージが、ソーシャルメディアが、国全体が、そして世界中が目を奪われた。国内外のメディアで、この話題について討論された。行政当局もその話題を取り上げた。他の重要人物に混じり、元大統領の長女（Keiko Fujimori）も、コンテストで起こった出来事について発言した。この出来事は世界中で報じられ、そのメディア換算額は520万ドル以上に達した。姫たちは最強の戦士に、スリーサイズは重要な統計に、美のコンテストは、現実がいかに醜いか、そしてその醜い現実からこみ上げてくる「怒り」に気づくための機会に生まれ変わった。そう、怒りである。#MyStatisticsAreは恐怖や悲しみから生まれたのではない。このキャンペーンは、心からの苛立ち、純粋な怒りの感情から生まれたのである。

　私たちが受けたその経験と圧倒的な反応は、カンヌライオンズでも気づきをくれた。選出した素晴らしいアイデアのうちのいくつかは怒りという感情を活用したのだと（当たり前になり、誰も疑問を抱かない）。硬直化した風習に警鐘を鳴らし、聴衆の目を覚まさせるためのきっかけとして。

» Friends don't lie　友は裏切らない

　私の10歳の娘フェルナンダは、最近あるものにハマっている。ドラマ
『ストレンジャー・シングス 未知の世界』だ。もはやユニコーンに興味
津々だった、幼い頃の彼女ではないのだ。彼女のお気に入りのキャラク
ターはイレブン。赤ちゃんの頃、ある不気味な男に誘拐され、研究所に
監禁された経験のある、超能力を持つ少女だ。ある日、私はフェルナン
ダに、イレブンのどの能力がお気に入りなのかと尋ねた。すると、彼女
はこう答えた。「イレブンは戦士なのよ、ママ。怒りの感情を使ってモ
ノを動かすの」。娘は怒りが有用な感情だと理解していたのだ。この時、
すっかり心動かされたのは私だった。思い返せば、仕事においてもプラ
イベートにおいても、大きな困難を目の前にしたとき、怒りの感情を利
用して乗り越えたことがたくさんあった。あなたにもそんな経験はない
だろうか？

　あなたは、心からムカついて、何かを変えたいと思ったことは何度あ
るだろうか？それがダークサイド、つまりネガティブな感情であっても、
何かを変えるための強力な動力源として活用するなら悪くないはずだ。
怒りなんてグリーンだ（英語で緑色は、新人や若者を指す）と思うかも
しれない。しかし、緑色でも、いつも文句を言っている「グリンチ（嫌
われ者の醜い緑色の怪物）」ではなく、力と情熱を持って戦う「ハルク（激
怒すると巨人に変身する緑色のヒーローキャラクター）」であることは、
ポジティブな効果があり、麻痺した心から私たちを呼び起こしてくれる
だろう。怒りの感情は、「Don't Worry, be happy：心配するのをやめよう、
楽しくいこう」から「Be worried, be angry：心配しよう、そして、怒る
んだ！」という気持ちに、私たちを変えてくれるだろう。何かを変えた
ければ、心配する、気にする気持ちがなければ始まらないのだ。

ブランドとしてあるいは人間として、怒りを利用して物事を変えることは、これまで以上に重要になってきている。私たちの多くは、テレビの電源をつけても何の注意も払わない。本当に注目すべき話題にも目もくれない。悪いニュースは日常の風景の一部と化している。私たちは身の回りの恐ろしい統計に慣れすぎて、麻痺してしまった。おそらく、わざわざ見たり聞いたりする必要がないからだ。しかし、気候変動や男女平等といった問題にも注意を払わないのであれば、新しい石鹸や銀行口座の話に目を向けさせるのはどれほど難しいことだろうか。メッセージが何かを主張するものか、もしくは主体がNPO団体か大手小売業者かは問題ではない。私たちは従来のコミュニケーション方法には目も向けなくなっているのだ。では、希望はあるのだろうか？「怒り」を活用することで、人々や社会とつながって、みんなの心に火をつけることができるだろうか？

» Go visceral　はらわたで感じろ

新人作家がベテランからもらうアドバイスの一つに、自分を悩ませるものについて書けというものがある。これは正しいアドバイスだ。自らが気にしているものについて書けば、作品に感情が伴う。この感情によって、心の奥底から、それこそはらわたまで含めて、直感で感じざるを得ない。こうなってこそ、熱い、強烈な気持ちが生まれるのである。

もちろん、そういった強烈な気持ちは間違った方向に導く可能性もある。小説『侍女の物語』の作者マーガレット・アトウッドはこう述べる。「破壊的な怒りは、身の回りのすべての破壊を導き、関係ないものにまで刃を向ける。一方で、クリエイティブな怒りは、我を失わず利用できる。そして、『怒りの外にある目標を達成するためのシステムを生み出す』ことができるのだ」。

　クリエイティブな怒り、さらに適格に言えば、憎しみはカンヌライオンズの歴史で最も評価されたキャンペーンの一つに隠された重要な要素であった。その作品は通称『GRRR』。ホンダ初のディーゼルエンジンの開発秘話を、ユニークに伝える作品だ。同社のチーフエンジンデザイナーで、VTECエンジンの生みの親である長弘憲一は、ディーゼルエンジンが嫌いだった。長弘はディーゼルのうるささ、におい、汚さを嫌っていた。彼がホンダ初のディーゼルをデザインするにあたり、もし完全に一から作り出すことを許されていなかったら、VTECエンジンは生まれていなかったかもしれない。そうして生まれたのが、2.2i-CTDiエンジンである。この傑作をもとに、Wieden + Kennedyは2004年、ある提案をした。それは、嫌いだという感情をポジティブなもの、すなわち、実は良いエネルギーとなり得る情熱的な力として語るというアイデアだ。しかし、その提案の仕方は変わっていた。怒りについて歌う感動的な曲を作ったのだ。その歌詞が以下である。

これは今まで何かを一度でも嫌いになったことのあるすべての人に贈る
小さな歌……
嫌いになるのはいいこと？
嫌いになるのは素晴らしいこと？
嫌いになるのはいいこと？
嫌いになるのは素晴らしいこと？
嫌いな気持ちを好きになることはできる？
（口笛）
私たちは知りたい
なぜそんなにも
ディーゼルはゆっくりなのか
ドンドンうるさくて
ブンブン騒がしくて
ガチャガチャやかましいのか

（口笛）

何かが嫌いなら

それを変えよう

嫌いなものは、変えていこう

より良いものにしていこう

（口笛）

最高じゃない？

こんなディーゼルが生まれたら

（口笛）

（嫌いって気持ちで歌おう！）

何かが嫌いなら

それを変えよう

嫌いなものは

変えていこう

より良いものにしていこう

　この曲は、アメリカの作家・ラジオパーソナリティのギャリソン・キーラーによって歌われた。広告では、環境保護、純真さと喜びを連想する生き物が登場する。蝶、白鳥、孔雀、鹿、ハチドリ、カエル、鶏、ウサギ、タツノオトシゴ、亀、ヤギ、ペンギン、フラミンゴ、コマドリ、イルカ、アザラシ、てんとう虫など……。本キャンペーンはまた、オンラインゲームも同時に発表した。ゲームでは、ウサギが９つの環境を訪れ、ニンジンを食べ、粗悪なテクノロジーを環境に優しいものに変えていく。

》 Why me?　なぜ私が？

　インドの伝説的指導者マハトマ・ガンジーの孫であるアルン・ガンジーは、怒りと強い関係がある。彼は南アフリカのアパルトヘイト政策下で、

殴られ、虐められながら育った。しかし彼は、怒りを変化のための活力として使うよう教えられた。彼は祖父のこの言葉を引用する。

"怒りを恥じるべきではない。怒りは私たちの心を奮い立たせる、とても素晴らしく、とても強い力だ。恥じるべきは、その力を悪用することだ。"

怒り、苛立ち、フラストレーションが、危険なものではなく表現手段になるとき、美しいことが起こり得る。

あなたの名前がカトリーナ、アンドリュー、あるいはイルマだと想像してみよう。ある日あなたは目を覚まし、あなたが、もしくはあなたと同じ名前の何かが、地球を破壊し始めたというニュースを読む。怒りが湧いてきたでしょう？

そんなインサイトから、広告会社Barton F. Graf 9000と気候変動に関する活動団体350 Actionは、非常に面白おかしい方法で自らが文化の一部となる術を見つけた。『Climate Name Change』キャンペーンのアイデアは、嵐やハリケーンの名前を、気候変動に対応する政策に反対する政治家の名前に変えるよう、世界気象機関（WMO）に要求することだった。この戦略が上手くいくことを証明するために、キャンペーンではこれらの嵐に関する嘘のニュースがまとめられた。「マルコ・ルビオ上院議員は、今夜東海岸を直撃する予想です」「命が大切ならば、ミシェル・バックマンから避難してください」「ポール・ライアン議員のせいで、2日間ここを動けません。まだそこにいる友人がいます。今この瞬間ポール・ライアンが友人たちに何をしでかすか分からないので、恐ろしいです」

結局彼らは嵐の名前を変えることはできなかった。しかし、ハリケーン・アンドリューがハリケーン・マルコ・ルビオと呼ばれ、私たちは胸

がすっとしたが、気候変動論反対派は少しむかっとしただろう。世界の現状においては、これは十分な勝利である。この運動はYouTubeで270万再生、サイトへのユニーク訪問者数35万6000人と、メディアに1ドルもかけることなく1億8400万のインプレッションを獲得した。ハリケーンの名前は変わらなかったものの、団体は今までにないレベルの注目を集めた。

» Give it a little respect　少しの敬意を見せよ

　この恐ろしい事態を想像してみてほしい。インターネットがないという危機的状況を！あなたは汗をかき始め、不安でみじめな気持ちになる。そこで、サービスプロバイダに電話をかけることにする。ご丁寧なロボットによる自動音声が流れ、そのままでお待ちくださいなどと言い、保留音のクラシック音楽が流れる。しかし待てど暮らせど、まだ保留状態。あなたの体は変化し始め、牙は伸び出し、怒れる狼へと変身していく……（というのは冗談だ）。

　言いたいのは、あなたは本当に怒り、そして復讐に憑りつかれているということだ。2016年、ブラジルで初のOn Hold Music Festival＝保留音・音楽祭が誕生した。消費者保護サイトReclame AQUIは、カスタマーサービスが最悪の、すなわち電話で顧客を待たせてばかりの企業の前に小さなコンサート会場を設営し、怒りを楽しさに変えた。その趣旨は、長い保留で待たせまくる失礼な企業に、そのツケを払わせることである。それぞれの企業の前で、良い音楽を演奏する代わりに、これらの企業が電話の保留音で使用していたのと同じ曲を、大音響かつロックサウンドで、外からビルに向かって、延々とライブ演奏を行い、流し続けたのだ。ご丁寧に、各企業の電話サポートセンターの平均保留時間に合わせてこのビデオはオンラインで投稿され、再生回数を何百万と獲得した。作品

はエンターテイメント・ライオンズ・フォー・ミュージック部門でシルバーライオンを受賞し、PR部門でもさらに2つのライオンを受賞した。消費者はそのキャンペーンをとても気に入った。もちろん企業は、そうではなかったが。

» Fuck you, sir　クソ政権よさらば

中にはこうした明るい気持ちになり得ないものもある。
例えば、民主主義の終わりのように。

2011年、チュニジアは大変な真実に直面した。革命によって独裁者を追放した後、この国で、初めて行われる自由選挙で、予測投票率を事前調査で推計すると、国民のたった55%しか投票に行こうとしていなかった。皆、革命の一番の目的を忘れていたのだ。国民の無関心に立ち向かうため、非営利組織のEngagement Citoyen NGOは、広告会社Memac Ogilvyの力を借り、チュニジア人の怒りを呼び覚ますことを決意した。

彼らは、2011年のチュニジア革命で追放されたはずの元大統領ベン・アリーの巨大なポスターを、チュニス市で最も混雑した地区の一つであるラ・グレットに設置した。そこにカメラも設置し、人々の反応を捉え始めた。ほとんどの人は怒りを覚えたようだ。その怒りは瞬く間に激しく燃え上がり、人々は投票を棄権することの本当の危険さ、すなわち独裁政治が復活する危険を自覚した。このポスターによって、抗議、悲鳴、荒々しい言葉が飛び交い、破壊行為が巻き起こった。間もなく群衆は大きなポスターの周りに集まり、その周りにロープを投げて、団結してそれを取り壊そうとした。そして、ついにそれがなされた。その時、人々はポスターの下にもう一つのポスターを見つけたのだ。「用心してください。独裁政権は戻ってくるかもしれません。10月23日は投票へ」とい

うメッセージが書かれたポスターが、選挙や立候補者に関する、無党派で客観的な情報にアクセスできるURLとともにあった。

　メッセージはすぐさま拡散され（オンラインのシェア率30％）、何万もの人が行動を喚起されて、Engagement Citoyenのウェブサイト訪問数やメディア報道の数は461％以上増加した。人々は自発的にソーシャルメディアのプロフィール写真を投票に行こうと呼びかける、2番目のポスターに変更した。数時間のうちに、外に出て投票することが、革命の最後のプロセスとして必要だと認識されたのだ。夕方には、チュニジア全国および、より広い地域のニュースで放送された。翌日、このキャンペーンは世界中に広まり、彼らはサイバー部門でゴールドライオンを2つ受賞する。さらに重要なことに、その年のチュニジアの選挙における投票率は、驚愕の88％を記録した。

» Oh, fuck the banks, too　クソ喰らえ、銀行も。

　銀行は本質的に魅力的ではない。どちらかと言えば人々は銀行を、強欲で非情な必要悪だと考えている。私が何年も前、ペルーの国際的な銀行でCMOとして働いていた頃、このことは、よく理解していた。銀行としてお堅く、人々に語りかけても、心を通わせることはできないと分かっていた。そんな私の心を奪ったのが、ブラジルの銀行Caixaが企画した素晴らしいコンセプト、『Sounds of Conquest』だ。2016年のリオ・オリンピック大会に携わる最善の方法は、巨額のスポンサー費を払って垂れ幕に企業ロゴを載せることではないと、Caixaは理解していた。コミュニケーションにおけるルールと方法を変える必要があったのだ。

　この銀行は、都会の音楽とストリートアートを活用して人々と強く心で繋がり、アスリートや地元のミュージシャン、アーティストを取り上

げた目を見張るコンテンツを生み出して、ブラジルのポップカルチャー
を占拠した。コンテンツの中には、困難を乗り越える7つのストーリー、
Spotifyで人気の7曲の歌、市内を埋め尽くす都市アート、大規模なコ
ンサートなどがあり、何百万もの人々が訪問、ネットでシェアし、そし
て何より、Caixaはブラジル人の注目をしっかり集めた。彼らはエンター
テイメント部門でブロンズライオンを獲得した。

»You are so dumb　あなたは「おバカ」だ

　ブランデッドエンターテイメントはマーケティングであり、達成され
るべきビジネス目標だ。同時に、著者の1人である鈴木智也が『基本に
立ち返る：なぜ「ストーリー：物語」は最も重要なのか？』の章で説明し
たように、多くの選択肢に囲まれて気移りしやすい人々の注目を集められ
れるくらいの芸術的な誠実さ、つまりアートとしてのクオリティも必要
である。アートとビジネス目標は両輪であるため、妥協してはいけない
のだ。

　アートしての誠実さ、クオリティに対する意思はどこから来るのだろ
うか。それは、あなた自身から来るのだ。マーケター、作家、アーティ
スト、クリエイターとして、あなた個人が、何を感じているのかという
ことに起因する。そして、あらゆる感情の中で、怒りよりも使えるもの
はない。近年で最も影響力のある現代アーティストの1人、ジャン＝ミ
シェル・バスキアは、怒りを活用して作品を制作した。1983年、作品へ
の怒りの影響について尋ねられた彼はこう答えた。「80%は怒りででき
ているよ」。人種的不公平や歴史的な権力の乱用といった問題が彼の頭
を離れず、想像力を膨らませた。思春期から生まれたバスキアの中の消
えない怒りは、彼の清々しく奇抜なアートの原動力となった。
　怒りと憤りの感情によって、ある会社はキャンペーンのターゲットで

ある消費者を「バカ」だと罵った。2013年のとあるオーストラリアのキャンペーンでは、怒りを原動力にアートとしてのクオリティを誠実に実現した上で、見事なひねりを加え、最も可愛らしい作品を作り上げた。オーストラリア・メルボルンでは、若者たちが電車の周りにてマヌケで愚かな行動をし、怪我や死亡事故が相次いでいた。

こうした事情をMcCann Melbourneは「おかしな」キャラクターたちが、駅や、電車に関連して、不注意かつバカな方法で、次々と命を落としていくミュージックビデオを制作した。続いて、作中の中毒性のある歌とそのカラオケバージョン、楽しいゲーム、書籍なども続々と作られた。このように、『Dumb Ways to Die（おバカな死に方）』のすべてが成功した。その構想は、伝統的な広告の定義を避け、純粋なエンターテイメントとしてのコンテンツを生み出すことだった。結果的に、YouTubeでは8000万再生を獲得した。

ゲームはアメリカやイギリス、カナダ、オーストラリア、ドイツを含む21ヶ国で1位の無料アプリとなり、101ヶ国でトップ100に達した。6週間のうちに、キャンペーンは推定6000万ドル分のメディア露出を獲得したが、最も重要なのは、鉄道事故を21％も減少させたことだった。

またこの作品は、カンヌライオンズ・フェスティバルの歴史において、最も多くの賞を受賞したキャンペーンとなった。5つのグランプリと、オーストラリアに帰る船便コンテナをいっぱいにするほどのライオンを獲得したのだった。

» Devil inside?　心に悪魔を秘めている？

　2017年にフランスで行われた調査によると、フランス人の65%が海外からの難民を脅威と見なしていた。フランス国民は自国の難民の存在に関して、恐怖、拒絶、怒りといった感情を抱いていた。「Bullshit: ふざけるな！」。汚い言葉で申し訳ないが、それがこの数字と事実を受けて、フランスの新聞、『Libération』（リベラシオン）の幹部やジャーナリストも感じたことだろうと私は推測する。『Libération』はフランス最大の日刊新聞の一つである。彼らはこの調査結果に憤慨したからこそ、こういった認識に異議を唱えることにした。「1日だけ、あなた方がこの新聞の編集者だ」。『Libération』の責任者はフランスに住む21人の難民にそう言った。アフガニスタン、イラン、スーダン、リビア、シリア、ロシア、コロンビアの7ヶ国から来た、ジャーナリズム、デザイン、スポーツ、映画、写真、科学の21人のプロが集められた。彼らには自由に紙面を作成、執筆、デザイン、編集する権限が与えられ、その新聞は難民が社会に溶け込んでいく可能性を実証した、忘れがたいものとなった。フランス大統領までもが、3人の難民からインタビューを受けた。その結果、売上は35%増加し、世界中のソーシャルメディアとPRで大きな話題となった。しかし最も重要な成果は、難民も社会の一部になることができるということを、フランス人に気づかせる手助けをしたことである。

» This is not a game　これはゲームではない

　2029年。私たちは「メカニカル・アパルトヘイト」の年に直面している。それは、サイボーグ強化されていない人間による、サイボーグ強化済み人間に対しての怒りと差別のことだ。つまりは、未来的な人種差別である。人間性の暗い部分が、世界を戦争に突入させようとしている。ただ

この時代は、肌の色や国籍は重要ではない。人類は2つに分かれている——「自然」な人間と、強化人間だ。怖がることはない、これはただのゲームの筋書きだ。しかし時に、SFの世界が現実にかなり近いものとなることはあるが。

今日の最先端の義肢や増強技術によって、人体はより速く走り、より高く跳び、会話を記録し、以前は見えなかった色を見ることが可能になっている —— 見てお分かりの通り、サイボーグはもはやSFなどではないのだ。

それこそ、『DEUS EX MANKIND DIVIDED』というスクエアエニックスのゲームのポイントだ。このゲームは、非常に深刻な問題に取り組み、怒りのストーリーを活用し、本能的反応を促して、刺激的な議論を巻き起こし、盛り上げたのである。マーケティング活動の一環として、ゲームの認知度を得るために、彼らは『Human by Design』というすでに身体障がいを契機としながらも、体のパーツを様々にテクノロジーで拡張している人々を取り上げるドキュメンタリーを制作したのだ。この統合キャンペーンは、著者の1人のモニカ・チュンが、『ブランデッドエンターテイメントが生むニュースとは』の章で詳しく説明している。将来の人間拡張のビジョンや、その現実と今どれだけの距離にいるかといったことに関する重要な疑問が、これまでで初めて提起された。売上の面で、ゲームの発売は完全に成功した。サミットでは大いに話題になり、米国政府までもが人間のサイボーグ拡張についての倫理的な枠組みに関心を寄せ始めた。しかし、どの数字よりも重要なのは、2つのグループ間（拡張人間と非拡張人間）の怒りというテーマに着想を得たゲームが、今まで意見を聞かれることのなかった、新たなコミュニティ（すでにテクノロジーで身体拡張をしている人々）への、共感を促す行為になったことである。

» **Anger management**　アンガーマネジメント

　分別ある委員会による決定という世界（このことは、『広告の忍術・影での仕事術』の章でジェイソン・ゼノポラスが詳しく説明している）においては、怒りは好まれるアイデアではないかもしれない。ミスまたはミスター・コンジニアリティ（好感度最高）の称号を勝ち取ることはないだろう（残念！）。しかし、怒りを動機にすれば、自らの信念のために戦うためのスーパーパワーを手に入れられる。スーパーパワーには使用マニュアルが付いてくる。それは２つのキーワード、「怒りの特定」と「怒りの変換」だ。自分が何に恥じ、苛立ち、傷つき、激怒するのかを特定するのだ。それらの感情が自らのバット・シグナルを呼び起こし、アイデア、動機、ジェンダー、コミュニティ、商品、人間関係、さらには人生のために戦う気持ちを奮い立たせるのだと理解しなければならない。だからこそ何に怒りを感じるのか「特定」が必要だ。そして２つ目の怒りの変換だ。自らの怒りをコントロールし使えるものに変換すれば、様々なツールが入った道具箱が手に入る。道具箱の中には、あなたの観客とブランドの心が高鳴るようなプロジェクトを生み出すためのアイデアやプロジェクトがおかしな方向に進まないための危機管理ツールが入っていると言える。だから怒りは、そのまま使わずに冷静にコントロールしてマーケティング活動に使える形に「変換」することが必要だ。純粋な怒りという感情は、その怒りが純粋であるからこそ、うまく活用すれば、ブランドに対する、ロイヤルティーやコミット、もっといえば、愛に変えているのだ。

PART III

OPPORTUNITIES AHEAD

スポーツマーケティング における傑作コンテンツ

ミーシャ・シャー
Misha Sher, MediaCom Sport and Entertainment

Where's the excellence
in sports?

　カンヌのブランデッドエンターテイメント部門審査員への招待状を初めて受け取ったとき、何を想定しておくべきかよく分かっていなかった。私は自分の専門分野として、世界で最も人々に感動を与えるブランドのいくつかはスポーツブランドであること、特にスポーツウェアのブランドであることは知っている。そういったブランドは人々の心を掴み、ただ商品を売るという枠を超え、消費者が求めるライフスタイル自体を売ることができるようになっている。そして多くの人は、自分がアクティブなライフスタイルを送っているからNikeのトレーナーを買うのではない。そのトレーナーを着れば、そのトレーナー自体が自分自身を表現していると思うから買うのだ。Nikeは、AdidasやUnder Armourなどと同じように人々に勇気を与える。だが、これらのブランドは特に例外的に成功しているとも言える。スポーツマーケティングにかかわる多くのブランドは、消費者と強い繋がりで結ばれる機会を見逃している。多くのブランドがいわゆるエンターテイメントのエコシステムにおいて、もっともビビッドかつ強い、体で感じることができる「スポーツ体験」そのものを活用する機会を逃していると感じるのだ。クリエイティビティと野心的な挑戦のどちらか、あるいはどちらもがこの機会を掴むには必要だ。

　カンヌに着いた私は、自分が何となく見逃してしまっていた領域に素

晴らしい作品はないかと好奇心を抱いていた。そしてカンヌライオンズでの1週間が終わる頃には、ブラジルからの作品のクオリティにすっかり驚かされていた。後ほど詳しく紹介するが、いくつかの際立ったブラジルのキャンペーンを見ているうちに、ひょっとするとこの国のビーチはクリエイティビティを引き出す力があるのかもしれないと思うようになったほどだ。

消費者と繋がるために必死な多くのブランドにとって、なぜスポーツが欠かせないのか。その理由をNBAのエグゼクティブの1人が2014年に語った言葉が完璧に要約してくれている。その人物とは、バスケットボールチームのサクラメント・キングスのオーナーであるヴィヴェック・ラナディヴェで、彼はスタンフォード大学経営大学院が新設したスポーツイノベーションカンファレンスにて、次のように話した。

「お客とファンの違いは何だろうか？ファンは自分の顔を紫色（サクラメント・キングスのチームカラー）にペイントし、自分の好きなものを、チームに言われなくとも勝手に自ら進んで周囲に広めてくれる。他のビジネスにおけるCEOたちは皆、私たちのようになりたいんです。『お客』ではなく、『ファン』を獲得したいのです」。

人々の気持ちを捕まえて離さないスポーツは、ある特有の要素を持っている。私は世界中の何百ものスポーツイベントに行ったことがあるが、どこに行っても、普通の生活の中には絶対に存在しないエネルギーや興奮を味わうことができた。チームの勝利に涙腺が崩壊したこともある。スポーツは究極のエンターテイメント。他のエンターテイメントとは違う、台本を持たないドラマだ。誇張しすぎだと言う人がいるかもしれないが、「ライブ・ソーシャル・グローバル」の究極のトリプルプレイをできるのがスポーツであり、そこには常にストーリーがある。

スポーツには、様々な背景を持つ人々が皆、共感し、繋がれるような

ストーリーが溢れている。

　長年にわたり何千ものブランドが、ラナディヴェが述べているようなファンとの親近感を生み出すために、スポーツというコンテンツに群がってきた。そしてスポーツファンの熱を、ブランドへの愛に転化しようとしてきた。その一つ、マイケル・ジョーダンを起用したスポーツドリンクブランド、Gatoradeのコマーシャルを、私は決して忘れないだろう。そのコマーシャルは心を動かし、Gatoradeは自らのブランドをスポーツにとって不可欠なものにした。私の学校の友達は皆、マイケル・ジョーダンのようになりたがっていた。1990年代初頭にこの作品が成功したのは、感動的なストーリーの力を本質的に理解していたからだ。Gatoradeのスポーツドリンクを商品棚で見かける度、私はブランドに強い親近感を覚えたものだった。その作品に倣った多くのブランドと違い、彼らは単にバスケットボールを見てブランドを思い出してほしいだけではなかった。私たちが皆ロゴを見る度に、何かを感じてほしかったのだ。

　そして1998年ワールドカップ前の、サッカーブラジル代表チームが登場するNikeの有名な広告を、忘れられる人などいないだろう。これは、コンテンツという言葉が使われるよりも前、またネットやSNSで流行が生まれる時代よりもっと前の作品だ。チームメンバーが空港内で華麗なプレイを見せるこの作品は、ブランドについて言及もしていない、音楽・文化・サッカーを融合させた、美しいブランデッドエンターテイメントだった。

　しかし、他のブランドはどうだろうか？彼らはクリエイティブな作品作りや感情に訴えるストーリーテリングを考えるよりも、純粋にブランドを見せつけることに焦点を当ててしまった。まるでブランドの声を共有すれば、心や感情を共有できるとでも言うように。しかしそうはいかない。人々はロゴや広告の海に溺れているからだ。

» Wake up and smell the coffee
目を覚まして、現実に向き合おう

　2016年10月、私はロンドンで開催されたイベント「NBA Crossover」に招待された。これは、NBAリーグやそのプレイヤーと、ファッション、音楽、映画、エンターテイメントとの関係を讃えたイベントである。私はインタラクティブな展示を歩き回りながら、「NBAはなんて上手に、様々な文化的な要素とNBAというリーグの中核的価値を関連づけているのだろう」と、考えていたのを覚えている。もちろんそのイベントでは、世界的に名が知れたスーパースターのアスリートたちが登場したが、それだけではない。ヒップホップミュージックからスニーカーの展示、移動式理容店まで、そこにあるあらゆるものを見れば、NBAはただのバスケリーグ以上の、スポーツよりもっと大きなものだと思ってほしいというのは明白だった。それはエンターテイメントビジネスであり、その魅力はスポーツの試合の域を優に超え、人々を絶えず引き付け彼らの懐に入り込んでいる。NBAは特殊な例だが、広告業界は皆それを見習わなければならないと、私は思わずにいられなかった。このイベントはシューズ販売大手のFoot Lockerとゲーム会社２Ｋの共同開催で行われ、参加者に忘れられないようなブランデッドエンターテイメントを届けていた。

　スポーツはもはや孤立した産業ではない。今ではエンタメ業界全体の一部であり、人々の時間を毎日、毎週と奪い合っている。スポーツマーケティングに携わるブランドにとっては、この新しい環境にどのように適応するかが問題だ。こうした環境を受け入れることができる人々は、スポーツを力強いストーリーテリング・プラットフォームとして活用する革新的な方法を発見し、巨大な利益を得るだろう。実施される各試合はその方法の一部に過ぎず、ソーシャルメディアやデジタルプラットフォームによって、スポーツを応援するという体験が広がりを見せてい

る。そしてファンはただの観戦者から、スポーツや応援する選手について何でも知りたがるような、積極的な参加者へと変化している。その欲望に終わりはないようにすら感じる。ファンは、常に満たされてはいないのだ。だからスポーツに携わるブランドは、実際の試合の外から魅力的なコンテンツを提供し、それにより継続的にファンとスポーツとの交わりを強めることで、この欲求に踏み込むことができる。私は広告業界にはトリックが欠けていると長い間感じてきたが、カンヌに来たとき、驚きと出会う可能性に心を開いていた。まだ見ぬ素晴らしい題材が、たくさんあるかもしれないと。何しろ私たち審査員は、約1800もの作品の審査を任されたのだから。

　私が気になっていたのは、エンターテイメント部門の中でもスポーツに関連した作品がどれほど集まったのか、そして幅広いブランデッドエンターテイメントの土俵の中でそれらの作品が埋もれてしまったのではないか、ということだった。広いエンタメ業界で様々な経験を持つ審査員たちと、審査室で60時間以上を過ごした後、スポーツマーケティングに関する私の不安は確固たるものとなった。スポーツウェアブランドを中心に、期待をしていた企業からの素晴らしい作品は確かにいくつか見かけたが、スポーツは他と比べて、全体的に作品数が少ないカテゴリーだった。問題は、なぜそうなのかということである。

・スポーツ業界全体として、いまだにクリエイティビティや優れた作品のための投資が欠如しているのか。
・優れたプロジェクトを生み出す、フレームワークが欠けているのではないか。
・カンヌで見られなかった素晴らしい作品がどこかにあるのではないか。もしそうならば、なぜなのか。

　私たちの予想は、上記３つの理由すべてが少しずつ関係しているとい

うものだ。だが（スポーツでも、マーケティングでも賞レースでも）、泣き言を言っても勝利には決して繋がらない。少数ではあるが受賞したプロジェクトを確認し、そこから学べることを考察するべきだろう。

» **We're cool enough**
スポーツはやっぱりイケている。

　スポーツはクリエイティビティで溢れている。Nikeが『Unlimited Stadium』というプロジェクトで何を実現したのか見ていこう。Nikeは世界初のフルサイズ、つまり巨大なLEDランニングトラックを開発した。ランナーは自分自身が走った記録に基づいた自分自身のアバターと並んで競走し、一緒にトレーニングすることができる。Adidasの『Original Is Never Finished』キャンペーンはどうだろうか。ここには、終わりなく進化し未来を創造するブランドの姿がある。フランク・シナトラが歌った名曲『My Way』を使用し、「原点に返ることはできない」という考えに異議を唱えようとした。結果として、多くのミュージシャンやインフルエンサーとの美しいコラボが実現し、「自分のやり方で」何かをすることで自分のものになるのだと、皆に思い出させてくれた。それから、Under Armourの『I Will What I Want』は、私の今までで一番のお気に入りの一つである。このブランドのプロジェクトはクリエイティビティに富んでいる。スーパーモデルのジゼル・ブンチェンがボクシングリングでトレーニングに励む中、ソーシャルメディアでのリアルタイムの批判コメントが映し出される（彼女はサンドバッグに激しく打ち込み続ける）。今日、最も差し迫った問題の一つ、女性の社会進出に取り組もうとしている。

　これらはすべて優秀なキャンペーンだ。特別な作品を作るためのあらゆる努力を、これらのブランドは毎年のように、幾度となく示してきた。しかし、他のブランドに対してハードルを上げ続けているのが、揃ってヒップなアパレルブランドであるのは、ただの偶然だろうか？それ以外

にも、Beats by Dreの『The Game Before the Game』やP&Gの『Thank You, Mom』のような作品があるが、簡単に見つけられるわけではない。

　これらのブランドはストーリーの力を明確に理解しており、人々に何か伝えたいという思いがある。彼らが自分たちの立場を当然だとは思わず、スポーツ業界のブランドだからというだけでファン層を築けるとは期待していないのは明白だ。ところが、600億ドルの世界のスポンサーシップ産業を構成する他の多くの企業には、こうした挑戦する気持ちが大きく欠けている。彼らの考えはシンプルだ。それは、スポンサー料を払えば、あとは何とかなるということである。彼らはシェア・オブ・ボイス（メディア露出量）により関心があるようで、何か価値を創造するよりもロゴやリーチを見せることに重きを置いている。存在感を出し、よく見てもらうことで、ブランドについて考えてもらえて、さらに競合との差別化が図れるのだと、彼らは（都合よく）信じている。しかし、シェアオブボイスは必ずしもシェア・オブ・マインド（消費者の心の中にブランドが占める割合）に繋がらない。消費者がブランドとより密接な関係を求めている場合は尚更だ。私はスーパーボウル、マーチ・マッドネス（全米カレッジバスケットボールの大会期間）やFIFAワールドカップにおけるスポットのいくつかはとても気に入っているが、なぜこういったブランドはさらにその先に進んで素晴らしい「コンテンツ」を作らないのだろう、と私はよく疑問に思う。なぜそこで立ち止まってしまうのだろうか。スポーツは視聴者の時間を買える最後の砦の一つだからだろうか。また、ATP（男子プロテニス協会）が広告の一切ないAmazon Primeで試合を配信したように、スポーツが他のプラットフォームに移るとどうなるのだろうか。ブランドがスポーツのブランデッドエンターテイメントを取り入れるための機は熟しているのだ。CMが使えないとしたら、どのようにこれらのスポーツファン、観客をブランドに引き付ければいいのか。答えは、人々を引き寄せ、彼らが応援するスポーツとの繋がりをより感じられるような、魅力的なコンテンツを制作すること

にある。

　私が見かけるコンテンツは多くの場合、真のクリエイティビティが欠けている。クライアントと仕事をするとき私がいつも彼らに言うのは、あなたのブランドがいなくなっても人々が気づかないようであれば、何もする価値はないということだ。私にとってこれは、何かを生み出す前に皆が自分自身に問いかけるべき質問である。すでにされたことのあるものを単にコピーすることに、何の意味があるだろうか。ブランドが目立っていない場合、ブランドを差別化したりファン層を築いたりできる可能性はあるだろうか。ソーシャルメディアの投稿、チケット競争、広告へのタレントの起用、大会でのブランディングなどはすべて、ブランドを活性化する良い手段だが、すべて、想定範囲内のプランに過ぎない。リーチが稼げるからという理由で、複数のキャンペーンで同じソーシャルインフルエンサーが使われている例が見られる。クリスチャーノ・ロナウドに彼のアカウントでプロモーションをしてもらうためにお金を払うというのは、想像に難くないアイデアである。だが、異なるハッシュタグを使っていても、自分たちがそのタレントを使う5番目のブランドだとしたら ── あるいは今回のロナウドの場合、25番目だとしたら ──、その中で目立つのはほとんど不可能だと、立ち止まって考える者はいないのだろうか。

　他とは違うことをする勇気はどこから湧いてくるのだろう？より革新的になる勇気は？真にストーリーの力を活用し、より幅広い人々と繋がる勇気は？これらの勇気を持つことこそが、長期的なブランド資産を築くことに繋がるのだから。

　既存のものの焼き直しではない。真の目的意識を持って、全く新しい、そしてユニークな体験を生み出すのだ。

　スポーツマーケティングの中でも特にブランデッドエンターテイメントにかかわる卓越したプロジェクトが、何によって構成されているかについてまだ理解不足なら、この先を読めば答えに近付けるはずだ。私たちは審査員として、勇気、真実性、影響力など様々な要素を検討したが、結局、主として焦点を当てたのは常に「ストーリーとクラフト（制作技術）」だった。ストーリーは、個々の作品が世界の現状の、どの問題、事象にどのようにアプローチするかに結びついてくる。それは文化的な論評かもしれないし、ポップカルチャーに影響を及ぼすものかもしれない。クラフトは、ストーリーがどのように伝えられるかという部分だ。いかに素晴らしいアイデアであっても、技術が伴っていないため良いプロジェクトにならず、見たことのあるような方法でありきたりなストーリーが伝えられているものをよく見かける。スポーツか他のカテゴリーかにかかわらず、審査した最高の作品は一貫して、これまでに経験したことのない方法で、新鮮なストーリーを伝えてくれた（後で簡単に説明するが、『We're the Superhumans』と『The Debut』の２つのキャンペーンは完璧な例だ）。そういった作品は常に、ブランドが興味を引きたいターゲットに関するインサイトに根差している。これはカンヌをはじめ、あらゆるエンターテイメントの賞に言えることであり、際立ちたいと考えるすべてのブランドにも当てはまるはずだ。最高のプロジェクトは必ず、このような要素を内に秘めているのだ。

　私や他の審査員たちの多くが作品に問うた主な質問は、その作品は本当に、あらゆる形の通常のエンターテイメントと張り合えるかということだ。消費者に多くの選択肢が与えられている時代において、お気に入りのテレビ番組を差し置いてまたはそれと並んで、そのブランデッドコンテンツを選ぶあるいは関心を持つだろうか。飛ばすことなく思わず見てしまうものだっただろうか。スポーツ関連のブランデッドエンターテイメントに投資するブランドにとって大事なのは、試合の外で人々を引き付けられるかどうかに行き着く。試合が行われていないとき、ファン

の欲求を満たせるようなエンターテイメントを提供できるだろうか。なぜなら試合がない時は、特別なものを生み出して、人々が選択できるあらゆるエンターテイメントと競争する必要があるからだ。

　確かに、高いハードルだが、卓越したプロジェクトを作ろうとしないなら、わざわざ時間をかけて、何かをつくろうとする意味があるだろうか。平凡な作品はそこら中に溢れている。私たちが見たかったのは心から感動する作品であり、次の例はまさにそれを成し遂げていた。スポーツのブランデッドエンターテイメントにおいて素晴らしいプロジェクトは、お馴染みの企業だけでなく、あらゆるブランドから生まれる可能性があるのだと、それらの例は示している。

» Don't sponsor, contribute!
後援するな、貢献せよ

　大きなスポーツイベントを観戦する度に、スポンサーが陳腐な広告を公開して我こそがスポンサーだと示すのを、私はいつも面白く見ている。誇らしげなスポンサーはたくさんいるが、ほとんどの人にとってそれはどうでもいい。どうしていちいち気に留めていられるだろうか。イベントに夢中になってほかのことに目を向けてない人にスポンサーアピールをして何になるだろう。同郷の選手を応援している時ほど、人々が興奮する姿を私は見たことがない。スポーツにそこまで興味が無いであろうカジュアルな観客でさえ魅了する非常に強い誇りがそこにはある。では人々の注目を集めたら、あなたなら次は何を伝えるべきか。

　さて、ブラジルおよびラテンアメリカ最大の銀行であるCaixaは、2016年のリオ・オリンピックで、何百万もの顧客に何をどのように伝えたらいいのか、よく分かっていた。Caixaは「庶民の銀行」として知られている。そのDNAは、最も貧しい人々への功績、社会的使命を果たす

中で、形作られていった。Caixaがオリンピックのスポンサーであると、この人たちに伝えたところで、彼らとの絆は強くならない。多くの人にとって、オリンピックは恵みというより呪いとなった。なぜなら「最先端の」施設が数十億ドルかけて建設される一方で、自分たちの生活はどうせ慎ましいままだからだ。そんな人々との乖離を埋める方法をCaixaは知っていた。本書の著者の1人ルチアナ・オリヴァレスが『怒りに火をつけろ』の章で簡単に触れたように、この銀行は都市音楽・ストリートアート・コンテンツを完璧に融合させ、ブラジルのポップカルチャーを乗っ取り、顧客の心に直接語り掛けるものを生み出した。Caixaは自社のメッセージとの繋がりを顧客に感じてほしかったのだ。そのために顧客自身のストーリーや、自己表現の方法を利用すること以上によい方法があるだろうか？偉大なオリンピック選手の持つ資質と同じものを、自社の顧客も持っているのだと、Caixaは実証しようとした。アイデアは、優れた勝利者はメダルのその先へ行くのだと示すことだった。アスリートの多くはスラム街出身であった。キャンペーンでは彼らの旅路を祝い、その功績と勝利は皆に祝福されるものとなった。結果、美しく実施された統合キャンペーンが生まれ、何百万もの人々の心を捉えた。

具体的には、7つのオリジナル曲が、ブラジル最大のラップアーティスト7人によって書かれ、2週間ごとにビデオクリップとともに公開された。キャンペーン特設サイトでは、曲をダウンロードしたり、作品を見たり、試合や選手に関する独占コンテンツにアクセスすることができた。これらの曲は『Sounds of Conquest』というアルバムにまとめられ、再生方法のチュートリアルとともにSpotifyで利用可能となった。ユニークなグラフィティや選手のストーリーが曲ごとに用意され、キャンペーンのビジュアルイメージの大部分を決める要素となった。そしてプロジェクトのフィナーレとしてCaixaは全アーティストが出演するライブイベントを主催した。イベントは、ブラジル人全体の、多様性、包括性、そして功績を讃えた。

このキャンペーンは、スポーツにおけるブランデッドエンターテイメントの革新を示す素晴らしい例だ。ブランドはスポーツマーケティングの伝統を持ちつつ、『Sounds of Conquest』キャンペーンのアイデアと取り組みは、革新への大きな一歩となった。Caixaはストーリーテリングの真の力を理解しており、ほとんどのスポンサーに期待する典型的な結果をはるかに凌駕した（Thank you, Mom キャンペーンなどの大成功事例があるP&Gは有名な例外だが）。そのアイデアには、銀行のDNAとターゲットである消費者に対する明確な理解が表れていた。確かに対象の多くはスポーツファンだった。しかし、アート、音楽、ポップカルチャーを盛り込むことで、スポーツだけではできなかったような方法で、Caixaは人々の関心を呼ぶことができたのだ。ストーリーテラーとしてラッパーを起用したことから、視覚表現としてグラフィティを使用したことまで、一つひとつのディテールがストーリーと技術の素晴らしさを示す例だった。ブラジル人アスリートはオリンピックの舞台で何十年も戦ってきたが、彼らの苦悩や功績が讃えられたことや、街の人々と結びつきを持ったことは決してなかった。Caixaはこれを美しく実行した。私はその勇気に敬意を表したい。このブラジルの銀行によるプロジェクトの成功によって、スポーツマーケティングにおける優秀なプロジェクトは常連であるNikeやAdidasからしか生まれないと考えている、すべてのブランドへのインスピレーションとなることを願っている。

» Be super　偉大であれ

　マイケル・ジョーダン、ペレ、モハメド・アリ、アイルトン・セナ、トム・ブレイディ、ウェイン・グレツキー、セリーナ・ウィリアムズ。彼らに共通するものとは何だろうか。それは、「偉大である」ことの意味を彼ら自身の人生をもって、定義したということだ。優秀な選手やチームはいくつかあるが、中には他を寄せ付けず、常識を超えた偉業を成し

遂げる人たちがいる。マイケル・ジョーダンがフリースローラインから飛び出し、宙を舞い、ボールがシュートに入るまでの永遠のような時間を私は忘れない。夢ではないと確かめるため自分の脈拍を確かめなければならないほど、超現実的な瞬間だった。このアスリートたちを応援したことや彼らの記事を読んだことがあるならば、「偉大である」ための彼らの衝動に畏れを覚えずにはいられないだろう。何を達成しても、彼らは満足しなかった。ハードルは常に高く掲げられた。そしてファンとして、これらの偉大な選手たちの活躍を見ることで、それぞれのスポーツに対する最高レベルとはこうあるべき、という期待値が、かたちづくられていったのだ。

　最高であることに執着し、ストーリーテリング技術のルールを日々書き換えていくブランドを、私は目にしてきた。彼らはただ消費者に商品を買ってほしいだけではなく、態度や行動に影響を与えたいと考えているのだ。AppleとNikeが頭に浮かんだ2つのブランドである。この2つのブランドを購入する人々は単に商品・サービスだけでなく、これらの企業が象徴する精神が強烈に好きなのだ。もちろんすべての企業がNikeやAppleのようになれるわけではないが、自分たちも偉大なものになれるはずだと、恐れず信じるブランドに一つの例を良い知らせとして伝えたい。もし次の例を聞いても納得してもらえないなら、私もどうしたらいいか分からない。

　2016年、リオ・オリンピックのスポンサーのうちどの企業の広告が、世界で最もシェアされたか覚えているだろうか。ヒントは、どのスポンサーでもない、だ。その名誉は、イギリスでのリオ・パラリンピックの公式放送局、Channel4に与えられた。トップスポンサーが持つ予算のほんの一部も持たない組織が、どのようにしてこのような世界的現象となる作品を生み出したのか、あなたは疑問に思うだろう。その答えは、「野心と目的」に集約することができる。試合の放送を宣伝することに重き

を置くのではなく、Channel4は多くの企業が目を向けなかったトピック、障がいを取り上げ、消費者を引き込むことにしたのだ。2012年のロンドン五輪の作品から続く、この領域における遺産を受け継いで、Channel4は私たちの文化のタブーの一つに関する世論を変えてしまうような作品を作り出した。革新的だったのは、野望と勇気を持って何かを始めたその姿勢が一つ、そしてもう一つはそれを伝える方法だった。

140人以上の人々が登場するこの3分間のムービーは、人が持つ能力を本当の意味で称賛した作品だ。金メダルを受賞したパラリンピック選手に加え、一般の人が私たちが当たり前だと思っている歯磨きのような作業をしているのが映される。出演者は、飛行機を飛ばしたり、バンドで演奏したり、子どもを育てたり、タップダンスをしたり、ロッククライミングをしたり、果てには車椅子を運転して壁を突き破ったりしている。中には、メンバー全員が世界中から集まった身体障がい者のミュージシャンで構成された、超人的なバンドも登場し、サミー・デイヴィスJr.の『Yes I Can』を演奏している。それは広告史上最大の身体障がい者キャストで、私たちが滅多に出会えないレベルの自信と喜びを醸し出していた。そのキャンペーンは「We're The Superhumans」である。圧倒的なメッセージの力と技術的な力もぜひ見て確かめていただきたい。

これは本当に画期的な作品であり、2016年最も世界でシェアされたオリンピック・パラリンピック広告となった。カンヌライオンズ作品についてのケーススタディによると、最も重要なのは、イギリス国民のおよそ70%が障がい者と上手く話せないと感じていたときに、障がい者はハンディーキャップヒューマンではなく、スーパーヒューマンだと、人々の障がいに対する考え方を大きく変えるのに広告が貢献したということだ。

オリンピック・パラリンピックに関するブランドの投資のレベルを考えると、Channel4の功績は一層印象的に思える。障がいは新しいトピックではなく、過去に様々な方法で取り上げられてきた。Channel4の成

し遂げたことは、重要な社会問題を取り上げ、スポーツを使ってそれを高めたことだ。一般の人とアスリートが共創する作品を生み出すことで、彼らはスポーツファンでもない何百万もの人々の想像力を捉えた。この作品の技術は見事で、これまで経験したことのない方法で、私たちが気づいているはずのことを思い起こさせてくれた。その結果、間違いなく史上最大に人々を巻き込んだ広告が生み出され、障がいに関する悪い噂やステレオタイプを取り払い、より良い社会への礎を築いた。それは、あえて言えば「勇敢にも可能性を追求した賜物」だ。実を言うと、これはオリンピックでスポンサーとなった様々なブランドもできたかもしれない。Channel4は素晴らしいアイデアを独占したわけでもなく、予算においては大手のスポンサーに敵わなかった。このテレビ局は、企業そのものやそのビジネス規模より大きなものを作り上げたのだ。クリエイティブの中心に目的を据えることで実現したのだ。イギリスや世界の何百万人もの人々を繋げることがその目的だ。私がすべてのスポーツマーケティング担当者に挑戦して欲しいことは、商品を売る以上の目的を考えるということだ。この「We're The Superhumans」というプロジェクトのように文字通り、恐れずに、スーパーになろう！

» Everyone loves a comeback
みんな、カムバックストーリーが大好きだ

スポーツの最も魅力的な側面の一つはストーリーであるというのは、先述した通りだ。スポーツは、挫折、勝利、競争、驚き、努力、そして私たちが共感できる日常体験のストーリーで溢れている。もちろん、こうしたストーリーは愛されているが、ひょっとすると素晴らしい復活のストーリー以上のものはないかもしれない。勝利は不可能と感じられるもの、神の介在か何かによって、もしかするとだが、最後に逆転勝利を掴むことができるかもしれないという一縷の望みを持ってしまう。NBAの決勝で、優勝は確実に思えたゴールデンステート・ウォリアー

ズが、クリーブランド・キャバリアーズにどうしてか敗北してしまった試合を、誰が忘れられようか。何一つ意味が分からない。ウォリアーズは前年も勝利し、レギュラーシーズンでも勝利を記録、シリーズは３勝１敗で有利だった。NBAの輝かしい歴史の中で、こんな逆境から這い上がり、歴代最強チームの一つに対してずっと弱いチームが挑んで勝利を収めたことはない。でも、それが事実だ。ほとんどロジックに反しているが、この驚きや予測不可能性、そして「ひょっとすると」を考えてしまう普遍的な感覚は、スポーツのユニークな魅力である。ブランドやブランデッドエンターテイメントがこのこととどんな関係があるのかと、不思議に思っているかもしれない。目に見える以上に隠された意味があるのだ。

　復活のストーリーが愛される場所はスポーツだけではない。世界で最も認知されているブランドの多くでも、ブランド自身あるいは自社の顧客を失望させてしまった苦い経験がある。例えば誰がこんなアイデアを考えつくのだと思ってしまうような、ケンダル・ジェンナー出演のPepsiの広告を覚えているだろうか（人種差別反対運動を利用した搾取CMとして炎上）。あるいはChipotle（アメリカのメキシコ料理チェーン）はどうだろうか。Chipotleはもともと、責任を持って調達された材料を使うヘルシーなブランドを確立していたが、汚染食材の使用が問題化した。しかし両社ともが返り咲きを遂げ、Chipotleの場合は、美しく自己批判的なブランデッドエンターテイメント作品を作り、ブランドの信頼を再構築することに成功した。

　スポーツで似たようなストーリーを探すと、UEFAチャンピオンズリーグ2014の決勝戦を宣伝した性差別的な広告からの、Heinekenの復活劇はただ素晴らしい。何年もの間、ビール業界は女性を物として扱い、特にブラジルでのサッカーの試合では、ビールを売るためにジェンダーステレオタイプを押し付けていた。Heinekenも例外でなく、ある時ブ

ラジルの靴のブランド、Shoestockと提携して、試合が始まるのと同じ時間に、靴の50%割引セールを女性向けにオンラインと店舗で提供することにした。まるでブランドは変わりゆく世界の現実が、分かっていないようだった。サッカーの試合を平和に観戦するには、男性を1人にしないといけないという発想は、女性は運転ができないなどとほのめかすのと同じくらい馬鹿げている。カンヌライオンズに提出されたケーススタディによると、女性はターゲット市場の3分の1以上を占めており、またその80%以上が企業の広告において完全に無視されていると感じている。このことに気づけば、(性差別的な広告を流すことが)一層荒唐無稽に感じられるだろう。だから、『The Cliché』というジェンダーロールを逆転させたプロジェクトを通じて「ごめん、私たちが悪かった」と言えたことについて、Heinekenにはよくやったと伝えたい。この作品を制作したことで、同社はブランデッドエンターテイメントにおいてホームランを放っただけではなかった。業界全体の無知さを露わにして、話題を喚起し、それは世界中に広まった。

3分間のCMで、サンパウロにディナーに出かけた数組のカップルにカメラが向けられている。男性側のメニューには、魅力的な提案が書かれたカードが。「サンパウロで行われるHeinekenパーティーで、UEFAチャンピオンズリーグ決勝戦を観戦しませんか。パートナーには、このスパでの豪華な週末をプレゼントしてください」。男性陣は息抜きをプレゼントしてあげたかのように思わせ、ガールフレンドを騙そうとする。予想通りの結末に向かっているように見えるが、今回だけはひと味違う。パーティーに到着すると、スパにいるはずのガールフレンドたちがビデオから彼らに手を振るのを見て、男性陣はびっくりする。彼女たちはミラノのサン・シーロ スタジアムで、まさにチャンピオンズリーグの決勝を見に行くところなのだ。最後のメッセージが現れる。「彼女もあなたと同じくらいサッカーが好きかもしれないと、考えたことはありますか?」。幸いにも、ガールフレンドたちは男性陣に翌年のチケットを見せ、

彼らを驚かせる。来年は皆、2人で一緒に行けるようだ。このプロジェクトは大成功を収め、同ブランドが制作した中で、再生数、シェア数、コメント数が最大の動画となった。Heinekenがコンテンツにそれほど大きな投資をしたわけでもないことを考えると、素晴らしい偉業である。

　これが、業界全体のおきまりの常識に挑戦したシンプルなアイデアであり、ブランドの存在意義・目的を伝えるために、ブランデッドエンターテイメントを賢く活用した事例だ。いつも男性にしか与えられていなかったプラットフォームが、初めて女性ファンに提供され、その結果が人々の胸を打った。2200万再生と20万のシェア数を獲得したこの映像は、明らかにサッカーの域を超えた作品であり、ポップカルチャーの一部となった。

» Are you sitting on a great story?
素晴らしいストーリーを発見したか？

　冒頭で私は、人々は偉大なストーリーを愛しており、それが人々と深い縁のある対象に関するストーリーであれば、なおさらだと説明した。私は光栄にも、20世紀で最も偉大なアスリートの1人として広く知られる、ペレと仕事をしたことがある。そこで、人々がどれほど彼の個人的なストーリーに関心を持っているかに、私はいつも驚かされた。私たちはかつて石油会社のShellとともに、リオの貧民街にサッカー競技場を建設する、大きな取り組みを始めていた。2015年にカンヌライオンズを受賞したこの『Make the Future』キャンペーンの背景にあるのは、昼間にプレイヤーが走り回った歩数によって夜間の照明を発電してフィールドを照らせば、夜も安全にプレイできるだろうというアイデアだ。ペレは重要な役割を果たしたが、その理由は多くの人が考えるものではなかった。それは彼のプロフィールや名声によるものではなく、彼の名前に関するストーリーがベースになっている。ペレの本名エドソンは、電

球を発明したトーマス・エジソンに因んで名付けられた。ペレが生まれた1940年は、彼の村に電気が通った初めての年だった。そこで私たちは、75年の時を経て、最初の電球からプレイヤーの走る足跡によって発電される照明への進化を、ストーリーにして伝えた。それはほとんどの人が知らなかったストーリーだが、今では、多くの人の知ることとなった。

　次に紹介するのは、私はこの仕事のおかげで、スポーツのブランデッドエンターテイメントにおける最高の作品に携わることができたのかもしれないというプロジェクトだ。それは2017年度の応募作品で、Budweiserの『The Debut』だ。すでに引退していたブラジルの伝説的バスケットボール選手オスカー・シュミットをNBAのオールスターゲームに呼び戻したプロジェクトだ。このように、素晴らしいストーリーが驚異的なアイデアと出会い、可能性を追求する方法をBudweiserは見せつけた。バスケットボール史上最高得点のみならず、他にも多くの記録を保持するシュミットだが、最も残念だったのは、マイケル・ジョーダンと同じ年にドラフトに選ばれたにもかかわらず、NBAでプレイすることが一度もなかったことだ。こうやってブランドは、比較的知られていないストーリーを取り上げ、クリエイティビティを余すことなく使い、興味を持たずにはいられない作品を生み出した。この作品において私が気に入った点は、常識的なルールや単なる試合を超えた先にどんなことが可能になるのかを、完璧に実証したことだ。このキャンペーンで実際に行われた復活試合という要素は、何百万ものバスケファンを虜にした、それよりはるかに大きく意味のある体験の一部に過ぎなかった。最初の予告映像から、魅力的なコンテンツや実際の試合、さらにその後、劇場の大きなスクリーンで公開されたドキュメンタリーに至るまで、Budweiserがこのストーリーを様々な方法で届けたことで、ファンは自分が、このプロジェクトに参加するチャンスを与えられた。彼らはストーリーに感動し、自分たちとリンクしたストーリーを持つ彼を応援することに誇りを感じたのだ。それは野心的なアイデアだったが、同時に、常識に囚われずに

考えればどんなことでも可能になるということを示している。Budweiser
は難しい道を選んだが、それが彼らの信じる、ブランドが伝説になるた
めの方法なら、私は賛同しなければならないだろう。

» Ambition is contagious　野心は拡散する

　ここまで本章を読んだならば、偉大なものはどこからでも生まれ、そ
れに必要なのは野心であるということに、あなたが気づいていることを
願う。素晴らしいものを生み出せるのは、スポーツ分野に元々存在する、
ブランドに限られていない。スポーツは、ただのロゴを超えた力強いス
トーリーを伝えるプラットフォームである。ブラジルの銀行にそれがで
きるなら、他のブランドがこの領域で素晴らしさを追求しないのはもっ
たいない。

　優れたものをただ追うのではなく、全く新しい基準を様々な方法で示
すブランドもある。問題はそれがカンヌライオンズに応募されなければ、
結果として広告業界の未来を打ち出す議論の機会を一つ逃すことになる
ということだ。前の章『みんなドキュメンタリーを求めている』で紹介
されたプロジェクト、『Red Bull Stratos』のことを忘れられる人などい
るだろうか。これはスポーツ関連のブランデッドエンターテイメントに
おける最も良い例の一つであったが、ブランドはそれをマーケティング
や広告だとは考えていなかったからか、カンヌライオンズに応募される
ことはなかった。

　Red Bullは普通のことはしないブランドとして、ずっと知られてきた。
そのマーケティングのすべては、限界に挑戦することを目的としている。
『Red Bull Stratos』は、そのアプローチの頂点だった。オーストラリア
人スカイダイバーのフェリックス・バウムガートナーは、成層圏の高度

３万9014メートルの地点からフリーフォールを飛び、世界記録を更新した。このイベントは、何百万人もの人がテレビやインターネットの生放送で視聴していた。バウムガートナーは、音速より速い時速1342.8キロメートルを達成し、集められたデータは宇宙産業にとっての非常に貴重な貢献だと考えられた。これがブランドの成し遂げたことだと考えると、Red Bullの野心と彼らが取ったリスクを、称賛せずにはいられないだろう。

　前代未聞で本当に野心的なプロジェクトだった。実はRed Bullがこのプロジェクトをプロモートすることに消極的だったことは、非常に残念だと私は思う。まるで、マーケティングの「薄汚い手」で作品を汚せば、成し遂げた偉業の重要性や魅力が弱まってしまう、とでも言うように。もしブランドが本当にマーケティング機会を利用したくなかったのだとしたら、「Red Bullが翼を授ける」という作品の物語を、どう説明するのか。また、バウムガートナーのスーツを覆いつくすブランドロゴのことを、どう説明するというのか。優れたプロジェクトをプロモートしないということが、ブランドにとっての自殺行為の一例でないのなら、何をそう呼ぶのか私には分からない。現在ブランドはそれぞれ、自社の作品をどのフォーラムで出すのか決める権利がある。Red Bullはこのプロジェクトから得られた知見をMIPTV（映像コンテンツ見本市）で共有したが、素晴らしいコンテンツの中心にブランドがあることが、コンテンツの魅力をどうにかして削いでしまうと考えたのだろうか。私たちがカンヌライオンズでこのような素晴らしいプロジェクトの特長について討論できなければ、広告業界全体が苦しむことになる。カンヌライオンズの賞レースの真価は、毎年広告コミュニケーション産業が一堂に会し、その未来を議論する重要な瞬間にある。単に賞レースの勝者になるためだけに参加するような、エゴのお遊びではない。

　カンヌライオンズでは『レッドブル・ストラトス』について議論され

ることはなかった。しかし、本書の目的は素晴らしい作品の構成要素を理解することだと考えると、ここで貴重な教訓を学ばないことにすれば、読者に損をさせることになってしまうだろう。

　スポーツマーケティング担当者がRed Bullから、とりわけストラトスから学べる最大の教訓のひとつは、一貫性のあるユニークなメッセージの力である。Red Bullは過激かつ革新的であることで、自社のブランドストーリー全体を築いた。そしてストラトスは、ブランドが最も野心を見せた例のひとつである。「Red Bull」の文字がプロジェクトの至る所に散りばめられており、それは雑然としたマーケティング空間において欠かすことのできない要素だった。

　ストラトスから学ぶべきもうひとつの教訓は、目的を持つことの重要性である。確かに、Red Bullのビジネスは消費者にエナジードリンクを購入してもらうことだが、そのマーケティングは、人々に自らの限界に挑戦する勇気を与えることが基盤にある。消費者の期待値が近年、変化していることに気づいているのだ。それはつまり、ブランドは自らの価値を証明しなければならないということだ。消費者の心に訴えかけるようなブランドの目的や意義を示す必要があるのだ。マーケティングコンサルタントで、『WHYから始めよ！―― インスパイア型リーダーはここが違う』の著者であるサイモン・シネックの分析では、Red Bullは「なぜ？」を確実に捉えて、結果ブランドは商品以上のものを生み出している。世の中にエナジードリンクは数多存在するが、ブランドの強い目的という観点からすると、Red Bullに敵う者はいない。「分かったけど、皆がRed Bullになれるわけではない」という読者の声が聞こえてきそうだが、それはきっと正しい。しかしRed Bullになることが課題なのではない。すべてのスポーツマーケティング担当者にとっての課題は、消費者が共感することができるような、目的や意義を明確に持つことである。

　ストラトスプロジェクトは、スポーツマーケティングとは、各種の競技団体などに資金を拠出し、スポンサーとして露出を増やしたりすることではないと教えてくれている。これらはあらゆるマーケティングにおける大切な要素だが、すべてのスポーツマーケティング担当者が自分自身に、尋ねるべき重要な質問は、投資によってブランドはどのように、消費者の心に響く真にユニークなストーリーを、共感をもって伝えることができるのかということである。消費者は、チケットをプロモートするスポンサー、お金で買えない体験、ソーシャルキャンペーンなど選択肢の海に溺れている。目的を明確にし、消費者自身に力を与えるためにあなたは何をするだろうか。ストラトスをコピーする必要はないが、そのキャンペーンをこれほどまで成功させた要素を調べる価値は確かにある。

　要約すると、スポーツ関連のブランデッドエンターテイメントにおいて素晴らしい作品を生むためには、必要なのは野心的に挑戦する勇気だ。難しいハードルだが、誰でも成し遂げることができる。消費者に選択肢が山ほど与えられているこの世界では、スポーツマーケティング担当者は、商品を売る以上に高尚な、世の中が共感するブランドとしての目的や意義を中心に据えた作品を、生み出す努力をするべきである。未来は、人々のために戦うブランドに、微笑むだろう。

　最後に、審査の過程でも、審査員の考えは常に合意していたわけではないので安心してほしい。本書を読んでいる、皆さんが私たちの経験や議論から何かを学び、皆さんも含めて、私たちが次に作り出すプロジェクトの数々が新たなレベルに引き上げられることを、私は願っている。ぜひ、ここで紹介してきたプロジェクトのように、安全策は取らずに、野心と勇気をもって、チャレンジすることに合意してほしい。

10

エンターテイメントの未来

ハリウッド、スポーツ、
そして ゲーム（eSports）！

トアン・グエン
Toan Nguyen, Jung von Matt/SPORTS

The future of entertainment:
hollywood, sports and gaming,
gaming, gaming!

What is entertainment?

エンターテイメントとは何か（ブランデッドエンターテイメント部門とは？）。

　私が最初にカンヌライオンズの審査員の招待状を受け取ったとき、私は冗談かと思った。なぜか？私が自分で審査員に応募したわけではないし、アワードでの審査経験もゼロに近い。それに実は、私は広告が好きでさえないのだ。テレビCMの経験も、プリント広告の経験もない。アワードに応募されたケースフィルムを見る度、ほぼ毎回「あぁ、またか」という、『恋はデジャ・ブ』のビル・マーレイのような気分になる。言い換えれば、私ほどカンヌライオンズの審査員に相応しくない人物はいなかっただろう。それでも私は審査員に引っ張り出され、事前に数週間かけ、その後カンヌでは6日間ぶっ通しで、合計100時間以上のプロジェクトを見ることになったのだ。

　私が審査員に引っ張り出された理由の一つは、私があるミステリアスでややこしいターゲットグループに属していることだ。マーケターにとって数々の悪夢、頭痛を引き起こし、そしてさらに悪いことに、マーケティング予算とチャネルにおける大きな変化を巻き起こしてきた、ど

うやらその原因である厄介な集団に。そう、私は世にも恐ろしいミレニアル世代の1人なのだ。

　しかしそのことは必ずしも私が、良質なアートや伝統的な映画の良さが分からないということではない。実際私は、多くの映画プロジェクトが受賞するよう奮闘した。Mercedes-Benzの『Grow Up』（ブロンズ）、PlayStationの『Gravity Cat』（ブロンズ）、Adidasの『Original Is Never Finished』（ブロンズ）、そして最も注目すべきは、ウィスキーブランドThe Glenlivetの『Single Belief』（ブロンズ）などがその例だ。最後の『Single Belief』は完全に狂った作品で、いまだに私の頭を離れない（基本的に、台湾人の男が何もしていない奇妙な光景を、なんと15分間も見るだけなのだ）。つまり、私たちミレニアル世代は、実は映画が好きなのである。ただ明らかに広告っぽい、映画が嫌いなだけだ。NetflixやYouTubeで見る映画は好きで、それが上記で挙げた作品の中に、3分以下の短いものがない理由である。年配の人たちは、ミレニアル世代はTwitterやInstagramの投稿より長い、もしくは複雑な形式のものから、情報を取り込むことはできないのだと、誤解している。彼らはまた、私たちこそが「ビンジ・ウォッチング（一気見）」という単語の生みの親であるということは忘れがちである。

　エンターテイメントについて考えるのは楽しいが、非常に難しくもある。言葉そのものだけでなく、その意味について、とりわけマーケティングの文脈において考えることがだ。エンターテイメントとは一体何なのだろう。私たちは皆ブランデッドエンターテイメントについての考えは持っているが、エンターテイメントとして審査することになっていたら、どうだったか。

　結局のところ、これはオスカー（アカデミー賞）ではなく、カンヌライオンズだということだ。

　人々がエンターテイメントについて考えるとき、多くの場合はテレビ番組や舞台での演劇、ショーを連想する。Google画像検索で「エンターテイメント」という用語を検索してみれば、エンターテイメントとは劇場映画か音楽コンサートのことであるというのが見て取れるだろう。エンターテイメント部門には、別途エンターテイメント・フォー・ミュージック部門もあるため、私たちはどこか他のところに焦点を当てるのだと推測した。問題は、それはどこなのかということだ。私には分からなかった。きっと、審査員の誰も分かっていなかった。

　したがって、基本を理解することが重要なのだ。どのプラットフォームが純粋なエンターテイメントプラットフォームだと考えればいいのか。現在および近い将来を代表するタレントは誰か。そして、テクノロジーは新しい形式のエンターテイメントにどのように影響し、動かしていくのか。

　それではまず、Y世代（1980年代か2000年代初頭までに生まれた世代、ミレニアル世代）について、個人的な経験から容赦なく観察していこう。私はテレビを見ない。しかしYouTubeチャンネルは視聴する。メロドラマの俳優は知らないが、Instagramのインフルエンサーは知っている。私の考えは主に、様々なソーシャルメディアのフィルター、ハック、アルゴリズムに基づいている。私より上の世代からすると、最も厄介でおそらく理解不能な話は、私は自分ではなく、他人がオンラインでビデオゲームをするのを見て、楽しんでいるということだ。

　Yes, I really do.
　（ええ、本当に。）

　あなたがこれを読んでいるときにも、私はきっとソファに座って、他の誰かが『リーグ・オブ・レジェンド』や『Dota 2』、『カウンターストライク』をプレイするのを、自宅の大きなテレビ画面で見ているだろう。

このテレビは、NetflixやAmazon Prime Videoを見るために買ったものだ。また、1人で見ていない可能性も十分ある。私の友人も何人かそこにいて、スナック菓子を回しているかもしれない。ゲームや試合は、1人より皆で一緒に見る方が、明らかに楽しいからだ。とても奇妙に聞こえるかもしれないが、考えてみてほしい。どれほど多くの人が、他人が伝統的なスポーツをする様子を観戦しているのか。どれほど多くの人が、他人が料理するのを見ているのか。どれほど多くの人が、他人が裸になって事に及ぶのを見ているのか。これらはすべて、ずっと前から存在してきた現象だろう。だから、他人が何かをするのを見る行為には、人々を動かすものがあるのは明らかだ。これはゲームにも同様に当てはまる。私が説明しているのは、何百万、何千万ドルもの賞金をかけてゲームをプレイする人々を、何百万人もの人が視聴しているということだ。実際、あるトーナメントで一回優勝すると、2000万ドル（20億円以上！）を獲得できる。何てことだ。

　さて、話を少し巻き戻そう。

　一方にはハリウッド、もう一方にはスポーツが存在する。
　先に述べたように、これはカンヌライオンズであり、ハリウッドではない。しかし、私は広告賞の専門家でも、クリエイターでもない。私はスポーツマーケティングとセレブリティマーケティングに携わる、ストラテジストだ。過去4年間で、私はあらゆるスポーツ団体と仕事をしてきた。例えば、サッカードイツ代表チーム、オリンピックドイツ代表チーム、いくつかのサッカー・ブンデスリーガのクラブ、少数の選ばれたアスリートたち、そしてもちろん、AdidasやReebokのようなスポーツブランドや、Mercedes-Benzのようなスポーツコンテンツスポンサーなどである。それは基本的に楽しい仕事だった。なぜなら単純に、バイエルンのチーズ、消臭剤の新しい香りや銀行口座よりも、サッカーチームを売り出す方が私にとっては楽しいからである（すべて経験済みだが）。

私より年上の同僚たち —— あるいはPJ・ペレイラの言う「古い人々」—— は、自動車会社と仕事することが広告における最高のトレーニングであると、いつも口にしてきた。おそらく、かつては真実だったのだろう。しかし今は、Instagramにおいて、BMWについては2900万、Audiは1200万のハッシュタグがついている、一方、Adidasは3900万、Nikeは6900万ものハッシュタグがあるのだ。

　間違いなく、テニスやサッカー、アメリカンフットボールのような伝統的なスポーツは、優れたマーケティング戦略の大きな推進力である。特にカンヌライオンズの文脈において、コマーシャルの祭典とも呼ばれる、アメリカンフットボールの決勝、スーパーボウルの重要性を評価するのは、もはや不要な（あるいは退屈な）ほどである。ミレニアル世代の私にとっては、この広告はすべてスーパーボウルのために作られたものなのか、それともこれらの広告のためにスーパーボウルが作られたのか、混乱してしまいそうになる。色々考えた結果、答えはシンプルだ。スポーツには本当に、本当に強い力があるということである。消費者にリーチする手段としてのポテンシャルにおいて、スポーツというプラットフォームは現在も、そしてこれからも常に王者であり続けると、私は心から信じている。スポーツは本質的に、強い魅力を持つ、キラーアプリケーションである。コミュニティを生み、ファンのロイヤルティを可視化し、人の感情を動かす。すべてが勝者と敗者のドラマだ。究極的に言えば、スポーツがパワフルなのは、人間と人格そのものだからだ。

　コンテンツマーケティングや変わり続けるFacebookのアルゴリズムについて絶えず議論されている時代において、スポーツが勝者となると考えるのは当然だろう。理由はたくさんある。スポーツほど定期的にコンテンツを生み出せるプラットフォームは他にない。また、試合日、カップ、決勝戦といった、定期・追加イベントと自然と結びついているプラットフォームは、他に存在しない。そして、スポーツほど瞬発的な勢いに

よって動かされるプラットフォームも他にないのだ。最強かどうかは別として、スポーツはまさしくエンターテイメントのひとつの形である。またスポーツは素晴らしく昇華されれば、文化になりうる。

　それこそがマーケティングとコミュニケーションが到達したい、しなければならない目標地点なのである。

　これはすべてとても単純なことに思える。だが……スポーツ関連のカンヌライオンズ応募作品の質が低かったわけではないが、クリエイティブの観点からすると、優秀さは明らかに欠如している。多くのスポーツ関連の広告やコンテンツ、アクティベーション施策は、ありふれた原則に頼りきっていた。ただ単にクールなチームやアスリートを使ったり、何かしらのイベントのスポンサーになったり……といったものだ。問題なのは、この理論はハリウッドには当てはまるかもしれないが、スポーツには確実に当てはまらないということである。俳優は俳優、アスリートはアスリートだ。実際の取り組みを見れば、これの意味するところを本当に理解できるだろう。例えばGQの動画プロジェクト『Ryan Reynolds Gets Roasted by His Twin Brother』を皆が楽しんだというのは、驚くことではない。確かに良い脚本だった。GQ/Condé Nastの勇気は、ブロンズライオンを授賞するに値する。しかしこの作品は、シルバーや、もっと言えばゴールドでは絶対にない。なぜなら、コンテンツ全体が、俳優のライアン・レイノルズがただライアン・レイノルズ本人でいるだけだからだ。同様に、もしこれがコメディアンのビル・マーレイだったとしてもただ自分本人を演じているだけで、きっととても面白くなるだろう。しかし、理解しなければならないのは、ほんの少しのアスリートしかそれをやってのけることができないということだ。ほんの数人だけである。クリエイティビティや演技の才能の欠如もそうだが、別の問題も存在するのだ。

　ここまではスポーツを包括的な観点で語ってきた。しかしこれはカン

ヌライオンズである。CMO（最高マーケティング責任者）のパーティーである。マーケティングの観点から見れば、スポーツは必ずしも「スポーツ」ではないのが真実だ。ほんの一部のカテゴリーについてしか述べていない。考えてみよう、特に世界規模で見れば、私たちはいつも同じスポーツについて話してばかりでフェンシング、テコンドー、卓球、バレーボール、カーリングなどについては話されない。かなり酷な真実を言えば、すべてのスポーツはエンターテイメントだが、すべてのスポーツが全世界的なエンターテイメントにはなっていないということである。

よって、マーケティング担当者がいつも同じスポーツを選ぶのは当然である。彼らは皆、同じ資産、チーム、アスリート、そして同じシェアオブボイス（メディア露出シェア）を巡って争っている。スポーツの領域に足を踏み入れたいのなら、全面戦争を覚悟しておいた方がよい。タレントのための戦争、注目を集めるための戦争。これは非常に費用がかかる。科学および学術分野に近い人は、これを「レッドオーシャン」と呼ぶだろう。その用語を明確にする必要さえない。避けるべきだというのはすでに伝わっているはずだ。

その事実に向き合ったとき、あなたには基本的に２つの選択肢がある。有象無象の中を切り開くか、あるいは抜け出すかである。後者はつまり、完全に方向を切り替えるということだ。プロムクイーン（高校卒業パーティーにおける人気投票ベストの女性）の注目を集めようとするのでなく、単に他のパーティーに行くのである。.

最初の選択肢は分かりやすい。有象無象で混み合った状況を、クリエイティビティで突破することである。ここ数十年のマーケティング学で最も重要、そしておそらく優勢な方法の一つである。その理由は何度も繰り返し言われてきた通り、商品は増え、ブランドは増え、チャネルは増え、集中が持続する時間は減ってしまったからである。消費者は、商

品の選択肢だけでなく、コミュニケーション方法もたくさん与えられている。コンテンツも、どこにでもある。文字通り、至る所に。このような環境で成功する鍵は、クリエイティビティしかない。

　皆が自動車や洗濯用品のキャンペーンをしているなら、もっとクリエイティブにならなければならない。インサイトを突いたクリエイティブによって、より良い施策に繋げることができる。P&GのTideによる『The Bradshaw Stain』は、有象無象のコンテンツ群を突破し、注目を集めた良い例である（スーパーボウルの実況コメンテーターの服に染みを付け、視聴者からの反応を予測し、CMを流した）。コンテンツとブランドをうまく統合し殻を破った、素晴らしいキャンペーンだ。最終選考には残らなかったが、クリエイティビティの力を見せつけた、良いキャンペーンがもう一つある（ブラジルのプロジェクトだったと思うが）。南米のWalmartの支店が、地域のサッカーチームのスポンサーになった。しかし、他のブランドと同じように選手の胸にロゴを貼り付けるのではなく、この企業はショートパンツの後ろを選ぶというひねりを加えた。選手の名前を商品名に、背番号を商品価格に置き換えたのだ。これがドイツで許可されることはないだろうが、南米では許された。遊び心をマーケティングにというクリエイティビティの活用例だ。残念なことに、今日のスポーツマーケティングにおいて、こうしたものに遭遇することはあまりない。

　Caixa Econômica Federal（ブラジル連邦貯蓄銀行）の『Sounds of Conquest』は、アスリートを新しく象徴的に描き、大成功した。Nikeは『Unlimited Stadium』というキャンペーンで、視覚的に驚くべき方法でデジタルと実際のエクササイズを合体させ、エクスペリエンス・マーケティング（体験型マーケティング）を次のレベルに引き上げた。特に私の印象に残ったのは、間違いなくChannel4の『We're the Superhumans』だった。この作品は、非常に高いレベルで制作されており（ミュージカ

ルショー的な魅力もあったため）、見ていて楽しいだけでなく、戦略的にも素晴らしいものだった。一見すると、これは障害のない人々の、パラリンピックや身体障がい者に対する見方を変えたように思えるが、同時に、障がい者の人々が自分自身をどう見るかに影響を与えたのではないだろうか。Superhumansは色んな意味でゲームチェンジャーだった。私自身も、オリンピックやパラリンピックの、多くのキャンペーンに携わってきたからこそ分かる。作品のほとんどは非常にエモーショナルかつ感動的、つまりドラマが多いのだが、コメディーはほとんどない。一方でSuperhumansは、とても喜びに溢れた独自のスタイルを作り出し、高い自尊心と自己表現を宣伝した。それは他とは異なっていて、有象無象の広告の山と伝統的な形式から、明らかに抜きん出ていた。しかしこれらはほんの数例に過ぎない。……率直に言うと、非常に悲しいことだ。

　全受賞作を見てみれば、いかにスポーツを題材にした作品が少ないか、分かるだろう。

　これは何を意味するのだろうか。まずは、スポーツマーケティングにおいても、周りとの違いが大切だということを、理解するのが重要である。これは簡単なはずだ。他と違う方法で何かをするということは、私たち広告会社としてのDNAに、おそらく永遠に刻み込まれたものである。しかし熱心な読者諸君は、私が次に指摘するポイントを恐らく予想しているだろう。他と違う「やり方」で行うのと、他と違う「こと」をするのは違うと言うことだ。成功するアイデアには革新的なサプライズが含まれていることが多い。しかし、私が皆さんに提起したい疑問は、やり方ややることを少し変えるのはなく、そもそものテーマを完全に変えてしまうということはできないか？ということだ。実は、ハリウッドや伝統的なスポーツより大きなものがあると言ったら、あなたは何だと思うだろうか？エンターテイメントと言えば、その究極の存在はゲームだろう。

そう、ゲームだ。

　実は、ゲームはエンターテイメントの歴史において、最も大きなものになるかもしれない。実際の経済規模を説明する。2017年の収益はすでに1088億ドル（約11兆円）である。市場規模は平均5％の割合で成長しており、これは年間およそ50億ドル（5500億円）に相当する。事態はさらに過激化している。ゲーム『コール オブ デューティ』のマーケティング予算は2億ドルだった。代わりに、『コール オブ デューティ ブラックオプス2』の発売によって、初日から15日間で10億ドルを売り上げた。このゲームはほとんどのハリウッドの大ヒット映画より多くの金を動かしている。これひとつだけではない。『グランド・セフト・オート』『ファイナルファンタジー』、そして有名な『ポケモン』シリーズなどのタイトルは皆、莫大な金を動かしている。

　言い換えれば、ゲームは立派な大人の遊びなのだ。

　前述したゲームの強みにより、産業はどんどん大きくなっている。では冒頭に戻り、一部の人が他人のビデオゲームのプレイを好んで見るという、変わったアイデアの話に戻ろう。なぜか？なぜならそれが現実で、事実、大ヒットしているからだ！子どもたちはメイクのレッスン動画をYouTubeで視聴している。デジタル世代の様々なスターがInstagramに登場しており、遅かれ早かれファッション業界全体を変えるだろう。そして今、私たちはスポーツとエンターテイメントが真に再定義される時代に突入している。

　今、世界には野球やサッカーのようにプロのゲーム大会のようなものがあると言ったら、あなたはどう思うだろうか。ビデオゲームをプレイすることで生計を立てるプロのリーグ、プロのチーム、プロのプレイヤーが存在するのだ。すでに世界中のスタジアムで開催され、そのほとんど

は満席だ。一方、Twitch（Amazon）、Facebook、YouTubeのようなプラットフォームが、試合を同時配信し、6桁から7桁の再生数を稼いでいる。この事実をどう思うだろうか。『Dota 2』というゲームの世界選手権では、賞金プールは2000万ドル（約22億円）を超えるのだ！ たった1回のイベントで、である。こういったすべてのことは、成長を続ける強いファンコミュニティによって突き動かされている。ロンドンのeスポーツチームFnaticは、Twitterだけで112万人以上のフォロワーを獲得している。『リーグ・オブ・レジェンド』のプレイヤーである韓国のFakerはサッカーにおけるリオネル・メッシのような扱いだ。Facebook、Twitter、そして最も重要なTwitchといった、様々なチャンネルで100万人以上のファンを集めている。

さて、あなた方の中には驚いた人もいるかもしれないし、もうすでに知っている人もいるかもしれないが、このテーマについてさらに深く掘り下げていこう。伝えることは山のようにあるからだ。また、eスポーツについて考えようとすると多くの先入観があるため、そのうち最も一般的な3つを取り上げていこう。

»#1 That thing about the nerds
その1　オタクについて

あなたの頭に浮かぶ最初のイメージは、恐らく実家の地下室に籠った10代の少年だろう。その子のことはきっと「マニア」や「オタク」と呼ぶだろうし、ましてやプロムクイーンとデートできるような人じゃないと考えるであろう。まあ、それは正しいかもしれない。

確かに、平均的なeスポーツファンはニューヨークのイーストビレッジには住んでいないだろうし、ヨガのクラスの後にイカした抹茶ラテを飲むようなタイプでもないだろう。また、廊下にピストバイク、壁にサー

フボードを飾った、芸術家気取りのロフトにもたいてい住んでいない。実際は、工学またはコンピュータサイエンスの講義を受けたり、マクロ経済学を学んだり、数学を教えたり、最新映画をどこで見られるかネットで調べているような可能性が高い。もちろん、吹替ではなく、英語でだ。

　そう言うのはなぜか？簡単だ。eスポーツについていけるような人は、平均以上の英語スキルだけでなく、圧倒的な認知能力を持っている可能性が非常に高いからである。

　信じられなければ、是非ESL（エレクトロニック・スポーツ・リーグ）のイベントに参加して、その目で見てみてほしい。コメンテーターが駆け足の英語で、戦略、プレイ、シナリオを分析するのを見て、その複雑さを目の当たりにすれば、世界中のeスポーツファンの頭脳のキャパシティのすごさが、非常によく分かるだろう。例えば、現在最も人気のゲームのひとつ『Dota 2』は、映画『ビューティフル・マインド』でラッセル・クロウ演じるジョン・ナッシュが生み出したゲーム理論と、囚人のジレンマゲーム、アメリカンフットボールの動きにバスケットボールのスピードが組み合わさっているようなビデオゲームだ。銃声や鈍い銃撃音など、目まぐるしい視覚効果の中で戦略的なチーム対戦が行われているのだ。

　eスポーツファンを甘く見てはいけない。彼らは若くもある。彼らの３分の２以上が35歳未満だ。彼らはグローバルに考え、デジタル的に考え、そして数字が証明するように、頭が良い。調査会社のNewzooによると、eスポーツファンは平均以上の教育と収入を得ている。

　つまり、こういうことだ。eスポーツファンや選手は、都会のロフトに住むような典型的なターゲットグループではないかもしれないが、他のスポーツで見られるような、花火を打ち上げ、ビールを飲み狂ううる

さい集団ではない。彼らの多くが、未来のプログラマー、航空専門家、自動車エンジニアになる可能性が高い。つまり、彼らは将来お金持ちになるような人たちなのだ。

» #2 That thing about the violence
その2　暴力性についての無意味な議論

　次のようなことをよく耳にする。eスポーツやゲームは、銃撃戦や暴力ばかり描いており、未来のシリアルキラーの温床となっている、と。ほとんどの人が、シリアスなeスポーツについて考えるとき、『カウンターストライク』を連想する（テロリストと特殊部隊の戦いがテーマのシューティングゲーム）。確かに『カウンターストライク』は巨大コンテンツだ。

　現在のプレイヤー基盤は驚異の1000万人である。当然だが、ひと月に、だ。時には、同じ時間に最大85万人のゲーマーがサーバー上でプレイしていることもある。ESL One Cologne（世界選手権のようなもの）の間、オンラインで配信された試合を見ていたユニーク視聴者数は、1500万人だった。そして2017年1月だけで、4790万時間も『カウンターストライク』がTwitchで視聴された。ここから言えることは、統計的に見ても、彼ら全員が変質者や連続殺人犯になるわけがないと言うことだ。

　『カウンターストライク』は最も人気のある4つのeスポーツタイトルの一つである。それこそ、賞金プールが容易に何百万ドルにも達する理由である。平均的なプレイヤーの年収は約6万5000ドルから10万ドルだが、大きな大会の優勝賞金は絶大な額だ。考えてもみてほしい。これほど多くの金額を、何も考えず漫然とプレイしていて稼げるわけがない。むしろ、多様なスキル、反射神経、そして最も重要である高度な戦術的思考を、個人としてもチームとしてもフル活用して賞金を手に入れるのだ。よって、「FPSゲーム（一人称の視点で行うシューティングゲーム）

で遊んでいると暴力的になる」という議論が、例えば私が住むドイツ等のたった数ヶ国でしか行われていないのは、当然である。他の国々では、Visa、Pepsi、Coca-Cola、Audi、Domino's Pizzaといった大手ブランドが、『カウンターストライク』のチームやイベントのスポンサーを務めている。さらに、NBA選手やスティーヴ・アオキのようなトップDJは、自分がeスポーツのチームを買ってオーナーになっている。対照的に、一部の国ではいまだに、『カウンターストライク』は衝動を抑えられず攻撃性の高い、不安定な人間のためのゲームであると考え続けている人もいる。正直言って、この事実は残念だ。

　仮にあなたが銃を嫌いだとしても、他にも多くの機会がある。例えば、『リーグ・オブ・レジェンド』や『Dota 2』は、基本的には「ハリー・ポッターがホビットの世界へ赴く」類の可愛いバージョンである。おとぎ話、ドラゴン、魔法使いや狼男の出てくるファンタジーだ。そして『Dota 2』は2000万ドルもの賞金プールがあるゲームである。他のカンヌライオンズの審査員たちの収入事情は知らないが、この2000万ドルという金額は誰もが、びっくりするような額だろう。

» #3 That thing about 'not being a sport'
その3　「スポーツではない?」という考えについて

　eスポーツは普通のスポーツではないと主張する人もいるかもしれない。これも正しい。eスポーツは何一つ普通ではない。そのグローバルコミュニティは、デジタルで繋がっていて、とんでもない頭脳集団で、エンターテイメントは配信で手に入り、「ゲーム内アイテム」(例えば、キャラクターに着せるちょっとした衣装)のために喜んでお金を払い、定期的に視聴記録が更新される。これは、普通のスポーツではない何かである。なぜならいまだに、サッカーなどごく少数を除き、普通のスポーツはあらゆる面で大きな困難を抱えているからだ。大体の試合はすべて、

実質的に観戦者なしで開催されていて、組織されたスポーツ団体は必死にメンバーを探している。その頃eスポーツの子どもたちは、ブラウザかゲームクライアントを開けばいいだけだ。要約すれば、参入障壁が他のスポーツよりずっと低いのである。

　また、汗はどうだろうか？スポーツは汗をかくものではないか？その話題からもうひとつ紹介しよう……プロが1分間にどれだけのアクションを実行するか、マウスとキーボードをどれほど正確に操作しているか、一度見てみるとよい。そうすれば、eスポーツの中に体力的な要素はないなどと主張し続けることはできないだろう。さらに、精神的な要素も同様にある。チェスだってスポーツであるということを忘れないでほしい。プロは一日最大8時間も練習する。大きなトーナメントに参加する前、彼らはいわゆるブートキャンプというeスポーツ版のトレーニングキャンプに行く。プロの中にはコーチをつける人もおり、またいくつかのチームは理学療法士や栄養士さえ雇い始めている。

　それこそ重要なことだ。eスポーツは伝統的なスポーツの要素の中から、最適なものを選んで取り入れることができる。できるが、そうしなければいけないわけではない。だからこそ、eスポーツはとても刺激的なのである。結局、eスポーツはすでに独自のエコシステムを構築したものの、依然、初期段階にある。まだその構造はしっかり固まっていないため、今から参入して時代を築くことも可能である。

» Entertainment is what entertains
人を楽しませるものがエンターテイメントだ

　私たちは世界で、人々がゲームを買うために長い列をつくったり、新しいゲーム機に夢中になっている姿を目撃している。また、YouTubeでは「Let's Play Videos」というジャンルがある。これは単に、Twitchま

たはYouTubeのライブで子どもたちがゲームをプレイし、視聴者がコメントを付けるというものだ。今起こっているのはゲームそのものの進化だけでなく、エンタメ業界の様々な部分を連携して動かす強力な変化である。この変化によって、スポーツはゲーム、配信、タレント、ライブ、オンライン、地上、そして世界のコミュニティと繋がっていくだろう。

　そう、eスポーツは新世代のスポーツおよびエンターテイメント現象である。それはデジタル生まれのスターが活躍するデジタル生まれのスポーツだ。そして、ファンの当事者意識は他よりずっと強い。ファンは自らeスポーツの時代を一から築く手助けをしてきたため、eスポーツは「自分の」世界だと強く感じている。つまり、通常のスポーツファンよりも、個々のチームや選手を超えてeスポーツ界で起きていることに強い関心を抱いているということである。

　多くのブランドや産業がデジタルに生まれ変わろうと必死にもがいている一方で、eスポーツは独自のエコシステムを構築することに成功した。ゲーム、トレーニングセッション、ファンとの交流、アクティベーション、リーチ、視聴方法など、すべてが本質的にデジタルである。また、ロゴを配置して終わり、といった方法ではなく、真の共創の可能性を提示する、多くのブランドや潜在的なスポンサーにとっての未開拓の領域でもある。私たちはまだエンターテイメントを定義しきれていないかもしれないが、少なくとも人々を楽しませるものでないといけないのは分かるだろう。

» So where to go from here?
ここからどこへ向かうのか？

　親愛なる審査委員長PJ・ペレイラがまえがきで述べたように、審査員が一堂に会し本書を執筆した目的は、業界を代表して学ぶと言うことだ。それも映画、スポーツ、イベント、VR、そして恐らくゲームが一つになった業界である。このカテゴリーが他とは異なるとは皆すぐに理解した。異なる性質、新しいアプローチ、マーケティングや広告全般に関して異なる手法で臨んでいるプロジェクトの数々。それこそが、様々な業界から非常に多様な人々が審査員として集められた理由であったと私は考える。そして、私のようなミレニアル世代が選ばれた理由であったとも。目的は異なる視点を一つにまとめることであり、エンターテイメントやブランデッドエンターテイメントとは何かについてアイデアを膨らませることである。確かに、それはまだはっきり定義されておらず、審査の過程で見たすべての作品が、統計的に業界全体を代表しているものだったわけではない。出せば評価されたかもしれないが、単に提出されなかった作品もたくさんあるはずだ、と確信している。しかし3つの最高傑作、『LO：インターネットの始まり』と『From the Start』、そしてグランプリ受賞作の『Beyond Money』を見れば、私たちがいかに従来の広告から遠いところまで来たかということが、はっきりと分かる。私たちは長編フォーマットを愛しているのだ。つまり、従来のメディアで流されるものではなく、むしろNetflixやAmazon Prime video、さらにオウンドメディアチャンネルで配信されるような作品を好んでいた。30秒スポットも、OOH（屋外広告）キャンペーンもなかった。大規模なメディア予算を投入してコミュニケーションをプッシュしたものは何一つなかった。例の3つの受賞作、あるいはすべてのゴールドライオン作品について考えれば、すべてのプロジェクトがただ自発的にそのマーケティングの役割を果たしているということが分かるだろう。そして、これは言及しておきたい。私たちはマーケティングのルールにおけるエンター

テイメントについて知らないかもしれないが、その最も重要なKPIが何かは確かに知っている。それは時間だ！その時間とは、面白い作品を楽しむために人々が喜んで使ってくれる時間のことである。

　多様なデバイスが利用可能な現代、時間は恐らくこれまでで最も貴重になっている。私たちの業界 ── あるいは私の祖先の業界と言わせてくれ ── は、積極的にターゲットの邪魔をして彼らのアテンション、注意を引こうとする業界として特徴づけられていた。それはプッシュ型コミュニケーションであり、大規模なメディア計画であり、押し付けがましい繰り返しであった。これらは現在「リターゲティング広告」というものに発展している。そうは言っても、私の世代が旧世代と比べて恵まれているというわけでもなさそうだ。私たちはテクノロジーとともに成長し、日々の消費者行動、プライバシーやデータがどんどん共有され、どんな広告を表示するか、アルゴリズムやロボティクスが勝手に決めてしまう時代を迎えている。

　そういう意味で、私たちの世代が昔より優れている、恵まれているという訳ではないかもしれないが、確実に昔とは違っているのだ。

　私たちは異なるものを好むという事実を認め、受け入れることが重要である。私たちはスポーツが好きだ。だがゲームも好きだ。そして今、これら2つが融合しようとしている。先述の通り、2つの大きな戦略がある。大量の作品の山を切り抜けて注目を集めるか、あるいは抜け出して別の場所に行くかのどちらかだ。両方に対する解決策の鍵はもちろんクリエイティビティである。結局クリエイティビティがマーケティングの核心であり、カンヌライオンズの真髄なのだ。

　悪いことばかりじゃない。今こそマーケターとして生きる絶好の機会ではないか！あなたにもチャンスはある。

11

アートと科学の出会い

マリッサ・ナンス
Marissa Nance, OMD

Art, meet science

　科学。一部の人にとっては大きく恐ろしい言葉かもしれないが、一歩下がって、そうとは限らないことを思い出そう。私たちは皆何らかの形で科学に頼っている、特に自分をアーティストだと思う人は。クリエイティブにおける素材選び、構図、点や線がもたらす印象は、科学的に実証することができる。たとえ、それが感覚的に配置されたものであっても。従ってアートと科学という2つの概念は、敵ではなくパートナーのような関係になりうるということである。もし、広告・マーケティング界の人を「現代アーティスト」と見なすなら、アートと科学を組み合わせ、私たちが推進しなければならない仕事を成功へと運ぶ対話が可能となる。

　私たちの場合、成否をオーディエンスを魅了することができたかどうかで測るわけだが、私たちがブランデッドエンターテイメントの技術についてじっくり話すとき、その裏側にある科学についても触れなければならない。また科学と言っても、キャンペーンの背後の統計情報やアルゴリズムについて話しているわけではないということを、明らかにしておこう。確かにそれらは存在するが。私が言いたいのは、アイデアやコンテンツを重視することに加え、戦略的かつスマートでないといけないという話である。

　私は戦略的な視点でクリエイティビティを観察したことで、カンヌライオンズ2017でブランデッドエンターテイメント部門を審査するにあた

り、いくつかの課題を見つけた。多くの応募作品を見ると、ブランデッドエンターテイメントに対するこの業界の視野は極端に狭く、まるでコンテンツやストーリーしか見えていないように感じられた。「アートと科学」のバランスが取れた例はほとんどなかった。正直言って愚かである。アートとしての質の追求と科学が一体となった、素晴らしいコンテンツを制作することは間違っていない。そのようなコンテンツは長く愛され、結果として高いROI（投資収益率）を生み出す。本章を通じて、なぜアートと科学のパートナーシップという志が重要なのかを共有しよう。

　エンターテイメント、売上、エンゲージメント、ROI。ブランデッドエンターテイメントの技術に関して、これらの用語が一貫して使われているのは知っているが、その意味を本当に分かっている人はいるだろうか。パートナーが聞きたがると思い、こういった流行語をとりあえず使っているだけではないだろうか。一般的に、ほとんどのブランデッドエンターテイメントの最終的な資金源は、ブランドそのものである。そのことを念頭に置き、本章ではブランデッドエンターテイメント戦略およびパートナーシップに関して、広告主が築くべき基礎を探っていく。また、ブランドが達成すべき結果と、成功を評価する方法についても検討していく。

　もう一度アートと科学の話に戻ろう。ブランドがこのバランスを完璧にとることができれば、そのリターンは無限大だということを強調しておきたい。

» Content – context – commerce
コンテンツ・コンテクスト・コマース

　2010年、多くのブランドは依然として世界同時不況の影響を受けていた。特に、中小企業で働いて生計を立てていた人たちは、つらい状況に

あった。これらの企業は支援サービスを必要としていた。それこそ、American Express（以下、Amex）が『Small Business Saturday』というキャンペーンで提供したものである（ブラックフライデーとサイバーマンデーの間の土曜日をスモールビジネスサタデーと命名し買い物を促進。地元の中小規模の店舗型企業や商店向けにソーシャルメディアの利用ノウハウなどを提供した）。これはカンヌライオンズ史上最多の賞を獲得したキャンペーンの一つだ。広告キャンペーンだけではなく、Amexはブランデッドエンターテイメント・ムーブメントと定義できるような作品を制作、出資した。それは長編・短編の（従来のコマーシャル以上の）ストーリーで、デジタルおよびテレビなどのリニア型メディアで放送された。このコンテンツでは、こうした中小企業のストーリーを伝えただけでなく、起業家でない人々も含め、広範囲かつ大規模の消費者にリーチした。これは適切なタッチポイントで配信されただけではなく（TwitterやFacebookといった）、ストーリーに関係あるメディアパートナーによってシェアもされた。地元の中小企業を消費者がサポートする仕組みは、消費者に中小企業に対する確実なつながりやロイヤリティを創りだした。

　このアイデアは成功した。プロジェクトが大きくなるにつれ、2013年には『Small Business Saturday』のプラットフォームは50億ドル以上の売上に達していた。たった1回の土曜日における企業の商取引を推進しているだけでなく、年間を通して継続的な収入を上げる機会を生み出したのだ。『Small Business Saturday』は、私が素晴らしいブランデッドエンターテイメントであると思うものの一例であり、多くの人がそれに同意している。それは消費者を引き付け、ブランドの目指すゴールを達成するような説得力のあるストーリーに根差した、ブランド出資のマーケティングであるからだ。

　では、このようなブランデッドエンターテイメント・パートナーシッ

プを生み出し、成功させる方法を、詳しく見ていこう。広告主がブランドメッセージを広げるためにアイデアやパートナーシップを構築するうえで、生み出さなければならない強みについて、詳細に説明する。

　まず、投資に見合うものとなるためブランデッドエンターテイメントがするべきことは何か、それを頭に入れるための簡単なツールがある。

・ストーリー全体を通じて、消費者を楽しませながら、ブランドに対するエンゲージメント（関与度）や知識の水準を段階的に高めていくもの。これをコンテンツ（Content）と呼ぶ。
・コンテンツを配置する場所を通して、ブランドが発するメッセージや果たしている役割、掲げている理念の社会的地位を向上させること。これをコンテクスト（Context）と呼ぶ。
・商品の販売・使用を通じて、消費者のブランドへの反応を生み出すこと。ビジネス上の成果ということだが、頭文字を揃えるために、これをコマース（Commerce）と呼ぶ。

　この３つのCを頭に入れておくことで、ここからの話がきちんと理解できるようになる。コンテンツ、コンテクスト、コマース。まず、今や広告業界のほとんどの企業が「コンテンツ」の重要性は理解し始めたと思う。したがって残りの２つのCについて、質の高い「コンテクスト」と「コマース」を生み出すために、私たちの業界に存在する理解のギャップを検証することから始めていこう。

» Be true to yourself　自分に向き合え

　ブランデッドエンターテイメント・パートナーシップを構築するうえで最も重要な指針は、ブランドのアイデンティティ（存在意義や目的）

とバリュープロポジション（顧客へ提供している価値）から外れないことである。これを全身全霊で守り抜くことが大切だ。したがって、前提となるブランドアイデンティティやバリュープロポジションの設定という仕事を完了してもいないブランドが、ブランデッドエンターテイメント戦略を成功させられるはずがないのである。

　つまり、ブランドはブランデッドエンターテイメントプロジェクトを立ち上げる前に、明確に自己認識する必要がある。自分たちのブランド、商品、サービスは一体何なのか？何のために存在するのか？その機能は？リーチしたいターゲットは？そうでない層は？明確なセールスおよびサービスメッセージはあるか？その過程で上手く使われるべき象徴的なキャッチフレーズ、イメージ、ふさわしいタレント候補はあるか？以上はすべて、ブランデッドエンターテイメント・パートナーシップをスタートする前に、確認するべき重要な質問だ。前の章でも述べられているが、ここでもう一度思い出してもらいたい。それは、あなたのブランデッドエンターテイメントプロジェクトは、全体のマーケティングキャンペーンにスムーズに融合していなければならない、ということだ。ブランド・ポジショニングとメディアコンテクストは、しっかりと歩調を合わせることでより強い力を発揮するのだ。

　『My Black Is Beautiful』キャンペーンの一環として、P&Gは『The Talk』という美しいスポットCMを制作した。この作品は『Adweek』の2017年度最優秀広告のひとつに選ばれた。このスポットでは、アフリカ系アメリカ人の両親が、子どもたちに人種差別について、包み隠さずありのままに語りかけている。ここで終わっても良かったが、このブランドはそうしなかった。人気テレビドラマ番組『Black-ish』とパートナーシップを組み、黒人ターゲットのキャンペーンを番組そのもの、30分のエピソードにまで拡大したのだ。P&Gのメッセージとトーンを、同様の話題を一貫して提供する番組と結びつけたことは、本物以上のものだった。それは理想的であった。このプロジェクトはアートと科学の融

合に妥協はなかった。なぜなら、受賞歴もある、練りに練り込まれた良質なドラマ脚本という科学によってブランドから消費者へ、メッセージを伝えることができたからだ。活用された要素（キャンペーン、番組、商品）のそれぞれ単独でも強力なものだった。これらの要素すべてがシームレスな会話として一つになれば、より一層強力になる。

　P&Gの取り組みは、ブランデッドエンターテイメントがマーケティングキャンペーンをいかに強化できるかを表す好例である。

　メキシコ料理チェーンのChipotleのショートフィルム『The Scarecrow』は、ブランデッドエンターテイメントがマーケティングキャンペーンを強化する以上のものだと示す好例である。ストーリーは、１人のカカシが邪悪な食品会社を辞め、コストは気にせず自分でオーガニックの屋台を始めることを決意するというものである。この物語は、実際にChipotleのマーケティングを強化しただけではなく、この企業の使命について世の中に伝えることができた。Chipotleは、動物や農家、環境への配慮を忘れずに育てられた、最高品質の食材を探し出すことに専念しているということを。Chipotleと広告制作担当パートナーが、この企業の理想に根差したストーリーを高いレベルの楽しめるアニメエンタメプロジェクトとして制作したことで、消費者は単なるコマーシャルではない魅力的なエンターテイメントを通して、自然に、本質的に共感することになった。

　独立したあるいは１回限りの戦術としてブランデッドエンターテイメントを制作しようとするのは、実は危険な（そして費用がかかる）いばらの道かもしれない。商品やパッケージ、広告、ミッション、販売戦略を、ブランデッドエンターテイメントと全体を統合的に設計することで、成功の確率が向上し、コスト、時間、労働力を効率化できる大きな可能性が手に入る。

ブランドが自社のことをきちんと把握できれば、どんなチャネル、パートナー、コンテンツが自社に合うのか明確にすることが、はるかに容易になるはずだ。男性の利用が多いネットワークで女性にリーチしようとするのは、理にかなっていない。成人男性向けチャンネルで女児をターゲットにしても目標を達成することも、既存のメッセージング —— 率直に言えば作品 —— を高めることもできないだろう。パッケージ、マスコット、ロゴ、キャッチフレーズが、ブランドと正反対の会話の文脈の中に放り込まれれば、築き上げてきたすべての資産が損なわれ、最悪の場合、壊されてしまうことになりかねない。

本当に考えるべき質問は、誰とパートナーを組むかである。その人は投資に値する人だろうか？ブランドに相応しい人だろうか？最も人気のある人だからと言って、必ずしもあなたが組むべき相手であるとは限らない。ブランドと誠実にコラボレーションする方法は知っていると多くのパートナー候補が主張するだろうが、彼らの約束は、十中八九、彼ら自身の目標、すなわち彼らの収入が動機である。あなたのブランドと同じ、誠実さと考えを持ったパートナーを、見つける努力を常にしなければならない。これこそが成功への安定した道を確保する方法である。休んでいる暇はないのだ。

» Set yourself on the right path　正しい道を選べ

コンテクスト（プロジェクトの展開方法）においては、新しいチャネルであっても積極的に受け入れることが重要だ。テレビ、映画およびデジタル配信は、コンテンツを運ぶ場所として依然最も選ばれやすいが、より忠実にあなたのストーリーを伝えることができる別のチャネルがある可能性に常にオープンであるべきだ。最終的にはストーリーに関連する素晴らしいアウトオブホーム（屋外）の体験を作ることだってできる

かもしれない。「コンテンツに合うと思ったチャネルに囚われるな」ということである。コンテンツが大画面にぴったりだと感じるからといって、他のアイデアもあるかもしれないし、最終的にはオンラインが合うかもしれない。リスクを取って、クリエイティブなアイデアが輝ける場所を見つけてあげよう。

　審査の中で、私たちが見た最も独創的なアイデアのひとつは、イギリスでのXboxのアクティベーションだった。このゲームブランドは、イギリスのハイ・ストリートでクリスマスのイルミネーションが点灯されるとき（毎年人気のイベント）に合わせ、あるイベントを企画した。元々はゲーム『デッドライジング４』の発売に向け、予告のCMを制作する必要があると考えていた。ところがクリスマスシーズンのテレビは多数の広告で溢れている。通常のCMを制作し、テレビやオンラインで流すかわりに、Xboxは実物のアウトドアアトラクションを作ってゲームの世界を再現した。おそらく世界初の体験型予告編となった『Zombie Christmas』は、キラキラ光るクリスマスライトで作られ、ロンドン中心部のラッセル・スクウェア近くのブランズウィック・センターに設置された。

　ライトが点灯された当日、50万人以上のゲーマーが参加して、新たなストーリーの予告が解禁された。ロンドンの誰もが、その場所を訪れることができ、ロンドンにいない人でも、その場のインタラクティブカメラを通して、そこにいるかのように「感じる」ことができた。その体験は人々の目的地になり、何百万人もの人が直接またはオンラインで訪れた。『Zombie Christmas』はXbox最大のゲーム発売キャンペーンの一つになった。そして最終的に、売上目標を30％以上も上回る成功を収めた。

　『Zombie Christmas』は、ソーシャル・デジタル・コンテンツ領域にまたがり、野外スペースにおいて、ブランデッドエンターテイメントを上手く活用していた。今日の私たちは、非デジタルメディアを最先端ま

たは革新的だと思わない傾向がある。それは残念なことだ。あなたの考えを文字や画像で、印刷媒体を活用して見せる方が効果が高い場合はいくらでもある。音声メディアであるポッドキャストの世界でも、ブランドは次なる時代を超越したアクティベーションを創り出すことができるかもしれない。テレビで放映されることが、成功を測る絶対的な方法でなくてもよい。ただし、視聴者が好意的に反応する場所や媒体を選ぶことこそ、重要だ。

» Letting commerce shine
コマースにスポットを当てよう

ブランド（のアイデンティー）とコンテクスト（展開プラン）の整合性を確認した次に、キャンペーンの明確な目標を設定、維持、達成することが重要である。これらはインプレッション、認知度あるいは販売数などだ。

ROIにおいて従来重視されてきたのは、売上と収入が示す収益性であるが、キャンペーンの成功を測る別の指標があるかもしれない。強力な代替案は、あなたの商品を真に理解、評価し、認めてくれるブランドアンバサダーとの、関係を築き上げることにおける価値である。「インフルエンサー」のことだ。ブランドに即したインフルエンサーを見つけ、正しい形でコラボレーションすることが重要だ。

もうひとつの重要な指標は、実際の使用だ。売れることと使われることは同じではない。ブランドが商品を購入していない誰かに使われている例は、次から次へと出てくる。経路をしっかりと把握したうえで、購入者と使用者の両者にアプローチする戦略が必要だ。

ブランデッドエンターテイメント・プロジェクトと収益予測との相関

を、追跡測定する指標を予め決めておき、検証することが大事である。最も簡単な方法は、初めから実際に販売する流通・小売などをパートナーにすることだ。目標を設定する際、流通・販売現場からもチームに加わってもらおう。投資した金額の２倍３倍、もしくはそれ以上の金額を収益として生み出す必要があるなら、堅実な評価基準が不可欠だ。すべてのパートナーと共有した販売目標に向けてあなたが邁進するのと同じように、パートナーたちも共に目標に向かって励んでいる状況をつくろう。最終販売地点である小売を巻き込んで情報も共有してもらうのだ。そうすれば、共有される売上・収益目標は最初から明確になり、成功の定義をすべての関係者が認識することができる。

》But do the numbers add up?
計算は合っているか？

　ここで一旦立ち止まり、ブランデッドエンターテイメントを評価するアプローチについて話していこう。簡潔に言うと、業界標準はない。多くの広告会社、ブランド、チャネルは独自の評価方法を持っている。最終的に選択した評価方法が、キャンペーンの結果と目標を比較することだとしたら、個々の計算は問題ない。避けなければいけないのは、何の評価指標もない、あるいは評価方法が流動的である状態だ。それはブランド、投資、観客、すべてに不利益をもたらしてしまう。

　コマースについて話すうえで強調したいのは、革新的で素晴らしいコンテンツをつくりだそうとする目標を無視しているわけではない、ということだ。何事もバランスである。コンテンツに自社のロゴを貼り付けるだけで、プロジェクトが自動的に優れたブランデッドエンターテイメントになることはない。深い考えもなく、人々に明確に伝えるべきことも決めず、それらしい言葉を謳ったところで無駄な投資となる。最高レベルを目指し、やり抜くと決めて実行しない限り、結果にもつながらな

い。実際、2016年まで数年にわたりカンヌライオンズの審査員は、ブランデッドエンターテイメント部門でグランプリを出していないのだ。

幸いにも2017年の審査員は、グランプリを表彰でき、なによりコンテンツ、コンテクスト、コマースのバランスが完璧にとれたコンテンツに出会えた。他の著者も書いているように、『Beyond Money』はSantander銀行のために制作されたコンテンツである。同行はミレニアル世代をターゲットに銀行口座の加入者を増やそうと非常に苦労していた。スペインの人々、特に若者は銀行に不信感を抱き、聞く耳を持とうとしなかったからだ。そこで同行は、近未来を舞台にした17分間の短編映画を制作、配給した。その未来は、記憶の中に蓄積された経験を売り買いできる世界である。この銀行は大規模な調査を行い、銀行に関する人々のネガティブな感情も含めて、インサイトを理解し、その感情に正面から取り組んだ。批判を避けるのではなく向き合うことで、Santander銀行はこの映画を使って、銀行とミレニアル世代のターゲットとの間に、感謝、称賛、また信頼さえも作り出した。ほとんどの銀行が誰からも —— ミレニアル世代は言うまでもなく —— 信頼されない時代において、この作品と前向きなメッセージを通し、Santander銀行は160年以上の歴史の中で最速の登録率を記録し、わずか2週間で12ヶ月のビジネス目標の約35%（！）を達成した。素晴らしいコンテンツから生まれた、並外れたビジネス上の結果とROIである。

» Content vision on point?
芯をついたコンテンツのビジョン

私が個人的に思うに、ブランデッドエンターテイメント・キャンペーンにおいて、コンテンツはコンテクストの次に最も簡単なプロセスになりうる。なぜか？もう一度言うが、ブランドの命題が初めから決まっていれば、それを伝えるための新規もしくは既存の本物のコンテンツを見

つけることは容易なはずだからである。この段階で問題になるのは、コンテンツのアイデアや、制作をするうえでベースとなる十分な調査、統計、インサイトを確保する必要性を、多くの広告主は見逃しているかもしれないということである。繰り返すが、私たちの目標は常に、アートと科学が融合した成果を達成することである。人々を引き付けたいのなら、ターゲットである彼らが何を、なぜ、どのように考えるのか、深く理解することが重要だ。

　もう一歩踏み込んで、Santander銀行が何を成し遂げたのか見てみよう。フォーカスグループ（マーケティングリサーチのために集められた顧客グループインタビュー）、社会人類学、競争研究などはすべて、適切、持続的、かつ魅力的なコンテンツを生み出すのに役立つ。今日の消費者は柔軟で、変化しやすいため、調査では臨機応変に対応する準備が必要だ。顧客は毎日、毎分、毎秒ごとに、考えや願望を変化させ続けている。しかしアイデアから自由な思考をすべて取り去り、こうした調査に厳密に数字に従えと言っているのではない。バランスを取ることだ。クリエイティブなイノベーションが、戦略的にかつスマートに輝くための方法を見つけるということである。Santander銀行は調査によって「お金より大事なものは何か？いくらだったら自分の記憶を売るか」という人々のインサイトを見つけ出し、素晴らしいプロジェクトを作り上げた。

　クリエイティブにおいてコラボレーションの方法を知っていることは、最終的なコンテンツそのものと同じくらい重要なことだ。目標に関係なく、あなたはブランドの第一のクリエイティブリーダーとして動き続ける覚悟が必要だ。あなたのブランドのプロジェクトに適したパートナーを見つけ得る、あらゆる場所を探求するのだ。ブランドのメッセージに合ったスタジオやクリエイターは誰だろうか？ある人がブランデッドエンターテイメント界のリーダーで、称賛を集めているからといって、その人があなたやあなたのストーリーに最適であるとは限らない。あま

り知られていないが、相乗効果を生み出せるインフルエンサーやメディアパートナーを探し出すこともできるかもしれない。

次に、あなたは自分のブランドだけに共鳴するコンテンツを生み出したいはずだ。どのブランドでも生み出せるようなものにお金を使うのは、スマートではない。あなたのブランドのすべてを体現するパートナーとコンテンツを作ることで、あなたのメッセージとゴールを守ることができる。

カンヌライオンズの審査で、私たちは『Lego Batman』キャンペーンについて見直した。これは『レゴバットマン ザ・ムービー』とイギリスのテレビ局Channel4のタイアップキャンペーンで、劇場公開前の週末、レゴ人形のバットマンが次にオンエアする番組について紹介する、コンティニュイティ（ステーションブレイク）向けの企画だ。映画では、バットマンを務めた俳優のウィル・アーネットを起用し、本編さながらのストップモーションと演技で、視聴者を楽しませた。それは映画のためにカスタマイズされた素晴らしいコンテンツで、文字通り映画を支えるためだけに生み出されたものだった。Channel4とパートナーを組んだことは、トーンとスタイルの観点から見て完璧な組み合わせだった。なにより視聴者の約6人に1人がチケットを購入したという効果をあげている。

» Schooling our audience　観客を教育する

「バランスの取れた」ブランデッドエンターテイメントにとっての重要なテーマはもう一つはある。それは何か新しい発見や、学び、つまり教育的価値を提供することだ。

2017年のカンヌライオンズで審査員のお気に入りのアイデアの一つは、ブラジルでのBudweiserとESPNによる『The Debut』だった。BudweiserはブラジルでのNBA放送のスポンサーである。彼らは、単純にコマーシャルを流す以上のことで、消費者を改めて引き付ける方法を探していた。Budweiserが着目したのは、ブラジルで最も偉大なバスケットボール選手だが、NBAの試合に一度も出たことがないオスカー・シュミットだ。この時、彼らは重要なストーリーを伝えるチャンスがあると確信した。素晴らしいアスリートと人物像について全世代に教育しながら、企業のメッセージを共感とともに伝えるストーリーとなるだろうと考えたのだ。Budweiserは引退した、伝説のプレイヤー、オスカーがついにNBAの試合でプレイする特別イベント、ドキュメンタリー、アクティベーション施策を用意していた。国民の誰もがこのストーリーにかかわりたいと感じた。そして多くの人が、この物語にスポットを当てたブランドを高く評価した。Budweiserの消費者エンゲージメントを見れば、消費者の前向きな反応が見て取れた。このキャンペーンはただのマーケティングではなかった。最終的にそれはムーブメントとなったのだ。それは心を動かす感動的なコンテンツだった。この作品はブランドの世界観と完全に一致しており、制作したのはクリエイティブエージェンシーで、すべて実行したのはネットワークパートナー、ESPNであった。エンターテイメントと教育を組み合わせることは可能であり、効果的なのだ。

» Be a warrior　戦士となれ

　繰り返すが、配信会社、テレビ局、タレントなどとパートナーを組み、ストーリーに命を吹き込む際には、コンテンツを大切に守ることを心かけなければならない。バックグラウンドチェックが必要だ。彼らの過去の発言や以前の仕事を調べるべきだ。もしあなたのメッセージングや目

標と一致しないものがあれば、リスクをとるべきではない。また、恐れることはない。仮に有名な監督、プロデューサーまたは脚本家と組む場合にも、あなたのブランドとニーズのために議論することを躊躇しなくていい。ブランド・マーケターとしてあなたの最大の強みは、そのブランデッドコンテンツのメッセージに息を吹き込む最善の方法を分かっているということだ。例えば多くのブランドが長年ジェームズ・ボンドの映画と築いてきたような、相互に価値のある関係もある。この映画シリーズをサポートしてきたブランドの数々は、映画を支援するために何百万ドルもの広告費用に貢献し、貴重なサポートを提供してきたのだから。重要なのは、すべての関係者に成功をもたらすような、バランスのとれた関係性を築いてくれるパートナーを見つけることである。あなたのブランドにとって完璧なパートナーは、必ず存在する。そんなパートナーを探すために、時間をかけるのを惜しまないことが大切だ。

» So how does this all come to life?
どのように命を吹き込むのか？

　ここで紹介するのは、ブランデッドエンターテイメントの戦略が、私が説明してきたコンテンツ、コンテクスト、コマースのアプローチを実現する、5つの方法である。

1. Retail-tainment 「リテール・テイメント」

　先述の通り、ブランデッドエンターテイメントは、従来の配信経路だけに存在する必要はない。ECの伸長によって、ショッピングモールが姿を消していくにつれ、その所有者は新たな収入源を生み出しながら、集客数を再び上げる方法を絶えず模索している。アメリカのショッピングスペースはあり余っており、2009年4月時点で、国内で1人当たり2.2平方メートル分のスペースがあった。ここで、ブランデッドエンターテイメントの出番である。

例えばダラスでは、あるショッピングモールがLEGOと協力して、1200万ドルをかけ、3700平方メートルのレゴ・ディスカバリー・センターと、LEGOで作られた93平方メートルのミニゴルフコースを設置した。これにより、LEGOは商品を宣伝して販売を促進しつつ、没入型エンターテイメント体験を生み出すことに成功している。

　リテールテイメントは新しいものではない。Apple Storeは独自の店舗モデルとして登場以来、ブランドならではのメッセージングと雰囲気を活用して消費者を楽しませている。店内のGenius Barと1時間ごとのチュートリアルで、スタッフは定期的にAppleブランドの商品をプロモーションしながら、リアルタイムで消費者を魅了している。非常に効果的に、まさに購入の意思決定ポイントで、Appleは顧客の商品への興味を向上させてきたのだ。

2. Immersion marketing　イマージョン・マーケティング

　ブランデッドエンターテイメントのコンセプトを複数のタッチポイントで展開し、消費者の興味を喚起し、購入に誘うこと。私はこれを「360」または「イマージョン・マーケティング」と呼ぶ。

　アメリカで人気の、ある消費財ブランドは、ヒスパニック系の女性をターゲットに自社商品の売上を拡大したいと思っていた。このターゲットは好き嫌いが非常にはっきりしていると、ブランドは理解していた。このグループに不誠実な方法で伝えても、関係を傷つけるだけで、売上を増やすどころかむしろ減らすことになりかねなかった。そこで広告会社とアメリカの大手スペイン語放送局とともに、ターゲットにリーチするべく、テレビやラジオ、ストリーミング、インフルエンサーを活用し、生活を助けるヒントやアイデアを届け始めた。その中には、そのブランドの商品の使い方を紹介したプロダクト・プレイスメントや、「暮らしを助けるヒーロー」としてのメッセージングが含まれていた。このプロ

グラムが小売パートナーのエコシステムの中で存在できたということである。その小売パートナーと共に、同企業は売上達成の基準を、あらかじめ定めることができた。そのおかげで売上高は前年比40%以上も上昇した。

　ターゲット層はどこか、彼ら、彼女らはどのようなアプローチを好むのか、何を聞きたがっているのか。これらに対する明確なビジョンを持つことができたならば、ブランドのメッセージと機能を含んでいて、可能な限りすべてのタッチポイントで容易くターゲットを取り囲めるような、エンターテイメントを生み出す準備はできている。

3. Native content　ネイティブコンテンツ

　マーケティング担当者またはコンテンツクリエイターなら「ネイティブコンテンツ」という流行りの言葉を聞いたことがあるだろう。広告業界の多くの人々や企業は、ネイティブコンテンツとブランデッドエンターテイメントを同じものとして考えがちだが、そうではない。むしろリテール・テイメントやイマージョンのように、ネイティブコンテンツはブランデッドエンターテイメントの一つの形式、チャネルだが、カテゴリー全体を包含するものでは決してない。広告主が広告を購入し、従来の広告を超えて、コンテンツの配信もするメディア企業とのパートナーシップにまで拡大するとき、彼らは「ネイティブコンテンツ」の流行りに乗っているということである。簡単に言うなら、ブランデッドエンターテイメントは包括的な戦略で、ネイティブコンテンツは一つの戦術だと考えてほしい。その戦術は具体的には、編集と配信両方において、相乗効果を生むパートナーと共同するということである。

　2017年、SamsungはGalaxyS8を売り出すために、人気の動物ブログ『The Dodo』と提携した。Samsungユーザーの大多数が動物の飼い主や愛好者であると気づき、これは顧客に確実にリーチする入り口になり得

ると、Samsungは考えたのだ。彼らは『The Dodo』に、商品を統合し、このインサイトを生かした「ネイティブ」コンテンツを制作して、サイトで配信するよう依頼した。『The Dodo』では1人の写真家が、花の帽子をかぶった救助犬の可愛らしい写真を撮る様子が描かれた。短い動画を制作し、そこではFacebookだけで驚異の1200万再生を記録した。Samsungのブランドインテグレーションは完璧だった。最初は分かりづらいが、写真家がSamsungのデバイスで数枚写真を撮り、その後SamsungのGear VRを使って、インタラクティブなギャラリーを編集する。そして最後、視聴者はビデオ全体がGalaxyS8で制作されていることに気づくのだ。Samsungは、私たちのヒーローになった。

　大きなくくりのブランデッドエンターテイメントと、それを支えるため使う統合された個々の戦術との違いを、十分に理解しておくのが大切である。ネイティブ、イマージョン、あるいはもっと伝統的なメディアはすべて、適切な予算とチャネルの範囲内で望ましい結果を提供することができる。

4. Branded webisodes　ブランデッド・ウェビソード

　Marriott Internationalが所有するMoxy Hotelsは、YouTubeとパートナーを組み、『Do Not Disturb』シリーズを制作した。このシリーズでは、YouTubeの有名人たちが、Marriottの宿泊客の興味に沿ったカスタムコンテンツを制作した。Marriottはコンテンツに取り掛かる前に、消費者への深い洞察と調査を確実に行ったため、ストーリーは魅力的になるだろうと確信していた。ここでブランドは、ミレニアル世代にリーチすることを具体的に目指していた。ターゲットが若いため、ソーシャルメディアの統計をマイルストーンとして使うのは、理にかなっていた。効果測定を経て、ソーシャルメディアでのメンション（言及）が前四半期より167%上昇したことを、Marriottは確認した。さらに、このシリーズの結果、MarriottのYouTubeチャンネルの平均視聴時間は、前四半

期の43秒からキャンペーン中には2分54秒に増加した。

5. Never been done before　前代未聞のアプローチ

　ブランドとそのメッセージを際立たせるには、時には賭けをして、大いなるブランデッドエンターテイメント・パートナーシップを目指さなければならない。つまり、しっかりとした洞察をし、優秀なチームを揃え、できる限り多くの準備をしないといけないということである。しかしこれが上手くいけば、Tideによるスーパーボウルでのキャンペーン『The Bradshaw Stain』のように、大きな結果を残せるかもしれない。この作品はカンヌライオンズ2017の複数部門で受賞した。世界最大のエンタメプラットフォームの一つであるスーパーボウルとのパートナーシップによって、Tideは前代未聞のアプローチに成功した。

　ストーリーはシンプルだった。解説者のテリー・ブラッドショーがテレビの生放送に映った際、彼の白いシャツに染みが付いていた。試合が終わる前にどうやってそれをきれいにするのだろうか。それからストーリーは制作・録画済みの広告に移り、そこでシャツをきれいにするためのテリーの旅を見る。そしてCMが開けて、番組が生放送に戻ると、彼はTideのおかげできれいなシャツを身に着けていたのだ。消費者は彼の旅をたどり、テリー・ブラッドショーがどのようにシャツの染みの問題を解決するのか見ることができた。そして、Tideが試合の真のヒーローだとも感じただろう。Tideは染みをきれいに落とし、人々を新しく革新的な方法で楽しませた。ブランドは48億のメディアインプレッション、1分あたり100以上のツイート、「無料」メディアでの600のプレイスメントおよびメンションを獲得した。そして最も顕著なのは、販売数が22%増加したことだった。注意すべきなのは、前例のないことをしようとするならば、常識から離れる必要があるということだ。

　広告会社とクライアントがこのプログラムを実行すべきでないと考え

る理由は、いくつもあった。複雑な企画だったし、タレントの力によるところも大きかった。試合によって影が薄くなっている可能性もあった。何より生放送だ！しかし、結果はご覧の通り、虎穴に入らずんば虎子を得ずという言葉があるとおりだ。

» So is this really going to work?
本当に上手くいくのか？

　重要な質問が残されている。ブランデッドエンターテイメントは未来なのだろうか？コンテンツ、コンテクスト、コマースを成功させるブランデッドエンターテイメントプロジェクトを作ることができれば、ブランドがROIを達成するための主要な戦術になるのだろうか？私は、マーケティングの将来の大部分を形作るに違いないと考える。しかし残念なことに、マーケティング業界とテクノロジーは急速に成長しているため、その質問に確証を持って答えられる人はいない。私たちにできることは、周囲の環境や影響を観察して、トレンドや可能性を追うことである。具体的には今、起こっていること、近い将来起こり得ることに注意を払うことだ。

　あなたは合意できないかもしれないが、もしかするとブランデッドエンターテイメントは私たちが前に進むための唯一の道かもしれない。確信までは持てないが、正解から遠からずだと思う。現在の消費者は非常に多くの選択肢を与えられている。コンテンツを観る方法も非常にたくさんある。共通しているのは消費者が従来の広告を見ることなくこれらのコンテンツすべてを楽しめているということだ。ストリーミングとオンデマンドによって、視聴者は広告を避ける権利を、お金を払って手に入れることができるようになった。そのため、コンテンツと直接連携してブランドのメッセージングを統合するための、積極的で本質的な方法を見つける以外、他に手はないかもしれない。しかし上手くいけば、関

係者全員が成功と利益を得ることができる。

　あなたがブランデッドエンターテイメント・パートナーシップを構築
しようとする広告主ならば、本章があなたの進むべき道のりのヒントに
なっていれば嬉しい。あなたは、まずはじめに、あなたのブランドの目
的や意義と向き合うべきだ。そしてあなたは顧客を知り尽くす必要があ
り、その顧客のために、本質的なコンテンツを作らなければならない。
実施の前には測定可能な目標を初めから設定し、それを達成する方法に
ついて明確な戦略を組み立てなければならない。これらをすべて実行し
たと真に誠意を持って言えるのなら、あなたには素晴らしいコンテンツ
を生み出し、それに見合った成功を手にする可能性があるだろう。

　グッドラック！

PART IV

THE BUSINESS

12

ハリウッドとブランデッドエンターテイメント
（リドリー・スコット、トニー・スコットの挑戦）

ジュールズ・デイリー
Jules Daly, RSA Films

The hollywood way

予算のことは忘れてほしい。大物監督や人気俳優も、プラットフォームや長さのことさえも、一旦すべて忘れてほしい。

映画監督のリドリー・スコット、トニー・スコットと28年間一緒に仕事をして学んだことがひとつあるとすれば、すべてのストーリーは一つのアイデアから始まるということである。「爆発的なアイデア」を見つければ、後は何とかなる。こうやって彼らは、『ブレードランナー』『オデッセイ』『グッド・ワイフ』『アンドロメダ・ストレイン』、その他多くの忘れられないストーリーを生み出した。

リドリーに閃光が走ると彼の顔がぱっと明るくなるのを、私は何度も見ている。彼は紙とペンを手に取り、描き始める。山、顔、海、建物、衣装。1秒でアイデアに命が吹き込まれる。彼が描くものは制約に縛られずに、ありのままで、独創的、それでいて美しい。

もちろん、彼の描くありのままの純粋な感覚は、最終的に現実と向き合うことになる。実現性という制約、驚き、前後の整合性の問題……。しかし、正しいアイデア（とそれを表現する正しい方法）は、不屈の精神を求めるものだ。挑戦は常にクリエイターをさらなる高みへと突き動かす。そして解決策を発見すると、まるで電流が走ったかのように感じ

られるのだ。

スコット兄弟が世代やプラットフォームを超えた最高のストーリーテラーになったのは、純粋なアイデアと完璧な表現に対する絶え間ない探求心のおかげだ。彼らの下でトレーニングをするのは、さながら教会のようだった。私が目にした2人の仕事ぶりは、神聖なインスピレーションの下、大小様々なアイデアを、革命的なプロジェクトに育てるというもの。それは、彼らを取り巻くすべてを変えてしまうほどだった。それが長編映画、テレビシリーズ、コマーシャル、ブランデッドエンターテイメント、もしくは6秒間のバンパー広告のどれであろうと、彼らとそのチームの熱意は常に変わらなかった。

今年審査した作品を見てみると、私は作品に共通する情熱のサインを感じ取ることができた。それはインスピレーションである。そこで私は過去30年間、共に仕事をした彼ら2人と、その下で働く優秀なチームから学んだことを、いくつか共有したいと思った。その教えは、新しい才能たちが、ブランドとエンターテイメントを融合し、最高のプロジェクトをつくる手助けになるかもしれない。あなた方の中から、きっと次の時代の『テルマ&ルイーズ』か『エイリアン』や『1984』(リドリー・スコットが演出した、Appleの伝説的なテレビCM)を作り出す人が出てくることを期待している。

» No matter what, keep pushing
どんなことがあろうが、努力を続けよう。

リドリーとトニーは、映画、テレビ、広告など様々なメディアに向けてコンテンツを制作してきた、数少ない大物監督である。彼らのプロジェクトは大画面、小画面、デジタルやVRなど、多種多様なプラットフォームで公開された。そんな最高の2人から学ぶことができ、私は恵まれて

いた。

　２人とも、アイデアを生み出し育てていくプロセスを止めることはな
かった。インスピレーションが舞い降りたとき、彼らはいつも応えてい
たし、そんなことが常に起きていたから、彼らと働くことはワクワクし
ながら、絶えず答えを探し続ける旅のような、幸せな仕事だった。生き
方そのものと言ってもいい。好奇心旺盛、徹底的な熱中、止められない
のだ。撮影が始まっても、リドリーのクリエイティブな心は常に健在で
ある。トニーは撮影の最終日の最後の１秒まで、脚本を切り貼りしなが
ら、コマーシャルや映画を修正する。彼はより深い意味をいつも模索し
ながら、作品をより大胆で強いものにするために、常に努力をしていた。

　それは作品に表れている。スコット一家の制作した映画やコマーシャ
ルのどれを見ても、あなたはびっくりするだろう。その予想外で、大胆
で、独創的な作品に。彼らはプロデューサーを振り回してきたが、その
粘り強いビジョンは、良い作品を最高の作品に変えてきた。

　あなたの肩には「直感」という小さなものが載っている、そしてあな
たの耳元でささやいてくる。誰もが直感を持ち、あなたにこうしろと命
じてくる声があるのだ。多くの人はその声を無視してしまう。だが、あ
なたはその声を絶対に聞くべきだ。私は毎日、一日中、その声を聞くた
めに耳を澄ませている。——リドリー・スコット

》Explorers, go explore　探検家よ、いざ冒険だ

　2001年、BMWと広告会社Fallonは、トニー・スコットにしか作れな
いようなダークアクション・コメディシリーズの制作を、RSA Filmsに
持ち掛けた。その３部構成のシリーズには、ドン・チードル、F・マーリー・

エイブラハム、ジェームス・ブラウン、ゲイリー・オールドマン、クライヴ・オーウェン、ダニー・トレホ、レイ・リオッタやデニス・ヘイスバートなどが出演した。その作品は、メインプロットを押し進める、3つの「サブプロット映画」でできており、熱心なファン向けに代替現実ゲームも組み込まれていた。

『Hostage』はジョン・ウーが監督した一つ目のエピソードだった。FBIは、悪化する人質の状況を改善するために「ドライバー」を雇う。誘拐犯と被害者に関する情報がどんどん明らかになるにつれ、状況はますます複雑になっていく。

ジョー・カーナハンが監督した第2話の『Ticker』では、ドライバーと負傷した同乗者が、上空のヘリコプターから発砲されるという危機的状況に陥る。ヘリコプターから何者かが、車内のブリーフケースを目がけて発砲する。そのカバンには何が入っていて、同乗者は一体誰なのか？BMW Z4 3.0iをフィーチャーしたこのエピソードで、すべてが明らかになる。

トニー・スコットが監督した第3話の『Beat the Devil』では、ジェームズ・ブラウンが本人役で登場した。映画の中で、彼は有名になる前、自らのキャリアのために悪魔に魂を売る契約をした。現在の成功を受けて、契約を再交渉するためにドライバーを雇い、悪魔に新たな賭けを提案する。そしてラスベガス大通りへ、ドライバーと共にアクションと冒険の旅に出る。

今、振り返ってみると、それはもちろん、実現すべきアイデアだったように思われる。しかし当時に戻って、周りをよく見渡してみよう。その頃は、ブランデッドエンターテイメントのようなものは存在しなかった。長編フォーマットと言えば、Appleとスティーブ・ジョブズのため

にChiat\dayが制作し、リドリーが監督を務めた『1984』のような60秒の
スポットだった。そして2000年当時はネットのスピードが遅く、ダウン
ロードに一晩かかるものだったが、時代のすべての論理に反してそれは
実現した。そして「広告」というものを永遠に変えてしまったのだ。

これらの映画はいまだにブランデッドエンターテイメントの手本とし
て見られている —— 勇敢で、プラットフォームをまたぐ規模の作品とし
て。それ以来、多くの自動車会社（Audi、Jaguar、Mercedes、Fordなど）
は、有名俳優を起用したフィクションコンテンツを制作して、ブランド
を構築し視聴者との感情的なコネクションをつくりだそうとしてきた。
すべてはデヴィッド・ルバース（当時はFallon Worldwide所属、現在は
BBDOのグローバルCCO）とトニーの探求心から始まったのだ。

2018年に戻ろう。私たちは現在、数多のプラットフォームに囲まれて
いる。そしてプラットフォームの多くは、観客を楽しませ、ワクワクさ
せるアイデアに飢えている。そして、配信サービス、ブランド、広告主、
金融機関に至るまで、アイデアを実現するために、あらゆる形の資金調
達方法が存在する。

大いなる民主主義が誕生したのだ。世界のどこからでも、あらゆる世
代、あらゆる層の人が、Wi-Fiとスマートフォンを使って、自分のストー
リーをつくり出し、撮影し、全世界に発信できる。心を動かすストーリー
を世界中の人に配信するために、何百万ドルもの資金や何百人ものキャ
ストやスタッフはもはや必要ない。YouTube、Facebook、Instagram、
Snapchatなど、コンテンツを公開できるプラットフォームはたくさん
ある。そして、そのようなコンテンツには従来のコンテンツとは違う価
値がある。大作映画と競合するのではなく、それらと並存しているのだ。

つまるところ、私たちの多様なニーズは複数のプラットフォームを通

じて満たされている。『ゲーム・オブ・スローンズ』から最新の『スター・ウォーズ』といった映画、そしてソーシャルメディアのインフルエンサー、友人や家族が作ったコンテンツに至るまで、私たちは自身のコンテンツ消費を選択・管理している。私たちは時と場合によって違うものを視聴する。ドラマを一気見するときはNetflixで、YouTubeではヨガ動画を見る、フルスクリーンで体験したければ映画館で、友人の結婚式の動画はInstagramのストーリーズで、それぞれ視聴するだろう。そのコンテンツはオスカー（アカデミー賞）を獲得することはないかもしれない。……しかし、デジタルエミー賞やウェビー賞、またはカンヌライオンズを受賞することはできるかもしれない……。審査と評価のためのパラメータは複数存在する。そして侮るなかれ。エンターテイメントにおける著名人たちは皆、注意深く観察して、この新たな世界を自ら探究できないかと機会を伺っている。

　この新しい世界の中心にあるのは、ブランデッドエンターテイメントである。このジャンルは私たちが探し求めて、期待してきたものにようやくなろうとしているところだ。プラットフォームの民主化によって、ブランデッドエンターテイメントは主流になることができたのだ。

»Spreading the word　言葉を世界に届ける

　私たちRSAは幸運なことに、多くの力強いブランデッド・コンテンツプロジェクトを目にしている。ますます多くのブランドや広告会社が、業界の未来となるだろうブランデッド・コンテンツプロジェクトを提案、企画、制作することに時間を使っている。ところが、こういったプロジェクトが生まれたばかりの頃、パートナーが私たちに配信のアイデアについて尋ねてきたことは一度もなかった。もちろん、ブランドのウェブサイトに投稿することは、最初の通過儀礼である。実際、それは良いスター

トである。しかし、私たちはせっかく作るプロジェクトをどのように広告業界を超えて伝えられるだろうか？より多くの人々にリーチするには、どんな手があるだろうか。私にとってこれは、非常に価値があるが、なかなか掴めないゴールデンチケットのようなものだ。

『BMW Films』は、DirecTVで上映・放送される前、最初にオンラインで公開された。映画は大成功を収めたため、DirecTVはこの映画の広告戦略を再考し、空いているチャンネルに他の企業の広告を組み込むことを考えた。2001年のことだ。

配信方法。『BMW Films』17年後の今でも、私たちの強敵は生き残っている。

長編コンテンツのためのアイデアやパートナーシップを考え出している、勇気ある広告会社に拍手を送りたい。新しい領域にストーリーを配信するようクライアントに働きかける人々にも拍手を送りたい。だが、どのように新しいプラットフォームに向けてコンテンツを編集し、サポートすれば良いのだろうか。長編短編にかかわらず非常に多くの美しい映画プロジェクトが、それに値するだけ多くの観客に見てもらえていない現実もある。ブロンズライオンを受賞したQualcommの『Lifeline』を例にとる。この作品は、電話が主人公ともいえる、30分間の心理スリラーである。では、どこで見られるのだろうか？ブランドのウェブサイトなどの公式チャンネルから消去されてしまった。観客を集められる可能性はあったのに実際はできなかった、エンターテイメント作品への投資。この問題を解決できれば、秘めた潜在性と積極性で市場は爆発的に大きくなるだろう。その時、冒険心を失い、広告への投資をためらうブランドでさえ扉を開けて、この次なる可能性への旅路のステージに踏み出すだろう。

メディアエージェンシーは30秒のスポットであれば何をすべきか知っているが、ブランデッドエンターテイメントを配信する魔法の公式は解き明かせていない。著者の1人マリッサ・ナンスが『アートと科学の出会い』の章で紹介しているような、いくらかの思考や戦術は持っている。しかし優れたアイデアを実際に見てもらうには、現在の配信チャネルとのパートナーシップ以上のものが必要である。もちろん、YouTubeは大きく流れを変えた。Facebookも、それに張り合えるかもしれない。しかしどちらのプラットフォームも、コミュニケーションおよび適切に製品をサポートする上で、本当の意味で役立つとは言い難い。ブランドを中心に据えた、強力でクリエイティブなコンテンツを制作したら、それを使って何をしたらいいのか。見合うだけの観客に確実に見てもらうために、どこにコンテンツを設置したらいいのか。私はまだ答えを見つけていないと思う。だが、勇敢なブランドやクリエイターが革新と検証を続けていく中で、今後何年間かかけてどのように業界の風景が変わっていくか、見守っていきたい。

» Best practices　最高の事例

未知の宇宙を旅することの美点は、自分がルールを発明できるということである。トライしてもそれほど傷つかない。デヴィッド・ルバースとFallonが、私たちのもとに『BMW Films』のアイデアを持ってきたときも、ほとんどリスクはなかった。結局、17年経った今でも、このBMW Filmsがいまだに「最高の事例」の一つであることを考えても。

だから勇敢になろう！フォーマットを発明し、大きく打って出るのだ。フルシーズンのテレビシリーズを企画しよう。ブランド中心の大規模コンサートやブランドを中心に据えた本格的長編映画を制作しよう。最高のプランナーと協力して、コンテンツを世に出す新しい方法を見つける

のだ。

　2017年、NetScout社が資金を提供し、世界中の映画館に配給された『LO：インターネットの始まり』が公開された。それだけでなく、監督は他の誰でもない、ヴェルナー・ヘルツォークなのだ。彼らは夢を見て、勇気を出し……それは実現した。

　もうひとつのゴールド受賞作、Lactaの『From the Start』は、まずはウェブシリーズとして始まり、後にギリシャの主要なテレビチャンネルで放送された。『BMW Films』が辿ったのと同じ旅路だ。私がこう言うのは、賛辞の言葉としてである。私はこの配信手法を自慢したいのではなく、すべての人の心に届くアイデアを誇りに思っているのだ。私たちが観客にリーチするための方法は、もっと議論すべきことだ。だから本書にはそのためだけの章がある。もっと知りたければ、サマンサ・グリンの『世界に広がるアイデア』の章を読んでほしい。

»Collaborate　コラボレーション

　2018年、アレハンドロ・ゴンサレス・イニャリトゥはアカデミー賞の特別業績賞を獲得した。ロサンゼルス・カウンティ美術館で展示された、VR体験『Carne y Arena』によって表彰されたのだ。『Hollywood Reporter』誌は、「『Carne y Arena』は360度のキャンバスの必要性を真に捉えた、初の映画作品である」と述べた。誰もまだ言及していないのは、この作品はLegendary Entertainment、Emerson Collective、Hyundai、Pradaのパートナーシップで生まれたということである。

　映画制作は芸術の一つの形だが、コラボレーションによって栄えている。かつて、それは監督、俳優、カメラマンの間だけで行われていた

……今やブランドも、このクリエイティブのプロセスに一員として招待されている。

そうした道を先導する優れた映画人に、ステファノ・ソッリマ（『ボーダーライン：ソルジャーズ・デイ』または『ボーダーライン２』）がいる。彼は『カンパリ・レッド・ダイアリーズ2018 レジェンド・オブ・レッド・ハンド』というゾーイ・サルダナ演じる女性が、世界最高のカクテルを作るバーテンダー「レッド・ハンド」による完璧なカクテルを追い求める旅を描く、短編スリラー映画を監督した。

ジェイク・スコットは、この芸術分野におけるもう１人の伝道者である。彼はJohnny Walker Blue Labelのために、Anomalyと共に『紳士の賭け事』を制作した。ジュード・ロウとジャンカルロ・ジャンニーニが主演したこの作品では、高価なボートをかけて２人の友人が賭けをする様子が楽しく描かれている。ヴェネツィア映画祭で初公開され、素晴らしいブランデッドエンターテイメントにはぴったりのお披露目となった。ジェイクは次のように語る。「このストーリーは"生きることの主張"によってできている。それは人間のコミュニケーションや物語をどう記録するかにとって基本的なことだ。ブランデッドエンターテイメントの出現によって、観客は騙されて何かを買わされるのでなく、楽しみ喜ぶために存在するのだということが証明されている。私たちは皆良いストーリーを愛しているからだ」。

また、ジェイクは自動車メーカー Fordとショートフィルム『Le Fantôme（The Ghost）』を制作した。この８分間の映画は、謎の男ともう存在しないカップルを中心とした物語である。マッツ・ミケルセンが主演を務め、証人保護プログラム下で新生活を始めたカップルを追う暗殺者を演じる。男はカップルを注意深く観察し、まさに攻撃しようとすると、遠くから新しいFord車が目に入り、気を取られるというプロットだ。

» **The talent** タレント

　素晴らしい作品は、スタッフと俳優、両者から生まれる。ダミアン・ルイスは、アダム・スミスが監督し、JaguarがBrooklyn Brothersと制作した映画『デザイア』に出演した。ジャド・エールリッヒ（『We Could Be King』）は、Dick's Sporting Goodsをパートナーに『Keepers of the Game』という強烈なドキュメンタリーを監督し、本作は2017年にブロンズエンターテイメントライオンを獲得した。

　時には全く別の場所からも秀逸な作品は現れる。2010年7月24日、世界中の何千人もの人々が自分の生活を動画に撮ってYouTubeにアップロードし、その映像が『LIFE IN A DAY 地球上のある一日の物語（Life in a Day）』という映画にまとめられた。地球の一日を描くドキュメンタリー映画を制作するという、歴史的な実験映画だ。

　ケヴィン・マクドナルドが監督し、リドリー・スコットがエグゼクティブプロデューサーを務めた本作は、世界中の観客を驚かせた。そして、大きな広がりを見せた。『Britain in a Day』『Israel in a Day』『Germany in a Day』『India in a Day』、そして賞を受賞した『Christmas in a Day』。

　カンヌライオンズでは、あるブランドがこの偉大なアイデアを取り入れ、『Spain in a Day』という名前で発表された作品について協議した。イザベル・コイシェが監督したこのドキュメンタリーは、人生、愛、悲しみ、喜び、困難、料理、食事を経験するスペイン人に贈られた素晴らしいトリビュートだった。この映画を制作したのはCampofrioという、多くの国民的ブランドを持つスペインの食品グループ。そのアイデアは新しいものではなかったが、ブランドとのパートナーシップは相乗的で爆発的な効果があった。

» **Get in early　早めに始めよ**

脚本術におけるこんな言葉がある。「Enter late, leave early.（遅れて入り、早めに出ろ：シーンの初めから最後まで説明する必要はない。核心部分のみで十分という意味）」だ。しかし業界の未来を考える時、この言葉は適用されない。大きなトレンドが生まれたら、君はもうそのトレンドに乗ってみたいと思うだろう。なぜなら何かが一度流行ってしまえば、誰もあなたを待ってくれないからだ。今で言うなら、この未来というのはVR・ARのことである。

スピルバーグが支援するVR体験のスタートアップDreamscape Immersiveは最近、映画館にヘッドセットを導入するために、AMCとNickelodeonからの出資を中心に3000万ドルを集めた。AMCはIMAXとすでに提携しているが、Dreamscapeは少し異なるVR型プラットフォームを構築している。実際に歩き回れるような居室規模での体験だ。Dreamscapeの最大の強みのひとつは、VRでショッピングモールを救うという点である。現在ロサンゼルスのウェストフィールド・センチュリー・シティショッピングセンターの1階には、Alien Zooと呼ばれる期間限定VR体験施設がある。それは、センサー付手袋、シューズカバー、バックパック、ヘッドセットなどを組み合わせた、12分間の多感覚体験だ。このメディアによって、真に没入できるストーリーテリングを生み出したいブランドは、大きな可能性を手にしている。

VRは、まだ発展途中であるものの、人類が個人デバイスから個々の仮想空間に移行するうえでの架け橋である。私たちの常識はすべて変わろうとしている。今日のコンピュータや電話には、コンピュータビジョンからブロックチェーンまで様々なテクノロジーが搭載されているかもしれない。しかし、私たちが今日知っているすべてのデジタルインター

フェースは、一から作り直さなければならないだろう。現時点で、450社以上の企業が、VR・AR・MR業界全体のためのインフラ、ツール、プラットフォーム、アプリケーションを開発している。VRは大規模な混乱を引き起こすと予想される。大企業向けアプリケーション、教育、ソーシャルメディア、そして2兆ドル規模のエンタメ市場を一新し、新しい生き方への扉を開いていくだろう。

また、VRはエンターテイメントを支えて、マーケティング界の流れも変えている。すべての映画をVRで見られる時代ではまだないと思うが、その時は必ず来る。

現在、VRの強みは体験である。非常に多くの美しい方法でブランドの物語を拡張する、現実空間さながらのVR体験が私たちの手にもたらされようとしている。前述のように、私たちは『オデッセイ』の洗練されたVR作品を生み出した。これは最も先駆的な作品の一つとして称賛された。2016年のサンダンス映画祭では絶賛の言葉を受け、雪の中、6時間もの間行列ができていた。私たちは続いて、映画『エイリアン』の前日譚『エイリアン：コヴェナント』の予告として『In Utero』を制作した。この360度VR体験は、エイリアンの視点で宿主から生まれる瞬間を体験する、という生々しい悪夢へと私たちを誘う。没入型の環境の中、ファンはネオモーフの生まれて初めての記憶を体験することになるのだ。この360度の映像は、Oculus Riftにて初公開され、次にSamsung Gear VRヘッドセット、その後Google Daydream View、HTC Vive、そしてPlayStation VRで利用可能になった。

2017年のカンヌエンターテイメントライオンズでは、VRのプロジェクトは残念なことに、審査で評価してもらうための必要なサポートに恵まれなかった（機材は十分でなく、応募要項はVRのプロジェクトに必ずしも適していなかった）。不運なことだ。しかし私は、次の数年でVR

がブランデッドエンターテイメントの分野で非常に重要な要素になるだろうと睨んでいる。

» **Love is hard to find　愛はなかなか見つからない**

　10年前、観客たちは将来、携帯電話で『グラディエーター』を見るだろう、と私はリドリーに伝えた。彼は私を「狂ったのではないだろうか」という目で見た。

　繰り返して言おう。新しいプラットフォームに飛び込むということだ。

　それでは、どのようにこの新たな宇宙に向かって進んでいくのだろうか。まず、私たち映画クリエイターとのコラボレーションを、解決策の一案として考えてほしい。呼んでくれれば、あなたのパートナーとなり、共にアイデアを育てていく。良いアイデアというのは、最適な場所にあと一歩というところにいるものだ。ある制作会社やパートナーがあなたのアイデアを気に入らなければ、次に行くのだ。そして私たちが一度手を組んだら、より良いものを生み出すよう私たちに要求しながら、同じように冒険的で勇気のある人々を見つけ出してほしい。

　標準に甘んじてはダメだ。

　この時代の広告とエンターテイメントでワクワクする要素は、プラットフォームの豊富さである。配信、ライブイベント、VR、ソーシャルプラットフォームなど、数多くの新しい選択肢や革新的なテクノロジーが存在する。ただし同時に、少し混沌としているようにも思われる。多くの場合、制作会社は適切なメディアを通じて適切な観客に伝えるため、助けを必要としているのだ。つまり、良いアイデアを実現するためのパー

トナーを、誰もが探しているということである。ところがそれはまた、アイデアが深く練られていなければならないということも意味する。プランナーやストラテジストと協力することが、かつてないほど、重要になっている。ブランドやアイデアに関するサポートの層の厚さは、このプロセスにとってこれまで以上に欠かせない。

》The economics　経済

　ハリウッドを見て学べるもう一つの教訓は、金がものを言うということだ。資金を得られるまで、何もないも同然である。ブランデッドエンターテイメントに対して映画プロデューサーのようなアプローチを取りたいのなら、私たちは自問自答しなければならない。どこから資金を調達するのか？と。

　あなたは夜帰宅したら、CMが流れる従来のテレビ番組を見るだろうか、それともNetflixを見るだろうか。私たちの生活は、従来のテレビの視聴から配信サービスへと変化した。それに伴って観客のお金が使われる場所も多様化した。これから先、そのような視聴者のお金の使い途に入り込むなり、新しい支出先を作って、それを普及させるなりすることが必要である。そのために私たちはパートナーたちが冒険者となるよう勇気づけ、一緒に障壁やルールを壊していかねばならない。

　RSAで私たちはずっとこの課題と向き合ってきた。何年もの間、この会社では、異なる部門は別々に仕事をしていた。だが現在は一体となって働いている。映画・テレビの領域は、新しいチーム3AMがサポートしている。時間ではなく、企業の名前だ。3AMは映画やテレビ、ビデオゲームクリエイターと協力して、開発から発売やその先にわたって、マーケティングおよび物語の機会を生み出す、クリエイティブアクセラ

レーターである。急速に進化する業界における、映画製作者のマーケティングニーズを満たすために特別に作られたこの事業は、あらゆるプロジェクトが生まれる瞬間から、ストーリー、マーケティング、配給を立案する独自のアプローチを通じて、注目を集めるコンテンツや、ブランドと映画作品間の戦略的提携を促進するために発足された。

　2018年、同社はいくつものテレビ番組制作会社、ゲーム会社、エンターテイメントブランドと提携するまでに発展した。私たちが制作するプロジェクトのスピンオフコンテンツ制作やそれらを配信している。『プロメテウス』のガイ・ピアースのTED Talkから、『エイリアン：コヴェナント』のプロモーションである、AMD社のための『Meet Walter』というマイケル・ファスベンダー主演の美しい映画まで、多岐にわたる。さらに、『オデッセイ』のためのVRプロジェクトから、出演俳優のTwitterページで公開された、『ブレードランナー2049』の短編映画にまで彼らの実績は続く。

　タレントもこのトレンドを理解し始めている。特に彼らがスピンオフコンテンツなど、上記の映画のマーケティング手法の意義を信じている場合、しっかりと取り組んでくれる。特別強力なインフルエンサーマーケティングだ。タレントはある日、少し長めに仕事をするか、土曜の朝早めに来て、協力してくれる。

　実際、短いコンテンツを制作することは、スーパースターたちをやる気にさせる方法にもなる。俳優を、監督に挑戦させると、多くの場合やりたがる。コンテンツ制作が民主化されるにつれ、クリエイターはストーリーを伝えるという点で、解決すべき問題を抱えている。カメラの前で培ってきた本人も気づいていないような異なる筋力をカメラの後ろ、つまり監督として活用してもらうのだ。マシュー・マコノヒー、ユアン・マクレガー、クリステン・スチュワート、そしてブラッドリー・クーパー

も、皆スポットやブランデッドコンテンツの監督という新たな領域を楽しんでいる俳優である。

　ただし同時に私が叫びたいのは、ブランドや広告会社はリスクを取るべきだということである。一緒に仕事をしたい映画製作者、監督、プロデューサー、脚本家に声をかけていくのだ。この時代の素晴らしいところは、好奇心さえあれば何でも実現させられることである。誰もが大小様々なフォーマットで壮大なアイデアを受け入れる用意がある。アイデアが素晴らしければ、ビッグタレントやクリエイターもブランドや広告会社とのパートナーシップを嫌がらない。芸能事務所も、彼らのクライアントであるタレントたちに、素晴らしい仕事を持ってくることにオープンで協力的である。ただし何度も言うように、圧倒的に優れたアイデアが必要だ。魔法を実現するのだ。もちろん莫大な予算というニンジンでパートナーを見つけられることもあるが、優れたアイデアはいつだって正しい相手に見つけてもらえるのである。

》**Start, now**　今、始めよう

　ブランドは、これらコンテンツのアンバサダーというユニークな立場にいる。テクノロジーと配信技術などの進化によって、あなたの機会は絶えず変化している。では、この可能性を推進するには私たちは何ができるだろうか？例えばフィルムスクールを始めることかもしれない。高校生や大学生に、補助金を提供したり、小さなアワードを企画したり、ブランドのストーリーを伝える機会を作る。挑戦を続けるのだ。もしブランドのあなたが、映画コンテンツを制作したいのなら、プロデューサーや監督に連絡しよう。あなたならではのアイデアを考え出そう。そしてプロジェクトを進めるにあたっては柔軟に対応しよう。なぜなら驚くような、素晴らしいアイデアがプロジェクトとして実現する時には、混乱

して、不安定で、予想のつかない状態がある時だからだ。

　あなたは面倒だが一つひとつの承認プロセスをとることにトライするか、諦めて何もしないかのどちらかである（これについては、PJ・ペレイラが本書の最終章でグランプリ作品のいくつかを詳細に考察している）。しかし何より重要なのは、あなたは何かを始めなければならないということである。

　私たち映画クリエイターと未来の映画クリエイターが大きなプレッシャーを感じているのは事実だろう。だがリドリーも、2018年バフタ賞（英国アカデミー賞）でこう語っていた。「今週末すぐに出かけて、映画を撮れ。そうでないなら、文句を言うのは止めろ」。彼のお気に入りのフレーズのひとつは「Just do it.」だ。これはスローガンであり、すぐに外に出て映画を撮れという挑戦状である。撮れない言い訳は今やほとんどない。スマートフォンで映画を作ろう。ストーリーを伝えて、アイデアが形になるのを観客に見せよう。FacebookやInstagramに投稿して、そして学ぼう。もしそれが良ければ、人々に見てもらえてシェアされて、本当に映画クリエイターになれる可能性がある。このコンテンツはオスカーやカンヌライオンズを獲得することはないかもしれないが、あなたに受賞への道を切り開いてくれるかもしれない。エージェント、マネージャー、スタジオエグゼクティブ、制作会社の社長など、私たちはすべてのものに目を向けている。マジックを起こすために、これらのプラットフォームで新たな才能を捜索し続けているのだ。だから、クリエイターたちよ、君たちの可能性は計り知れないのだ。

　道を切り開けば、周りは付いてくる。運次第だが、ピンチはチャンス、未来は開かれるのだ。先見の明を持って道を先導してくれたブランドたちに、私たちは感謝を伝えたい。

13

タレントとブランデッド
エンターテイメントの
おいしい関係

キャロル・ゴール
Carol Goll, ICM Partners

What's in it for the stars?

　セレブリティ（著名人）が広告に出ることは、ごく一部の人しか検討しない、そしてあまり表に出てこない秘密の領域だった。実現するための条件は、大概、次のようなものだった。その１. 広告に出ても恥ずかしくないブランド、企業であること。その２. アメリカ国外、できればキャンペーンの言語が英語でない国で撮影・展開されること。その３. 最も大事なことだが、報酬が多いこと。例外的に、化粧品、高級品、そしてハイファッションのキャンペーンはアーティストに受け入れられてきた。しかし、一般的には広告に出演しているセレブリティは、尊敬はされず、後ろ指をさされることが多かった（タレントが広告に出演することがタレントにも大いにプラスに働くと考えられている日本とは完全に異なる状況）。

　数年前、私はある有名な俳優に、Chryslerのスーパーボウルのコマーシャルへの出演を断られたことがある。彼はアメリカのＣＭに出演して人々の注目を集める準備はできておらず、企画やコピーが本物に感じられないと断ったのだ。そのテレビCMに、最終的に誰をキャスティングしたのか気になっていたところ、出演したのは、あのクリント・イーストウッドだった。このテレビCMは多くの賞を受賞し、絶賛の嵐を受けた。イーストウッドはCMなどにあまり出る人ではなかったが、この企画はむしろ自分に合っていると、彼は解釈したに違いない。私にとって、

それは理解と学びを得た瞬間だった。まず、多くの有名人がブランドのキャンペーンにかかわるかどうか決めるうえで、その決断を後押しするのはストーリーもしくはコンテンツであるということが分かった。今日のブランドパートナーシップは、アーティストのキャリアにおいて金銭的に意味があるだけではなく、エンターテイメント市場における一般消費者からの認知向上という意味でも、重要になってきた。

　ブランドと仕事をする、広告に出演することは、インターネットとソーシャルメディアの出現とともにタレントに受け入れられ始めた。デジタルによって出現した新たなメディア世界は、私たちが映画やテレビ、アート、音楽を楽しむ方法に、大きなパラダイムシフトを起こした。デジタルによって、かつては入手できなかった、視聴者のインサイトデータも得られるようになっている。そしてブランドとタレントの双方はこのデータを活用して、消費者の好みに応じてマーケティングやイメージを調整することで、より効果的にブランディングできるようになった。下手くそなプロダクト・プレイスメントで、長いこと笑われてきた映画は、ブランドと物語が有機的に相乗効果を生み出せる関係を追求し始めた。ミュージシャン、特にアーバンミュージック界隈の人は、お気に入りの製品についてラップしたり歌ったりするようになった。ブランドはクリエイティブのコミュニティで不可欠かつ受け入れられるツールとなり、ブランドのステークホルダーもその重要性に気がつき始めたのだ。

　ブランデッドエンターテイメントはパラダイムシフトを起こした。ブランドはブランデッドエンターテイメントを彼らが達成すべきマーケティング成果と観客のニーズのバランスが重要と考える傾向がある。単にその人が有名だから、商品が良さそうと感じてもらうという目的ではなく、彼ら・彼女らについている「ファン」をキャンペーンに連れてきてくれる。これこそが、ブランドがキャンペーンに有名人を起用する理由だ。

このコンセプトはハリウッド映画のマーケティングにとって真新しいものではない。それはクラーク・ゲーブルとマリリン・モンローの時代にまで遡る。ビッグネームによって映画のチケットは売れる。メリル・ストリープかレオナルド・ディカプリオを映画に出演させれば、観るに値する、あるいはチケットを買うに値する映画だという保証になることがよくある。

広告やブランドにかかわる有名人は、もはや企業の「スポークス・パーソン（広告塔）」とは見なされていない。ブランドが本当にエンターテイメントビジネスに近づきたいのであれば、タレントたちの情熱や関心事を調べて、嘘なく、本質的なコラボレーションを追求する必要がある。そして人々の記憶に残る、輝かしいプロジェクトを作り出したいのなら、協力してくれるようアーティストを説得できるような、興味深い、意味のあるアイデアを考えなければならない。

デジタルおよびソーシャルメディアによって、有名人は自身の個人的なブランドを、そして最終的には自身のメディアプラットフォームを構築できるようになった。スマホを見るだけで有名人の情報はすぐに確認できる。私たちは、有名人が好きなもの、嫌いなもの、何を食べ、何を着て、何を消費するのかを知っている。これらをしっかり調べてアプローチできれば、本物の繋がりが生まれる。ブランドはタレントと自社製品との自然かつ嘘のない連携を望んでいるし、タレント側も同様なのだ。ラッパー ジェイ・Zも声高にこう言っている。「俺はビジネスマンじゃない、『俺』こそがビジネスなんだ」。

そして、必ずしもカメラの前に立つことだけがコラボレーションの方法ではない。有名人はしばしば共同制作者として、ブランデッドエンターテイメントプロジェクトに駆り出されることもある。実績あるハリウッドスターたちは、参加するプロジェクトがハイクオリティで、彼ら自身を体現する企画であることを強く望む。誰も最低な出来の映画に出たり、

最悪なレビューを受けたりしたくはないのだ。タレントが自分の価値を安売りしている時、消費者は簡単に気がつく。ファンであるからこそ、出ているプロジェクトとタレント自身のブランドや精神、芸術的感性とリンクしていないことを容易に感じ取るからだ。企画の初期段階から携わる、あるいはプロジェクトの脚本を書く、場合によっては監督をする、いずれにせよ助言や承認をする権利を得るのは、ブランドと契約するタレントにとって重要な要素である。

　私は著名人の代理人として、ある懸念を持つクライアント企業と交渉をしてきた。その懸念とは、有名人にクリエイティブにおける意見や承認の権利を与えれば、企業はコントロールを失ってしまうか、タレントの要求が上がっていき、一緒に仕事をするのが厳しくなるのではないかということである。そうした場合、私はいつも企業に伝える、タレントに発言権を与えても、プロジェクトの魅力が高まるだけだと。そしてブランドと契約する有名タレントにとっても、自分のブランドが傷つくリスクを減らせるため、安心して参加できることになる。

　お分かりのように、有名タレントがブランドと提携するうえで、重要なのはお金だけではない。第1に、企画だ。アーティストがブランドと仕事をするかどうか決める際、企画の中の様々な要素を検討するだろう。これまでと異なるジャンルで歌う、自分の大好きなキャラクターを演じる、または過去のプロジェクトの当たり役を再演する、新しい芸術の道に進めるチャンスに惹かれるのかもしれない。あるいは、彼らはお決まりの役からあえて外れようとするかもしれない。アーティストたちは自分の能力を拡張・開拓するのが好きだ。私は常にブランドに対し、アーティストを巻き込んで新しいチャレンジさせることを勧めている。アーティストは自分の技術のエキスパートなのだ。これこそが肝心なところである。優れたブランデッドエンターテイメントは、彼らの本気の技術、芸術を活用し、賞を獲得するような映画やテレビ番組、歌と同じくらい

魅力的で高いクオリティである必要があるのだ。

　ブランドを受け入れているのは有名人だけではない。広告会社はブランデッドエンターテイメントを企画・制作するために、広告ではなく、映画やテレビなど従来のエンターテイメントの世界にいるクリエイターを起用する。脚本家、監督、作曲家は、共感を獲得するためのマーケティングを生み出すためにチームに入る。専門家たちと共に取り組むことでブランドマーケティングコンテンツにも、リアリティとクオリティが生まれた。そして、従来のセレブリティの広告塔的利用におけるタブー（セレブは広告にできれば出たくない）が消えていったのだ。

　2017年は私がカンヌライオンズの審査に参加した初めての年だが、私は以前、カンヌライオンズの受賞作を担当したことがある。Intelと東芝の2013、2014年の短編映画で、ICM Partnersのクライアントである俳優２名をキャスティングしたのだ。2012年、Intelと東芝は『The Beauty Inside』というソーシャルフィルムを公開した。監督は、サンダンス映画祭で審査員大賞を受賞した『今日、キミに会えたら』を手がけた、ドレイク・ドレマス。制作はPereira O'Dellで、主演は『ザット'70sショー』での役が最も有名なトファー・グレイスだった。

　このプロジェクトは、6話のエピソードからなる、革新的なフォーマットが特徴である。インタラクティブ・ストーリーが登場人物のFacebookのタイムラインを通じて配信されたのだ。視聴者がソーシャルメディアを介して主人公と対話でき、ストーリーで主役を演じるオーディションにも参加できたという点で、このプロジェクトは革新的であった。『The Beauty Inside』は7000万再生を獲得し、カンヌライオンズでサイバー部門グランプリを含む複数の賞を受賞した。説得力のある脚本、良質なストーリー、優れた監督など、様々な要素で観客をひきつけた。高いクリエイティビティのある企画がトファーという有名タレントの主演快諾に

つながり、Intelと東芝という2つの巨大ブランドにサポートされ、伝統的な映像ストーリーテリングをソーシャルメディアと連携し、インタラクティブ性を加味して、革新的ビジョンを実現したのだ。それは「コマーシャル」には感じられなかった。つまりブランドがアーティストの名前を利用して、商品を売ろうとしているとは思われなかったのだ。革新的なストーリーテリング手法が、優れたブランデッドコンテンツを通して、観客との強いエンゲージメントを獲得できることが実証されたのである。マーケティングツールの役割を果たしつつ、観客の共感度が高く、受賞もできるようなエンターテイメントコンテンツを生み出すために、ハリウッドのコミュニティと協業した優れた事例だ。高いクリエイティビティと企画性が、メジャータレントのブランデッドエンターテイメントプロジェクトへの参加を促すのである。

» Track record　過去の実績

Intelと東芝が『The Power Inside』プロジェクトのキャスティングをしていたころ、私はすでにこれらのプロジェクトが成功するであろうこと、そしてブランド側にとっても、アーティストにとって意義があることを理解していた。翌年このプロジェクトは、再び広告会社Pereira O'Dellとタッグを組み、『パルプ・フィクション』などで知られる名優、ハーヴェイ・カイテルを主演に抜擢した。そしてプロジェクトはカンヌライオンズのサイバーブロンズをはじめ、複数の賞を受賞した。

ハーヴェイ・カイテルのような伝説的な俳優をキャスティングすることで、東芝とIntelは信頼感、説得力、そして魅力のあるプロジェクトを完成させた。繰り返すが、これは2つの巨大ハイテク企業が出資し、構想したコンテンツだが、従来のコマーシャルプロジェクトとは大きく異なっていた。ハリウッドで最もクールで、尊敬されている俳優の一人

であるパーヴェイが出演を決めるには、彼自身が出る価値のある「本物」のプロジェクトだと感じる必要があった。彼がいつも映画出演を決める時と同じ基準でだ。

　そして彼はハーヴェイ自身の魅力を通じ、他の誰もできないようなやり方でキャラクターに息を吹き込んだ。コンテンツには説得力があり、映画と同じクオリティで撮影、制作され、観客は引き込まれた。それがハーヴェイにとって「本物」だったのは、「広告」のようには感じられず、むしろ素晴らしいストーリーと心を打つキャラクターが躍動する、短編映画だったからである。

» Expanding the audience　観客の拡大

　Intelと東芝の『The Power Inside』には、ハーヴェイにとって単に良質な脚本である以上の価値があった。それは新しい観客との繋がりだ。この作品はインターネットを通じてミレニアル世代を対象に配信されたのである。このプロジェクトによって彼は全く新しいファンを獲得したのだ。何百万人もの映画ファンが、『レザボア・ドッグス』『パルプ・フィクション』『バッド・ルーテナント』のような作品で彼を覚えている一方、ターゲット層であるミレニアル世代は彼が出演した、どの映画も観たことがないかもしれない。このプロジェクト自体のマーケティングも、ブランデッドコンテンツとして、ユニークだった。いわゆる映画ポスターを大都市圏で掲出し、通常の映画のマーケティングと同じやり方で「ブランデッド」プロジェクトを宣伝したのだ。

　ハーヴェイ・カイテルとミレニアル世代のように、ブランドがパートナーに選ぶタレントのファン層が、ターゲットの観客と必ずしも合致していない時でも、すぐに諦めないでほしい。
　頭を柔らかくして考えれば、プロジェクトに参加することに、より熱

心で、結果としてより価値のある人を、見つけられる可能性があるのだ。ブランドとタレント、双方が成功のための冒険に熱心になれる場合、良いプロジェクトになり、注目が集まる可能性はあがるのだ。シンプルに人気という側面だけでない、本質的なキャスティングが重要だとお分かりいただけただろうか。

》**Headliners are media　主役はメディア**

　私は10年近くの間、世界有数のタレント・脚本家エージェンシーの一つであるICM Partnersで、グローバルブランデッド部門を運営してきた。このグローバル・ブランデッドエンターテイメント事業部は、コマーシャルなど、ブランドコンテンツにおける俳優、コメディアン、監督、ミュージシャン、テレビパーソナリティ、アナウンサー、スポーツ選手のエージェントをしている。実はタレントエージェントとしての私のキャリアは、少し変わっている。私は、同僚の多くのようにハリウッドの大手タレントエージェンシーのメールルームからスタートしたのではなく、自動車業界からキャリアをスタートした。私は13年以上にわたって、Mercedes-Benz USAのエグゼクティブを務めていた。そこでは、エンターテイメントおよびライフスタイル・マーケティング施策を担当する部署を運営していた。このバックグラウンドから、私は常にブランデッドエンターテイメントを2通りの観点から見るようにしている。一つはアーティストの、もう一つはブランドの視点だ。

　私は、キャンペーン、ブランデッドエンターテイメントにおける著名人の活用について、タレントを仲介する時、ブランドを仲介する時、それぞれ異なる考え方で捉えてきた。多くの場合、アーティストはブランドパートナーシップを、自分個人のブランドを築くための機会として捉えている。多くのタレントは、キャンペーン参加やブランデッドエンター

テイメントを通じて新たなビジネスを創出することで、彼らの文化的な影響力（と収入源）を多様化するために、ブランドとの仕事を活用する。タレント自身のコア・バリューに対して嘘のない形でブランドとコラボレーションできるアーティストは、自分自身がブランドになることさえ可能だ。著名人が携わるプロジェクトは、タレント自身の哲学、コアバリューと合致していなければならない。また、メッセージは言わされているものでなく、本物の言葉であり、消費者が納得できるものでなければならない。ある人がキャンペーンに起用されている理由を消費者が理解できない場合、それは間違った組み合わせになっていることが多い。消費者が、タレントとブランドの関係を理解できない、あるいは受け入れられなければ、売ろうとしている、商品やサービスを購入してくれることもない。単純なことである。

　ブランドは有名人をキャンペーンに起用する際、提携や製品との「すり合わせ」を利用して、キャンペーンを目立たせて消費者の注目を集めたいと考えている。ソーシャルメディアでのアーティストのフォロワー数が多いことは非常に重要である。なぜなら、アーティストの最も忠実なファンに、キャンペーンを見て興味を持ってほしいとブランドは思っているからだ。ブランドはアーティストのソーシャルメディアでのエンゲージメント分析や、ファンが最終的に商品を購入するか否かを決める他の要因を調べることで、ROIを測定できる。ソーシャルメディアを通じてアーティストと直接結びついた測定ができるため、商品と共にタレントのイメージを掲載する屋外看板などの従来のメディアよりも、このタイプのメディア・バイイングの方が効果的であると、多くのブランドが気づき始めている。競争の場は変化し続けており、アーティストは積極的なファンベースを持つことがいかに重要か認識している。

　私はこの2年間、ソーシャルメディアにおける消費者や観察のエンゲージメントが重要な要素になっていないセレブリティ活用キャンペーンに携わったことがない。

今ではほとんどのブランドのキャスティングでは、ソーシャルメディアのフォロワー数は、どのアーティストがキャンペーンに相応しいかを示す強力な指標であるだけでなく、決定要因となる。この手法はブランドの世界に特有なわけではない。映画スタジオ、テレビ制作会社、レコード会社もまた、これまで以上にソーシャルメディアを通じた消費者エンゲージメントを推進している。

》Driving pop culture　ポップカルチャーの推進

2017年のカンヌライオンズ・ブランデッドエンターテイメント部門では、セレブリティタレントを使ったキャンペーンは、わずかだった。役者として出演したものもあれば、制作側として参加したものもあった。最も注目に値するキャンペーンの一つは、Adidasのムービー『Original Is Never Finished』だった。この90秒のムービーはブランデッドエンターテイメント部門でブロンズライオンを受賞し、ブランデッドエンターテイメント・フォー・ミュージック部門ではグランプリを獲得した。2017年のグラミー賞で初公開されたこのCMを見たとき、魅了されたことを今も鮮明に覚えている。よって、カンヌライオンズの審査の候補リストにその作品を見たときも、私は驚かなかった。

Adidasは、ウェアなどの商品の売上とカルチャーブランドとしての認知の両方において、常にNikeに続く二番手だった。Adidasが脇役に徹する一方で、Nikeは消費者に「Just do it.」というメッセージを伝え、それによって世界中の限られたブランドしか持たないような文化的な名声を得た。世界最高のパフォーマンスを誇るスポーツ選手に特別バージョンの商品を着てもらい、コラボしながら、Nikeはそのセグメントの伝統的な広告において市場を席巻した。そんなライバルに追い迫るために、Adidasは自らを再定義する必要があった。Adidasはスポーツ界

からストリートへ焦点を変えることで、ブランドを再定義した。Adidas
はスポーツではなく、ライフスタイルに関する商品を作り、ブランデッ
ドエンターテイメントを活用して、商品とタレントとアートの感情的な
繋がりを強固にした。カニエ・ウェストのような文化的有名人との、ハ
イファッションなパートナーシップを通じ、Adidasはスポーツブラン
ドから、ライフスタイルブランドという新たなセグメントへ移行し、消
費者の頭の中におけるブランド価値を高めることに成功した。

この最新のブランデッドエンターテイメント作品で、Adidasは創造
とオリジナリティというアイデアに着目した。『Original Is Never
Finished』は、文化を前進させることで真にオリジナルなものとは何か
を再定義することができる、というアイデアを探究している。著名な映
像制作会社RSAがプロデュースし、広告会社Johannes Leonardoが担当
したこのプロジェクトでは、ヒップホップアーティストのスヌープ・ドッ
グやストームジー、伝説的バスケットボール選手カリーム・アブドゥル
=ジャバー、アーティストのペトラ・コリンズといった、現代のクリエ
イターたちがミックスされている。映像ではフランク・シナトラのクラ
シックソング『マイ・ウェイ』が使用された。この歌は、(シナトラのレコー
ディングも一部含め)リミックスされ、より現代的で壮大な賛歌へと生
まれ変わっていた。非常に賢い選択である。何度も様々な方法でカバー
されてきた楽曲を、再び新鮮かつ「オリジナル」に感じさせることに成
功したのだ。そのスポットはAdidasのEQTシリーズを取り上げたもの
だったが、それを誇示することはしなかったため、旧来の意味でコマー
シャルのようには感じられなかった。このEQTシリーズは、ブランド
の資産、具体的に言うとAdidasの1990年代のコレクションから、スタ
イルのヒントを得ていた。何度も何度も生まれ変わり、価値を更新し続
ける『マイ・ウェイ』という曲のように、彼らは製品そのものを現在の消
費者に向け現代化して、もう一度「オリジナル」なものにしたのだ。

音楽だけでなく、映像部分でも、このコンセプトがさらに強固に活用されている。作品の中で、ペトラ・コリンズはサンドロ・ボッティチェリの絵画『ヴィーナスの誕生』のイメージを再構築している。また一方、ラッパー　スヌープ・ドッグもシュールなチェイスシーンで、彼のアルバム『Doggystyle』のカバーをセルフリメイクした。様々な世代のキャストが出演しており、中にはプロデューサー　デヴ・ハインズ、シンガーソングライター　メイベル、スケートボーダー　ルーカス・プイグのような、現代ポップカルチャーにおける様々なインフルエンサーも登場した。

　Adidasがスヌープ・ドッグやフランク・シナトラといった普遍的なカルチャーアイコンであり、現代でも依然としてポップカルチャーの革命者として尊敬を集めているタレントを活用したのは、単に歴史は繰り返すということでなく、再創造され続けるのだというメッセージを伝えたかったからだ。

　このプロジェクトの映像と出演する様々なタレントが示唆するのは、「消費者には選択肢があり、境界を越えて自分のイメージを再考することで、新たな視点や新鮮な考え方を生みだせ」ということだ。彼らはその灯りを新世代のクリエイターに渡し、自分にしかできない形で、オリジナリティーを再定義するよう呼び掛けているのだ。

　Adidasのプレスリリースで、Global Communications Adidas Originals and Coreの副社長Alegra O'Hareは、次のように宣言している。「Adidas Originalsのために私たちが行なっているプロジェクトは、すべて現在進行形である。真のクリエイティビティには終わりはないからだ……私たちは絶えず自分に挑戦し続け、想像力を制限する境界線を打ち破っている。私たちはすべてのクリエイターに、同じことをするよう呼びかけたい。2015年の「Superstar」プロジェクト（旧ブランドの復刻版）を通して、私たちは最初にこのアイデアを提起し、『オリジナル』という言葉

のまさにその意味に疑問を投げかけた。それから私たちは続いて、ディ
ストピアな未来がやってくるのではという現代の人々の不安を受けて、
望ましい未来を自らの手で創造するよう消費者に働きかけた。ブランド
の精神において最も重要で中心的な、『Original』というコンセプトに
よって、私たちは『オリジナル』となることとは実際何なのか、本質を
問いかけながら、三つ葉（Adidas）の物語を強化しようとしているのだ」。

　Adidasが自らを変革しているように、セレブリティパートナーシッ
プを活用するブランデッドエンターテイメントは、可能性の幅を広げて
いる。単なる広告塔としての出演という境界は、すでに打ち破られた。
進化し続けるブランデッドコンテンツというジャンルは、エキサイティ
ングであり、うわべだけの提携や出演の時代は終わりを告げつつある。
タレントと製品の間に嘘のない、本物かつ、自然なコラボレーションが
必要なのだ。

» Kenzo's My Mutant Brain
　KENZOの香水の動画『My Mutant Brain』

　高級ファッションブランドが、自社の香水、化粧品、衣服、アクセサ
リーを良く見せるためにショートフィルムを制作し始めると、そのレシ
ピは何度もくり返しコピーされた。
　あまりに真面目、あるいは気取りすぎ、そして「映画っぽく」するこ
とに懸命になりすぎるあまり、結局、効果が無くなってしまった。
　ブランドが本質的な努力をしていたのか、消費者は疑問に思い始めた
ということである。有名タレントの起用：あり。有名な映画監督起用：
あり。最先端のカメラマン起用：あり。ソーシャルメディアとデジタル
エンゲージメント：あり。Louis Vuitton、Armani、Dolce & Gabbana、
Burberry、Calvin Klein、その他数多くのブランドによって、チェック
リストをクリアする、座組みはしっかりしたプロジェクトが実施されて

きた。すべて、とても良いプロジェクトになっているのだろうが、このコンセプトが何度も繰り返し利用されるにつれ、ブランデッドコンテンツにおけるその価値は急落してしまった。

　では、KENZOの新しいフレグランスKenzo Worldのプロジェクト、『My Mutant Brain』が、ブランデッドエンターテイメントとして、私たちを驚かせ、カンヌライオンズを受賞したのはなぜだろうか？この作品は先ほどの例と同じチェックリストをクリアしている。大物監督：スパイク・ジョーンズ。有名女優：アンディ・マクダウェルの娘で、『LEFTOVERS/残された世界』出演の、マーガレット・クアリー。振付師：シーアの『シャンデリア』のミュージックビデオを担当した、ライアン・ハフィントン。それは香水の広告としてはやり過ぎで、突飛で、率直に言うと、間尺に合わないかもしれない。このプロジェクトはクアリー演じるキャラクターが4分間ダンスを踊る動画である。彼女はつまらないイベントを抜け出し、顔をゆがめてダンスしながら、ホールをすごい勢いで進んでいく。ブランドの存在は映像の最後にしか出てこない。KENZOがパッケージに使用しているビジュアルと同じ、花でできた巨大な目玉が現れ、クアリーはその中へ飛び込んでいく。

　KENZOは元々、香水のキャンペーンでは、美しい女性と香水のボトルをメインにした、使い古された方式を取っていた。今回はそれを一新し、他のブランドが制作してきた、どちらかという自己陶酔した作品を、批評するパロディーの視点をもってプロジェクトを制作した。美容カテゴリーのマーケティングで、予想外かつ過激なことをしたがっているアーティストたちの参加が実現したことで、このプロジェクトはアートと批評（と結果としての）話題の創作という目的を達成した。

» Tide's The Stain
TideのスーパーボウルCM『The Stain』

　2017年、カンヌライオンズでは、セレブリティを活用したキャンペーンはほとんど受賞していない。しかしながら、私の印象に強く残ったキャンペーンが一つあった。ブランデッドエンターテイメントにおける著名人という文脈の中でこれに言及しなければ、まずいだろう。他の章でも紹介されているが、洗剤ブランドのTideの第51回スーパーボウルでのキャンペーンで、テリー・ブラッドショーを起用した、『The Stain』（染み）だ。このコンテンツは有名人をクリエイティブに起用し、メインコンテンツである試合の中にしっかりと統合されており、典型的なコマーシャルからは抜きん出ていた。

　1億1000万人以上の視聴者がいて、2017年のスーパーボウルでは60秒スポットのコマーシャル価格が450万ドル（約4.8億円）に達した中で、広告主はクリエイティビティ、オリジナリティにおいて年々質を上げて、視聴者の注意を引き続けなければならなかった。スーパーボウルは、NFLファンのための最大のアメリカンフットボールゲームというだけではない。年間でも最も視聴率の良いコンテンツであり、すべてのブランド・広告会社が、最もクリエイティブで記憶に残るコマーシャルやブランデッドコンテンツを放送しようとする、広告、コマーシャルの祭典という側面をもっている。

　スーパーボウルキャンペーンへ参加する魅力は、アーティストが検討するうえで強い要因になる。私が担当する著名人のクライアントは、スーパーボウルのスポットでない限りコマーシャルを敬遠する人も多い。なぜなら、スーパーボウル向けに企画される広告コンテンツが特別でユニークなことが多いからだ。スーパーボウルのCMの多くは、その時代のポップカルチャーを反映し、同時にブランドの認知を高めて、タレントを新たな視聴者層への露出を確保してきた。そしてクリエイティブ・

企画性の面からも特別な可能性が高い。スーパーボウルのCMへの出演は、内容が予想外で、本質的かつ、説得力があれば、アーティスト自体のブランド価値も高める。アーティストがコマーシャルに参加するどうかは、ストーリーや脚本に基づいて決断することが多く、ブランドや商品が要因になることの方が少ない。

Tideは、スーパーボウルで4回優勝し、現在はFox NFLのアナリスト・キャスターであるテリー・ブラッドショーを起用した。彼はそのユーモアとフレンドリーな態度でも知られ、ファンに愛されているからである。愛されるスポーツ界のキャラクターであるテリーは、Tideにとって本質的な、すばらしい選択だった、そして、この企画はこのスポーツ番組出演者としてのテリーの役割を活用して、自然かつ巧妙にできていた。

キャンペーンの概要はシンプルだった。洋服の染みは、どこの誰でも経験したことがあるもの。大きなプレゼン、会議、デートなどの前に、自分の服に染みがあるのに気づくという不幸で恥ずかしい瞬間を、私たちの多くが経験している。この誰でもわかる感覚を活用し、視聴者の予想を覆す、クリエイティブな企画を実施することがTideの戦略だった。その方法とは、テリーが生放送中に、シャツにバーベキューの染みを見つけたかのように思わせるというものだった。その染みはハーフタイムの後もそこに残っているのか視聴者はあれこれ考えを巡らせ、不安と期待を掻き立てた。

この企画を見事に成功させるには、テリーの共感度の高い人間性を活かして、生放送での構成とCM両方が、まるでその瞬間に起きている本当の出来事のように見えなければならなかった。テリーのシャツに染みがついていることに視聴者の多くが気がついた頃、TideのCMが放送された。そのCMではテリーが染みを落とすために、パニックになりながら車を走らせて、ランドリーでTideを使って洗濯を完了、真っ白なシャ

ツで生放送に戻ったのだ。ついに視聴者は趣旨を理解し、企画のオチを見届けたのだ。観客の反応はポジティブなものだった。それは賢く記憶に残る広告で、視聴者の戸惑いをテリーのいたずらなウィンクという結末で笑いに変えた。

　これは真のブランデッドエンターテイメントなのか、それともただの巧妙なCMの企画なのか、カンヌの審査で私たちは議論した。今日ブランデッドエンターテイメントは、様々な形で広告およびブランデッドコンテンツの新たな世界を包含しているため、私自身は、結局、単にエンターテイメントプロジェクト、コンテンツを意味していると考えている。あなたが気にいるかどうかは別として、このプロジェクトはスマートに、独自の観点で、著名人を起用した。Tideはテリー・ブラッドショーと組まなければ、この作品を生み出すことはできなかっただろう。そしてテリーにとっては、彼の新たなブランド価値を作り出すことにつながった。テリー・ブラッドショーがピッツバーグ・スティーラーズのクォーターバックとして、第一線で活躍していた時代を知らないミレニアル世代が、彼のお茶目なキャラクターを知ることになったのだ。

　このキャンペーンは著名人を巧妙に活用して、文字通り、大舞台で大胆なメディアプロジェクトを実行した。そして、ソーシャルメディア空間にも侵食し、エンゲージメントと話題を呼んだ。説明があったわけではないが、これは「キャスティング」が生んだ結果というより、テリーという特定のタレントを想定して発想されたクリエイティブなアイデアだと感じられる。デジタルおよびソーシャルメディアの成長を考えても、著名人を活用したキャンペーンはますます増えている。その時に、タレント個人の人間性やキャラクターに根ざしたストーリーを構築することができれば、観客とブランドとの間に嘘のない、共感と関係が生まれるのだ。

» **When the stars align**　スターが揃ったとき

　ハリウッドとブランドとの距離が、今日ほど近づいたことはなかった。それは力強い物語と優れたストーリーテリングからスタートする。長編のフォーマットもあれば、短編コンテンツやティーザー広告もある。コンテンツの新たな流通経路が生まれており、消費者が商品やサービスとかかわる機会は増えている。ブランドはコマーシャルやブランドプロジェクトのためのタレントをキャスティングすることにおいて、より一層洗練されてきている。アーティストの人格や精神を考えてキャスティングすることが、商品やサービスとの感情的な繋がりを生み出すにあたり、重要になっているからだ。ブランデッドエンターテイメントとは、ブランドのメッセージと消費者との感情的な繋がりである。タレントは、このメッセージの増幅を助け、嘘のないコラボレーションであれば、自分の忠実なファンをプロジェクトに連れてくることができる。

　2017年カンヌライオンズでの審査を経て、これまで以上にブランデッドエンターテイメントの今後が楽しみになった。新しいメディア配信チャネル、ソーシャルメディアエンゲージメント、クリエイターおよびイノベーターとしてのハリウッドおよびタレントの参加によって、コンテンツ、ストーリーテリング、広告はますます説得力と魅力を増している。コマーシャルやブランドのキャンペーンに有名人が参加すること、もはやタブーではない。むしろ、ポップカルチャーが体現する時代の空気の中で、タレント個人のブランドを目立たせるための大切な要素になっているのだ。

　私はICM Partnersでタレントエージェントになり、担当するタレントがアワードなどで受賞した時に、タレントから、配役に貢献した、あるいはキャリアをサポートしてきたと感謝されることに、エージェント

として誇りと興奮を感じてきた。そして、今私が担当するクライアントであるタレントが、ブランデッドエンターテイメントプロジェクトで重要な役割、素晴らしいコラボレーションを実現したと様々なアワードで表彰される時、同じ気持ちになる。それがブランドによって出資されたプロジェクトであるか、映画スタジオによって出資されたプロジェクトであるかにかかわらず、素晴らしいエンターテイメントは、素晴らしいのだ。このブランド、ストーリーテリング、エンターテイメントの融合は、業界の未来なのだろうか？それともただの過去の再発明なのだろうか？石鹸・洗剤ブランドが昼のドラマのスポンサーとなり、「ソープオペラ」という言葉の所以となった時代を覚えているだろうか（英語ではメロドラマのことをソープオペラと言うが、語源はこの洗剤広告のスポンサーによる）。

オリジナルに終わりはないのだ。

14

世界に拡張するアイデア
グローバルなテレビフォーマット を生み出す方法

サマンサ・グリン
Samantha Glynne, FremantleMedia

Ideas that scale:
How to create a global tv fomat

　想像してほしい、ある一つの広告キャンペーンが力強く大成功し10年以上にわたって継続して、50ヶ国以上の国々で展開され、テレビやデジタル、ソーシャルメディアと境界を越えて広がり続け、複数の賞を獲得するという姿を。

　次に想像してほしいのは、放送局が、そのキャンペーンの制作資金をすべて出してくれて、ブランドがキャンペーンにお金を出す必要がなくなった世界だ。そのキャンペーンが世界中で放送され、資金をリクープし、収益性の高い別のビジネスにさえなっている世界を。

　私が狂っているように聞こえるだろうか？しかしこれこそが、コンテンツのスケーラビリティが鍵となる、グローバルなテレビ番組制作ビジネスの本質だ（米英においては放送するテレビ「局」と企画をプロデュースする「制作」会社は別のビジネスであり、ここでは、その制作会社の観点からビジネスとして捉え、広告キャンペーンになぞらえている）。

　最強のテレビフォーマットは、時期や地域、プラットフォームを超えて広がる可能性を秘めている（フォーマットとは番組の企画のことを指し、リメイクできる価値のあるものを指す。「アメリカ版サスケ＝Ninja Warrior」など）。フォーマットはそれ自体でブランドとなる。展開され

る各地域の市場のニュアンスに適応して進化するかもしれないが、その中核には同じアイデンティティを持った構造と価値がある。

これらのテレビフォーマットは注意深く構想され、長期的な価値と国際的に通用する魅力を備え、その価値と魅力を高めるように育成され続ける。これらのフォーマットは大規模な観客を魅了し、引き付け、ファンとなった視聴者は積極的に時間を使う。成功するフォーマットは初期投資へのリターンを最大化し、利益を生み出し続ける基地となる。フォーマットは知的財産（IP: Intellectual Property）であり、利益の源泉なのだ。

McDonald'sやNikeのようなグローバルブランドが、長期的、国際的ヒットを飛ばすコンテンツとして、独自のブランデッドエンターテイメントを生み出せるとしたら、クリエイティブおよび経済的な観点で理にかなっていないだろうか。「I'm Lovin' It」をファミリーエンターテイメントのコンテンツフォーマットに、「Just Do It.」は世界的なリアリティショーに進化させることはできないだろうか。果たしてRed Bullは「翼を授ける。」というコンセプトで、世界最大のブランデッドコンテンツの震源地を作り上げた。彼らは自らのIPを作り出し、育てたのだ。

» Love your IP あなたのIPを愛せ

WIPO（世界知的所有権機関）によると、「知的財産（IP）とは、知的な創作物を指す。発明、文学および芸術作品、デザイン、商業で使われるシンボル、名称および画像などが含まれる。知的財産は法によって保護され、例えば、特許、著作権、商標などを活用し、発明者や創作者に識別性、金銭的利益の獲得を可能にするものである。知的財産制度の目的は、創作・発案・発明者と幅広い公共の利益のバランスを適切にとることで、創造性とイノベーションが花開くことができる環境を促進するこ

とである」。

　ブランデッドエンターテイメントには、ブランドが資金を出す、出さ
ないに関わらず、ブランドが自ら知的財産（IP）を所有することで、コ
ンテンツを通して観客の心を掴むことができる誰かに頼らず、自らコン
トロールできる新しいアプローチになる可能性があると私は考える。テ
レビ制作会社と広告業界が手を組むことによって、ブランデッドエン
ターテイメントの新たなモデルが生まれる可能性がある。YouTubeや
Netflixのオーバー・ザ・トッププラットフォームの成長と共に、「テレビ」
「デジタル」「ブランデッド」という言葉は、すでに融合し始めている。
唯一の必要条件は、人々が楽しめるエンターテイメントになっているこ
とだ。

　IPは、世界大手の制作プロダクションの多くにとって、ビジネスの中
核になっている。世界の何十億もの人々が、世界で最も人気がある番組
の自国版を見ているのだ。ノンフィクションの番組で言うと、Sony
Picturesの『Who Wants to Be a Millionaire?（日本版：クイズ＄ミリオネ
ア）』は、115以上の国と地域でリメイク・ローカライズされている。制
作会社Endemol Shineの『Deal Or No Deal（日本版：ザ・ディール）』は
88ヶ国で、『The Money Drop』は58ヶ国で、『Big Brother』は55ヶ国で
放映されてきた。Talpaプロデュースの『The Voice』は59ヶ国で放映さ
れている。これらの番組はすべて成長を続けており、新たな地域に進出
している。

　私はテレビと広告、両方で仕事をしてきたので、両者の価値観が異な
ることを認識している。広告では、毎年のキャンペーンを行うために、
常に刷新と更新が必要だ。最高のクリエイティブなアイデアですら、時
に、次の素晴らしいプロジェクトを生むため、改良され、複雑化され、
あるいは抹殺されることさえある。唯一残るのは、キャッチフレーズだ

けなんてこともある、そのフレーズですら、いつまで使用されるかはわからないが。もちろんオリジナルで画期的なプロジェクトは表彰されるが、メッセージが未来永劫残るわけでもない。加えて、短い30秒のテレビCMには、たいてい各地域のニュアンスや言語を適切にローカライズする柔軟性と余裕はない。

しかし、だからこそ私は広告会社とブランドの挑戦を喚起したいのだ。それは、IPクリエイターと手を結び、長期的にビジネスを成長させる新たな方法を育てることである。

» TV is big business　テレビは一大ビジネス

私はFremantleMediaで働いている。世界最大のテレビ制作会社の一つだ。私たちは31ヶ国にオフィスを構え、毎年2万時間分のコンテンツを制作・配信している。私たちは魅力的なエンターテイメントの創造に誇りを持っており、世界進出している有名なテレビフォーマットをたくさん所有している。一部名前を挙げると、『X Factor』（Fremantle・Syco共同制作、55ヶ国）、『Idolシリーズ（American Idol等）』（Fremantle・Core共同制作、50以上の地域）、『Family Feud』（1976年から現在も続く人気クイズ番組、71の地域）、『The Price Is Right』（42の地域）などがある。

当社のIPの目玉は『Got Talent』である（『America's Got Talent』など）。この番組はサイモン・コーウェルが企画し、Fremantle社とSyco Entertainmentが共同制作している。70ヶ国でローカライズされており、200以上の地域でテープ（いまやDVDや配信が2次利用のメインなので、放送後の番組に使う時代遅れの用語だが）が販売されている。11年以上にわたって、YouTubeでは430億回以上の再生数を集めており、アメリカ

からスペイン、ノルウェーからモンゴルまで、非常に多様な地域の放送局で常にナンバーワンの番組である。これは「世界で最も成功したリアリティ番組」として、ギネス世界記録を保持している。

ご想像の通り、国境や文化、言語の壁を越える、世界的なメガブランドのテレビフォーマットを創出するのは容易ではない。それは時間、そして多くのクリエイティブかつ戦略的な作業を必要とする。もちろん、番組が様々な文化や国と関連し受け入れられるよう、私たちがパートナーのSycoや世界中の最高の企画プロデューサーと提携していることも含めてだ。

『Got Talent』は世界進出したIPの優れた例であり、広告界が学んで、ブランデッドエンターテイメントに応用できるような教訓がたくさんある。

2016年、FremantleMediaはカンヌライオンズに招待され、『Got Talent』を通してグローバルな知的財産の創出について議論する、インスピレーション・ステージでのパネルを任された。FremantleMediaのグローバルエンターテイメントディレクターであるRob Clarkは、『Got Talent』がコンセプトからメガブランドまで成長した道のりを説明した。彼は「成功するフォーマットの４つの柱の重要性」について強調した。「まず、スケーラブルであること。アメリカなど大国では莫大な予算で取り組み、新興市場では低予算で行うべきである。次に、リターナブル、つまり投資した分が返ってくること。『The Price Is Right』は1956年から継続して放送されている。第3に、トランスファラブル、すなわち文化的な障壁がなく国と国を行き来できること。そして最後に、プロモータブル、世界のどこにいてもその番組を見れば、見た目と雰囲気から、あぁ、あの番組のローカル版だ、つまり強いテレビフォーマットだと認識できるブランドとしての識別力、プロモーション力があるべきである」。

出発点は、まず成功するIPを見分けられるようになることである。イギリスでの『Got Talent』のパイロット版（プレゼンや検討するために、仮に制作する番組試作版）は、最終決定委員会にさえたどり着けなかった。それにもかかわらず、私たちがそのコンセプトに自信を持ったままでいられたのは、世界中にネットワークされた当社のプロデューサーたちがそのアイデアに惚れ込み、必ずうまく行くと断言してくれたからである。私たちが前進できたのは、このような内側からの自信の高まりのおかげだった。

　私たちはパイロット版を依頼してきたアメリカのテレビ局NBCに、この番組を持ち込んだ。アメリカ版の最初の司会はレギス・フィルビンで、次は昼の番組で有名な司会者が務め、番組はより世界的なフォーマットらしく見え始めた……が、まだその域には達していなかった。私たちは世界から集まった自社のクリエイティブネットワークに、コンセプトを共有し続けた。番組はフランス、ポルトガル、ロシア、オーストラリア、ベルギー、ギリシャで制作され、進化を続けた。

　2007年の『Britain's Got Talent』第１シーズンで、そのフォーマットが確固たるものになったと感じている。SycoとFremantleのクリエイティブディレクターたちは、この番組は世界レベルで機能するテーマを持っていると、常に考えていた。バラエティー、ユーモア、家族、夢の実現、競争、そして才能＝タレント。イギリスシリーズでは、制作の過程でいくつかの手ごたえを感じた。―― 例えば、プレゼンター（挑戦者を紹介するキャスター）が舞台袖に残って挑戦を見届けるなど ―― そして、番組のどの要素が視聴者のために各地域版に向けてローカライズできるか、しっかりと理解することができたのだ。

»Go global, feel local
グローバルに拡大し、ローカルに合わせる

　重要な要素も明確になった。このテレビフォーマットはブリテンガットタレント、アメリカズガットタレントなど、その名の通り、国の文化的背景を反映しており、グローバルなフォーマットであるが、同時に地域密着になっている必要があるのだ。繰り返しになるが、コンテンツが世界的なメガブランドになれるかを測る、簡単なテストは次の通りだ。

> 1.トランスファラブルか（簡単にローカライズできるか）
> 2.リターナブルか（投資した分、回収できるか）
> 3.スケーラブルか（できるだけ多くの国や地域に進出できるか）

　これは最初の段階で可能性を測るための、本当に簡単な方法でもある。

　『Got Talent』のフォーマットが現在の形を確立したのは、第3シリーズでスーザン・ボイルという女性がステージに立ったときだった。『Les Misérables』の『I Dreamed a Dream』を歌った彼女のパフォーマンスは、YouTube史上最も人気のテレビ映像の一つとなった。現在までに、推定6億3000万再生を獲得している。その映像を見たことがないなら、探し出すべきだ。私は今も見る度、感動で鳥肌が立つ。

　ミス・ボイルが出演したこの数分間のコンテンツには、番組の成功の要因のすべてが詰まっている。夢の実現、圧倒的な才能、家族全員に向けたエンターテインメント……また、期待、驚き、救済。感動的な歌声、謙虚なサイモン・コーウェル（いつもは辛らつなコメントで知られる審査員）、敗者の勝利。これらすべてを備えていた。これによって、番組のフォーマットは世界の舞台へと飛び出した。

実務的には、ますます多くの、世界中の放送局がこのフォーマットを活用したいと依頼してきた時、ブランドが自分のブランド資産を守るように、私たちはコンテンツとフォーマットとしてのブランドを強く守る必要があった。

　私たちは、単にフォーマットをライセンスして現地の放送局に任せるのではなく、ブランドのバイブルを作成し、プロデューサーを世界中に派遣して、フォーマットが適切にプロデュースされているかを確認した。審査員の人数からプレゼンターの立ち位置、私たちは共同制作のSycoと協力して広告・ブランドの番組への入れ方までも、しっかりとディレクションした。すべてのロゴ、告知映像、商品、マーチャンダイズの承認は、フォーマットの母国である私たちマーケティングチームとクリエイティブチームが管理した。厳守されるべきコアの要素が守られると確信したら、ようやく番組作りを現地のチームに許諾した。

　このように私たちはヒットする作品を見分け、世界各地でそのフォーマットを管理、監督してきた。次の問題は、いかにそれらのフォーマットを新鮮に保つかであった。サイモン・コーウェルは、番組が生まれ変わっていくうえで、常に重要な原動力だった。そんな中で最も成功した変更の一つは、ゴールデン・ブザーの導入だった。審査員はこれを押せば、強く推薦する出場者を一気に決勝戦まで進出させられる。それは大したことではなかったかもしれないが番組に新たな一面が加わり、スタジオ中の観客がこう叫ぶような、大きな瞬間が生まれた「ボタンを！ボタンを押して！」。

　『Got Talent』はまた、番組のファンである視聴者にリーチしたい広告主にとって、素晴らしいパートナーシップを提供した。食料・飲料から自動車、ハイテクから金融まで、番組はあらゆる分野のブランドを引き付けた。それはFremantleとSycoのビジネスの大きな割合を占めてい

る。審査員の机の上にブランド名付きのカップを載せることから、Facebook
のライブ配信やライセンス付与、イベントまで、『Got Talent』では毎年
世界中で150以上のブランドインテグレーションを行なっている。

　2017年のエンターテイメントライオンズでは、様々なジャンルから印
象的なケーススタディが集まったが、『Got Talent』に代表される「ファ
クチュアル・エンターテイメント（ノンフィクションのエンターテイメ
ント）」と呼べる分野の作品は、ほとんどなかった。私が気に入ったも
のの一つは、フィンランドの乳製品ブランドValio Gefilusの、『The
Lick-Hiker's Guide to Inner Strength』であった。この作品はオンライ
ンで公開された15分以上のノンフィクションで、ブロンズライオンを受
賞した。テレビシリーズ『ロンリー・プラネット』で有名なイアン・ラ
イトが、ヨーロッパを旅して最も汚い場所を舐めていくという、コメ
ディードキュメンタリーだ。これはまだ大きなアイデアの「芽生え」で
しかなく、フォーマットではない。しかしこの作品は、他に劣らない要
素あるいはグローバルな番組の断片を持っており、より大規模なトラベ
ルドキュメンタリー・シリーズに成長する可能性を秘めている。これを
見て、私はFremantleのゲーム番組『トータル・ブラックアウト』（19ヶ
国に進出）、通称「Lick It（＝舐めろ）」を思い出した。挑戦者は真っ暗闇
の中、チコリーとエビの料理から男性のお腹まで、あらゆるものを舐め
て、それが何なのか当てなければならない。似たようなアイデアだが、
全く異なる応用と文脈だ（番組には「Smell It」や「Touch It」などのテー
マもある）。

» Scripted at scale　ドラマコンテンツの拡張性

　以上がファクチュアル・エンターテインメントの概要だ。規模を拡大
するのがもっと難しいジャンルは、台本ありの作品である。何シーズン

もドラマやコメディーを放送することが可能だが、アメリカ、アジア、ヨーロッパといった国々で各国のバージョン（リメイク）がどんどん制作されることはあまりない。その代わりに、様々な地域へのホームビデオなど2次利用の販売数（同じ映像で、各地の言語で字幕や吹替が付けられたもの）で勝負する。『NCIS 〜ネイビー犯罪捜査班』は2003年から放送されており、現在200以上の地域の市場で販売され、59ヶ国語の言語で字幕・吹替が付けられている。『CSI：科学捜査班』は15シーズンにわたっておよそ800話のエピソードがあり、この映像も200以上の地域に販売された。イギリスからは、『バーナビー警部』が200以上の地域で、『ダウントン・アビー』が60の地域で放送されてきた。

　私はスケーラブルなブランデッドエンターテイメントの例をいつも探しているが、数多くは存在しない。近年での素晴らしい成功事例の一つは、Pereira O'DellがIntelのために制作した作品である。そのシリーズには、『The Inside Experience』（2011年）、『The Power Inside』（2013年）、『What Lives Inside』（2015年）などがある。これらのプロジェクトは、Intelの様々なプロジェクトに焦点を当てた、美しいエンターテインメント作品であり、観客にインタラクティブな体験を提供している。彼らは一つの中心的なアイデア「Inside」を生み出し、それを拡張し、シリーズとして展開している。

　シリーズすべてのプロジェクトが賞を獲得したが、『The Beauty Inside』（2012年）は最も称賛された。ほかの章でも取り上げられているが、このウェブシリーズは毎日違う人間の身体で目覚めてしまう主人公・アレックスの話だ。プロットは本書の多くの章で解説されており、PJ・ペレイラの語るこの作品の制作秘話は、深い洞察に満ちている。このシリーズは、「変身」について扱った、世界の古代神話や物語を取り入れている。そして、真実の愛を見つけ、守りたいという人間の根源的な欲求に訴えかけている。クリエイターは、すでによく知られた神話などのIP

を取り入れ、現代にも通じる普遍的な作品に仕上げた。さらに、ソーシャルメディアを活用して双方向性を追加した。世界中のファンは、ハリウッドのプロと並んで主人公のアレックスを演じることができるオーディションに参加できた。4000人のファンがオーディションに参加し、合計26人の別々のアレックスが主役としてキャスティングされた。さらに50人以上の観客も、Facebookのタイムライン上でアレックスを演じることができた。

つまり、物語がスケーラブルになっただけでなく、キャスティングもスケーラブルになったのだ。それは人々を巻き込み、順応性も高かった。そして、ターゲットのミレニアル世代にブランドに関する前向きなメッセージを送った。Intelを搭載した東芝のポーテジェ・ウルトラブックは、ストーリーにシームレスに融合されていた。話の中でアレックスは、変わり続ける外見について記録するため、そのパソコンを日常的に使っていた。

このプロジェクトは広告とテレビ、2つの業界から高い評価を受けた。カンヌライオンズでは3つのグランプリ（フィルム、コンテンツ＆エンターテイメント、サイバー）を受賞しただけでなく、テレビ界では、デイタイム・エミー賞も獲得した。広告作品としての成功と同じくらい、エンターテイメント作品としても成功したことを証明したのだ（審査員の間で言っていたジョークの一つは、「究極の栄誉はカンヌ・カンヌの獲得、つまりカンヌ映画祭とカンヌライオンズを受賞することだろう……でもその次に良いのは、エミー賞かBAFTA賞だろう」という話だった。そして、Bartle Bogle Hegartyはプロジェクト『Home』でカンヌライオンズとBAFTA賞を受賞した）。

『The Beauty Inside』のIPは成長しつづけた。2015年、この作品をベースにしたプロジェクトが韓国で制作され、賞を獲得した。またアメリカ

でも、このコンセプトに基づいた長編映画が制作される計画がある。広告会社は映画やドラマシリーズにクレジットされ、ブランドも知的財産の共同所有者として、商品・製品を映画に入れ込む権利を持っている。

『The Beauty Inside』のIPが地域やプラットフォームの垣根を超えて拡大してきたのは素晴らしいことであり、このような勢いで世界に広がるフィクションプロジェクトは珍しい。ベンチマークとして、コメディードラマ『In Treatment』は、過去7年で世界最大のフィクションフォーマットだが、アダプテーション（各地域版リメイク）はたったの12作である。これはキャスト数も少なく、セットも一つで、制作は非常に容易だ。ところがブランデッドプロジェクトである『The Beauty Inside』は、すでにウェブシリーズと韓国映画が制作されており、現在ではアメリカでの長編映画と韓国のテレビシリーズが企画されている。

長編のエンターテインメント作品となったもう一つの広告は、Pepsiの『UNCLE DREW』キャンペーンである。ずば抜けたバスケットボールの才能を持つおじいさんが実は現役NBA選手のカイリー・アービングだったというキャンペーンだ。2012年から2015年にわたって短編のデジタルシリーズとして放送され、2013年にシルバーライオンを受賞した。2018年になって、PepsiのオリジナルIPをベースにした長編映画『アンクル・ドリュー』として映画化された。それほど成功しなかった（が、勇敢だった）広告拡大の試みとしては、Geicoの『Cavemen』シリーズがある。本作はコマーシャルのシリーズとして始まり、受賞歴もある。現代世界にネアンデルタール人のような原始人が登場する設定だ。これが2007年、ABCのテレビシリーズとして依頼された。番組では広告と同じ脚本家が起用されたが、キャストが異なっていた。30秒のスポットでは上手くいったコンテクストは、テレビシリーズに上手く変換されることはなかった。それはわずか6話のエピソード放送後に、打ち切りとなった。

» **Kids know best**　子どもたちは、よく分かっている

　子ども向けコンテンツのIPは、脚本ありコンテンツと同じような特徴がある。つまり、子ども向けフォーマットのスケーラビリティは、各地でのリメイクより、字幕・吹き替えでの販売になる可能性が高い。アニメーションは複数の言語に吹き替えられるのに適している。また確かに12歳未満の子どもたちは世界共通で同じものが好きなのも事実のようだ。

　『ペッパピッグ』は2004年から放送されており、180ヶ国以上に進出している一方、『パウ・パトロール』は2004年以来、160ヶ国以上で放送されている。子ども番組のテレビIPには、書籍やゲーム、マーチャンダイズ、衣服などを通じた、ライセンスビジネスの機会が山ほどある。

　CAA Marketingが制作したメキシコ料理チェーンChipotleの子ども番組『RAD Lands』は2017年にブロンズエンターテイメントライオンを受賞した。Chipotleはブランデッドコンテンツに馴染みがある。この企業には勝利の方程式があり、優れた音楽を組み合わせた一流の短編アニメーションを生み出してきた。2012年は『Back to the Start』を制作し、カンヌライオンズのブランデッドコンテンツ部門でグランプリを初めて受賞した。続いて『The Scarecrow』を制作し、カンヌライオンズのグランプリとエミー賞を両方獲得した。2014年には、風刺的な全4話のシリーズ『Farmed and Dangerous』をHuluで配信したが、残念ながらこの『The Scarecrow』を超えることはなかった。また2017年には、音楽メインの新たな短編アニメ『A Love Story』を発表した。この作品はシリーズや長編映画としてプロデュースされるポテンシャルを持っていた。

　『RAD Lands』はブランド色のない、全6話の子ども向けシリーズである。対象は6歳〜11歳の子どもで、すべての人によりよい食が届けら

れることの大切さを伝えている。アニメーション、実写、YouTubeイ
ンフルエンサー、最高のアーティストによる音楽がコラボレーションし
た作品だ。アーティストの中には、バンドThe Flaming Lipsのメンバー、
ウェイン・コインもいる（間違いなく親世代向けのキャスティングであ
る）。このシリーズには、料理の実践動画、実際の耕作に関する事実、
食品の科学などが含まれる。すごい量の内容が ―― 一度に消化するに
はあまりに多くの材料が ―― 詰め込まれているが、そのポテンシャル
によって、テレビ&VODフィクションシリーズ部門でブロンズライオ
ンを受賞した。

　コンプライアンスや様々な法令のため、子どもたちに対して、広告と
銘打たずに、コンテンツで宣伝行為をするのは難しいが、あえて自社の
ロゴや商品が出てこないアンブランデッドシリーズを制作することが業
界変化の推進力になるとChipotleは証明した。このシリーズの高いプロ
ダクション・バリュー、つまり制作コンテンツの質（アメリカの子ども
向け番組『Yo Gabba Gabba!』と同じプロデューサーによるアニメーショ
ンだった）からこうした取り組みが独自のIPに進化する力を持っている
のだと確信した。アニメ『ザ・シンプソンズ』は『トレイシー・ウルマン・
ショー』の一部のコーナーに過ぎなかったということを覚えているだろ
うか。洞察力の鋭い私の6歳の息子アリは、『RAD Lands』の6話のエ
ピソードをすべて見て、もっと見たいとせがんだ。そして彼は、子ども
にはなかなか難しいコンセプトである、「環境に優しい持続可能な食料
生産」についての知識を「テイクアウト」したのだった。

　しかし『RAD Lands』は配信戦略に手こずっていた。これはiTunesに
て4.99ドルで発売されていた。あまりに多くの子ども向けコンテンツが
無料で手に入る世界では、見知らぬコンテンツに5ドル払ってもらうこ
とは、視聴者にとって大きな要求だった。

『RAD Lands』はすでにDiscovery Educationと提携し、『RAD Lands in School』を実施した。これは小学生向けのプログラムで、シリーズのエピソードと授業および活動とを組み合わせたものだ。本の形で、あるいは他の地域でのローカライズ版として、番組の要素の一部を拡大してテレビ番組としてリメイクする余地はある。

» **Love at first bite　恋は「一噛み」惚れ**

『RAD Lands』に関してエンターテイメントライオンズ審査員の意見は多少分かれていたが、ゴールドライオンに選出することに合意した。私たち審査員は皆様々なバックグラウンド（テレビプロダクション、ネットワーク、広告会社、ブランド、ゲーム、タレントエージェンシー）を持っているが、暗い審査室に6日間閉じ込められた後に勝者を選ぶにあたり、皆の考えは一致していた。受賞作の評価ポイントの多くは本書でカバーされている。ほかの作品との大きな差別化要因として、最高のプロジェクトは最初のキャンペーンだけでなく、その先まで長く生き続けられるという、ポテンシャルを持っていることである。

南アフリカのVMLが制作したAbsolutの『One Source』は最初から賞の本命だった。南アフリカのヒップホップスター クリ・チャナをフィーチャーした、豪華でスケーラブルなプロジェクトだ。それはすでにドキュメンタリーシリーズ、EP（音楽フルアルバム）、ミュージックビデオが出来上がっており、他の地域で、改めてリメイクされ、拡大する可能性がある。しかし、南アフリカのように比較的小規模な地域から生まれたために、何か制限されることがあったのだろうか？ジェイソン・ゼノポラスが『広告の忍術と影での仕事術』の章で説明しているように、注目されていなかったからこそ、ジェイソンの会社、VMLはブランデッドエンターテイメントを生み出す際に自由度が高まった。逆に、ロンドン

やニューヨークで始まっていたら、プロジェクトは規模を拡大できなかったのかもしれない。ブランドおよび広告会社の世界各地の本社は、ローカルで生まれたプロジェクトを他地域に拡大するために、実績、ビジネス的理由、そして支えるチームなどをあらかじめ確認しなければならないのだろうか？……プロジェクトがカンヌライオンズを受賞したとしても？南アフリカやペルーで生まれたテレビシリーズが世界的ヒットになった例を知っている人はいるだろうか？しかし素晴らしいアイデアは、誰でもどこでも生み出すことができる。そして重要なのは、テレビ制作会社と広告会社のネットワークが共に、世界に通用するような素晴らしいブランデッドエンターテイメントをじっくりと生み出し、それを世界中に広げるという考えに目覚めることである。

　『A Love Song Written by a Murderer』は、業界では比較的小さな地域と考えられているペルーの広告会社Circus Greyが、女性を守る慈善団体Vida Mujerのため制作した抜群の応募作だ。これはある本を主軸とした2015年のキャンペーンから続いている作品である。その本は『Don't Die for Me』といい、家庭内暴力のエピソードの後、男性からパートナーへの手紙と謝罪が続く。このアイデアはそれ自体スケーラブルであるため、同じテーマが企画、拡大された。この一連のIPのシンプルさと力は、他の多くの作品に広げられるかもしれないが、このコンセプトは先述の『One Source』と同じように地理的な課題に直面する可能性がある。

　多くの審査員が驚いた作品は、アテネの広告会社OgilvyOneが制作した『From the Start』だった。これはギリシャの全5話のウェビソードで、愛を信じない男が、Lactaのチョコレートを食べる度に夢の世界にトリップし、その夢に出てくる女性に恋に落ちるという素敵な物語である。

　予告編だけでは、シリーズの良さが完全に伝えられていなかった。審査員のごく数人が予選審査の過程であらかじめ全エピソードを視聴した

が、残りの審査員に「これはただの感傷的なソープオペラ（メロドラマ）ではない」と納得させるのに苦労していた。ところが全話を見終わると、この魔法のような現代のおとぎ話に、審査員全員が心を奪われた。それは不完全な主人公にスポットを当てた、官能的かつ感動的な忘れられないストーリーである。この作品を見て、私はガブリエル・ガルシア＝マルケスによる短編『青い犬の目』を強く思い出した。ある男性と女性は毎晩夢の中で会う。そこで彼らはお互いに「青い犬の目」という合言葉を送り合う。ある朝、夢を思い出した女性は、その男性を見つけることに全人生を捧げることにする。彼女は「青い犬の目」と言いながら、そしてそのフレーズをあらゆるところに書き残しながら街を歩き回る。彼が彼女に気づいてくれると願って。しかし男性は、目覚めるといつもそのフレーズを忘れてしまっていた。

このIPはプロジェクトの進行とともにその形を変えたが、コアメッセージはしっかりと残り続けてきた。「チョコレートの甘さは、恋に落ちる甘さと相関する」。2010年、Lactaはブランデッドコンテンツで、クラウドソーシングした『Love in Action』という映画を製作した。また2013年には、劇場用短編映画『Love in the End』を公開し、シルバーエンターテイメントライオンを受賞した。2017年のアイデアはテレビスポットとして、こんなキャッチフレーズを付けて始まった。「Lactaチョコレートは、まるで恋のときめき。最初の一口から」。そして、それはYouTube配信のウェブシリーズ『From the Start』に発展した。このプロジェクトでは、視聴者が主人公の目線で、メインの舞台である島を見渡せるVR体験も同時に制作・公開した。そして、このウェブプロジェクトはギリシャの放送局の目にとまり、テレビドラマとして再構成され、バレンタインデーに放送された。間違いなく、この美しいシリーズは、各地の市場でリメイクされる高いポテンシャルを持っている。

» The golden age of cinema 映画の黄金時代

『LO：インターネットの始まり』は、もう一つのゴールド受賞作で、グランプリの筆頭候補だった。これはインターネットセキュリティ会社NetScout社によって出資され、ヴェルナー・ヘルツォークが監督した長編ドキュメンタリー映画だ。

ブランド色の薄い映画だが、この作品はエンターテイメントをニッチなターゲット市場、つまり企業のCEOたちにリーチする武器として使い、インターネットセキュリティの必要性を説いている。NetScoutと広告会社Pereira O'Dellは制作の手綱を名監督ヘルツォークに渡し、アイデアを実行に移した。

リスクを伴うかもしれなかったが、ヘルツォークを起用することは、このプロジェクトの規模を拡大できる可能性を意味していた。彼にはすでに世界中に彼の映画のファンがいて、作品はサンダンス映画祭にて公式上映され、そこでメジャー配給会社Magnolia Picturesの目にとまった。MagnoliaはNetScoutの投資分を払い戻し、続いてNetflixに販売する前に、映画を世界中の映画館に配給、売り出した。よってNetScout社は、最終的に世界的プロジェクトにその名を刻みつつ、実質的にかかったコストは取り返すことができた。実際、一般人はお金を払ってこの映画、つまり広告を見ることを選んでいたのだ！

興味深いのは、映画が販売されたことである。もし作品がYouTube向けに作られた短編などであれば、アイデアを再企画しない限り、売り出せる市場はなかっただろう。もし全2話のシリーズだったとしたら、規模は小さかっただろう。しかし『レゴ・ムービー』の成功に続き、ブランド出資の長編映画は、世界的に莫大な成功を収める可能性がある。

映画館には絶大な力があるというのは間違いない。これは単に劇場の観客数に頼っているということだけではない。それは劇場公開に伴って、映画自体を宣伝するためのマーケティングとPRが行われるからだ。

カンヌライオンズ2017のエンターテイメントライオンでのグランプリ受賞作は、MRM//McCann Spainが制作したSantander銀行の短編映画『Beyond Money』だった。お金を超える経験の価値をミレニアル世代に伝える姿は、まさに時代精神を象徴するものであり、また作品はNetflixオリジナルシリーズの『ブラック・ミラー』のSFトレンドに乗っていた。ブランドは勇敢かつ巧妙に統合されており、スペインにおける結果は素晴らしかった。映画が劇場を超えて達成した成果は興味深いものだった。予告編は何百万回も再生され、アドリアーナ・ウガルテ（アルモドバル監督『ジュリエッタ』に登場した女優）が登壇したプレミアでは、1万2500人を魅了し、PRは成功した。屋外広告の看板・ポスターや銀行の店頭キャンペーンなどによって、映画そのものが大きく広がった。

2017年のすべての応募作品の中で、この映画はキャンペーンを超えて力強く生き続ける作品と言えるだろう。ひょっとするとNetflixのシリーズ、長編映画、アメリカでのリメイク、書籍、ポッドキャストなどに広がるかもしれない。真にエンターテイメントなプロジェクトであるため、当初の銀行のブランデッドコンテンツという目的をはるかに超える力を持ち、投資を回収する可能性も高いだろう。

» Tipping the scales　拡張性に賭ける

多くのブランドや広告会社が、ブランデッドコンテンツの持つ金銭的価値の可能性を理解し始めている。UnileverはU-Entertainmentを、

MarriotはMarriot Content Studioを、広告会社Bartle Bogle HegartyはBlack Sheep Studiosを、DANはThe Story Labを設立した。彼らはIPを共同所有する、スケーラブルなプロジェクトに投資しているため、作品が広がれば、彼らは利益を得る。一方、テレビ制作会社は広告会社と密接に提携することの恩恵を認識し始めており、自社のIPをブランドに共有する意欲も高まっている。これら2つの業界の相乗効果は徐々に増加してきている。

　長期的に継続するIPを生み出すにはまだ多くの障壁があり、その多くは広告ビジネスの構造に内在している。予算は長期ベースではなく年間単位で出されることが多い。各国現地の事業単位が自律的だということは、グローバル戦略を実行するのは難しいということを意味する。さらに、『American Idol』のような既存の番組で、机の上のカップにロゴを載せる方が、自ら新たなタレントショーを制作するよりも、ずっとリスクは少ない。大きな挑戦には、不安定さがあり、最初は上手くいかないかもしれない。良好な投資対効果が自動的に保証されることはない。

　信頼関係がなくては、パートナーシップは不安定なものになる。テレビ制作会社、ブランド、広告会社は、皆それぞれ異なった文化や事業構造を持っている。よって、当事者それぞれが得意分野で最善を尽くすことが重要である。

　広告会社とブランドよ、あなたたちのビジョン、創造性、商業的な意欲は素晴らしい。新たなパートナーと新鮮な方法で共同することを心から楽しみにしている。ただ、どうかテレビ制作という私たちの得意分野に関しては私たちを信頼してほしい。長編のコンテンツを忠実な視聴者に届け、それを世界の放送局に販売するといったことに関しては、私たちテレビ制作会社が一番よく知っている。

　ドラマなどフィクションコンテンツの拡張性の限界については、すでに解説した。今こそ、この業界がノンフィクションエンターテイメントに進んでいくときだ。ブランドが共同所有する、次の時代の『Big Brother』『The Voice』『The Price is Right』が実現するのを楽しみにしている。今のところ、リアリティシリーズ、ゲーム番組、またはタレントショーとして成功している世界的なブランデッドエンターテイメントはまだない。

　たとえ、こうしたノンフィクションエンターテイメントが成立したとしても、このジャンルのコンテンツがカンヌライオンズですぐに表彰されるかは分からない。『Got Talent』の進化と同じく、このタイプのIPは拡大していくのに何年もかかるため、番組ができてすぐに賞を勝ち取る可能性は低いだろう。しかし私たちができる最善のことは、実験、イノベーション、コラボレーションを続けていくことである。そうすれば、あなたが考えているクリエイティブなアイデアが、世界的なメガヒットプロジェクトに生まれ変わるかもしれない。

15

広告の忍術／
影での仕事術

誰にもマネできない戦略で攻める

ジェイソン・ゼノポラス
Jason Xenopoulos, VML South Africa

Advertising ninjutsu and
the secret art of operating
in the shadows

　子どもの頃、ある人が私に忍者の物語を聞かせてくれた。それが本当の話なのかそうでないのかは分からなかったが、私の心を動かす何かがあり、以来ずっと頭から離れなかった。

　封建時代、日本は武家によって統治されていた。将軍や大名といった領主が力を持ち、武士たちは、農民を支配していた。彼らの力は揺るぎなかった。そして他の支配階級と同じく、彼らには多くの敵がいたが、忍者ほど恐ろしいものは存在しなかった。摩訶不思議な忍者の物語の多くはフィクションではあるのだが、影に忍ぶ戦士たちの神話は、いまだに人々の想像力を掴んで離さない。

　幼い頃の私を引き付けた物語は、大胆不敵な暗殺者である忍者が、敵を無力化するために、非人道的な行為に手を染めるという話だった。このとある伝説の存在は、16世紀の強力な大名、上杉謙信と関係があった。昼夜問わず侍の護衛に囲まれて、敵から厳重に守られていた謙信には、誰も近づくことはできなかった。ただ1人だけを除いては。月明かりもない闇夜に身を潜め、忍者は城壁にひっそりと忍び込み、謙信が1人きりになるであろう、ある場所に身を隠した。厠（トイレ）である。便器の下の臭い汚水溜めに隠れ、忍者は横たわりながら辛抱強く待った。そしてとうとう、謙信が便器にかがんだ瞬間、無慈悲な暗殺者は剣を上に

突き刺し、瞬く間にこの武将を殺害した —— そんな説がある。

　この物語はぞっとするほど恐ろしいにもかかわらず、まるで黒澤映画の雄大なシーンのように、ごつごつした岩山に霧のかかった壮大な風景が浮かんでいる。篠笛の音が風に乗って震えるのを聞き、それから遠くの方で、馬の蹄の足音が雷の如く轟いている。ゴロゴロと、ドンドンと。それらが迫ってくるにつれ、大地が揺れる。ここは、名誉と誇りをかけて武士たちが熾烈な戦いを繰り広げる、神秘と魔法の国なのだ。ただし、すべての魔法がそうであるように、このいにしえの世界にも暗黒面はある……。上杉謙信の死の伝説に神秘的な魅力を与えているのは、この二面性である。

　現代のメディア関連産業は、業界各勢力が影響力を発揮せんと跋扈するヒエラルキー社会である。封建時代の日本になぞらえればグローバルブランドが大名、CMOやマーケティング部門がその重臣。そしてますます競争の激しくなる市場において、大名がシェアを獲得するために戦う、クリエイティブエージェンシー（広告会社）が侍だ。しかし、封建時代の日本と同様、従来の正統な方法を使わず、影に忍びながら秘密の技を使って、人目を盗み、新たな方法でターゲットにたどり着く者もいる。ブランデッドエンターテイメントはこれらの闇の技の一つであり、本章で紹介する作品のクリエイターはその達人である。日本の影の戦士と同じように、これら「広告の忍者」は思いもよらないところから忍び寄る。彼らは鎧を着て鋭い刀を持った侍ではない。大名や、あるいは軍のエリートでもない。その代わり、彼らは忍者のように、影からそっと現れる。

» A global battlefield　グローバルな戦場

　封建時代の日本とは異なり、今日の消費者を巡る戦争の舞台は、世界である。アメリカやイギリスなど世界最大の市場からは有力な王朝が現れる。ところが、2017年のカンヌライオンズで、広告の忍者は影に忍んでこそ本領を発揮するという証拠を、私たちは目の当たりにした。エンターテイメント部門で表彰された13のゴールドライオンズのうち、5つは比較的小さなあるいは発展途上の市場、例えば南アフリカやシンガポール、ギリシャ、スペイン、ペルーのような国々が受賞したのだ。

　審査員として、私たちはこの予想外の結果に感銘と衝撃を受けた。この現象の背後にある原動力を理解したいと思い、私たちは受賞作品の制作に携わった何名かの人々に連絡を取った。彼らとの対話の結果、発展途上の市場だけでなく、世界中のブランデッドエンターテイメントの技術に応用できる教訓を手に入れた。

» Operating in the shadows　影の仕事

　私が参照したい最初の作品は、ウォッカブランドAbsolutの『One Source』である。私はこのプロジェクトの制作にかかわっていたため、自信を持ってお話しできるし、良い出発点だろう。

　2015年、Absolut Vodkaは南アフリカでの市場シェアを失いかけていた。新たなブランドが急増して市場に参入し消費者はAbsolutに関心を持たなくなっていた。一方、何十年もの「Cocacolonization（コカ・コーラ植民地化、つまりアメリカ文化のグローバル化・他国侵略）」を経て、アフリカの消費者はグローバルブランドを無理やり受け入れるのにうん

ざりしていた。アフリカの人々は自分たちのアイデンティやルーツを大切にしたかったのだ。このアフリカ中心主義は文化的復興運動を巻き起こし、現在ではアフリカ大陸一体に広がっている。私たちVML South Africaは、Absolutがこの新たな創造的革命の先駆者になることで、ブランドと消費者の関係性を高める機会になると考えた。そのためには、正真正銘のアフリカ発のキャンペーンを作る必要があった。アフリカでアフリカ発のキャンペーンをつくるのは当然のように感じられるだろうが、Absolutのような象徴的なグローバルブランドでは昔から、広告キャンペーンはヨーロッパで開発し、小さな市場に流用するのが定石で、大幅な方向転換が必要だった。

　それまでは、アフリカでのAbsolutの広告に利用されるブランドのコピーやキービジュアル、映像などは実質すべて、グローバル向けにヨーロッパで開発されていた。一方、各地域のローカルキャンペーンは、デジタル、体験型、その他マス広告以外のセールスプロモーションに限定されていた。だが私たちは、怯まずに『Africa Is Absolut』（2015年）というクロスメディアキャンペーンを提案した。ブランドのポジションを変えることを目的とし、テレビや屋外広告など、幅広いメディアを活用する案だった。実はこれが、最大の過ちだった。

　テレビCMの素案 —— ブランドによる堂々としたアフリカ文化の表現 —— を提案したところ、グローバルチームは難色を示した。彼らは現地の消費者との繋がりを作りたいとは考えていたが、このような根本的な変化を理解できなかった。私たちはこの広告を採用してもらおうと戦ったが、最終的には妥協しなければならなかった。それでもキャンペーンはAbsolutにとって大胆な出発点だったが、私たちが望んだほどの結果は出せなかった。この事実を仕方なく受け止め、私たちは残りのキャンペーンも同様に妥協させられ、骨抜きにされてしまうだろうと予想した。ところが奇妙なことが起こった。マス広告キャンペーンが承認され

た後は、グローバルチームの誰も、オンラインを含む他のメディアでの施策について特に関心を持っていそうな人はいなかった。結果、私たちが企画したブランデッドコンテンツ映画プロジェクトは、一つの変更もなしに承認された。

　私は何年にもわたり、様々なグローバルブランドの仕事に取り組んできたが、これと同じような現象に何度も遭遇してきた。広告業界が従来のメディアからデジタルに移行しているにもかかわらず、オンラインコンテンツの開発に関してははるかに自由度が高い傾向があった。マーケティング担当者はなぜか、ブランデッドコンテンツのような非従来型の領域よりも、マス広告分野の検討に時間をかけた。オンラインコンテンツの方がテレビCMよりも多くの再生数を稼げる今となっては、この姿勢は直感に反するようにも見えるが、それでもなお、この現象は存在するのだ。ブランデッドコンテンツはあまり注目されずに、しかし、しっかりと制作されることも多い。テレビCMを制作する際、広告会社の人間やクライアントが現場にいなかった記憶があるだろうか。これに比べ、多くのオンラインプロジェクトはそれほど干渉されず、少人数のスタッフで制作されることが多い。これは支払われている金額と相対的な関係があると主張する人もいるかもしれないが、オンラインコンテンツの予算が増加している現在でも、この盲点は存在する。

　2016年に入り、新たなクリエイティブ・ブリーフが私たちVMLに届いたとき、私たちはこれを上手く活用することにした。マス広告キャンペーンを活用してブランドをポジショニングしようとするのではなく、代わりにブランデッドエンターテイメントの力を信じたのだ。私たちは地元のヒップホップスター クリ・チャナとパートナーを組み、『One Source』というコンセプトアルバムを制作した。この汎アフリカの音楽のコラボによって、アフリカが人類のすべての「唯一の源（One Source）」と讃えたのだ。アルバムには10人のアーティスト、8曲のオリジナルト

ラック、ドキュメンタリーシリーズ、ライブパフォーマンスが詰め込まれている。このブランデッドエンターテイメント統合キャンペーンでは、すべてのプロセスで観客を巻き込むことに成功し、『One Source』はアフリカの創造的革命のスローガンとなった。

　『One Source』はAbsolutとクリ・チャナにとって大成功だった。アルバムはiTunesチャートで1位に躍り出て、売上は急増し、Absolutはアフリカで最も売れているプレミアムウォッカとして、再びその地位を取り戻した。制作したコンテンツの幅広さにもかかわらず、また根本的にアフリカナイズされたコンセプトにもかかわらず、グローバルチームからほとんど反発は受けなかった。実際、キャンペーンがカンヌライオンズでゴールドを受賞する頃には、グローバルマーケティングチームは最大の味方になっていた。ブランデッドエンターテイメントは影の仕事人として、従来の広告に課せられた多くの制限をかいくぐることができる。『One Source』はまさに、その、明確かつ決定的な証拠である。これこそ私がそれを「広告の忍術」と呼ぶ理由だ。また『One Source』は、小さな市場で活動する広告の忍者たちを、小さな市場であるがゆえに、うまく隠れて、グローバルキャンペーンと異なる企画を実現する過程で潰されずに実現できた証明でもある。

　アメリカや西ヨーロッパで、このような主流のポップカルチャーを生み出そうとしていたら、恐らくもっと強い抵抗にあっていただろう。注目度の高い市場で失敗すれば、費用の損失が大きいだけでなく、ブランドの名声にも損害を被り得る。市場規模が小さいほど、グローバルブランドがさらされるリスクは減り、その分クリエイティブにおける自由が広告会社に与えられる可能性は増える。しかし必ずしもリスクにチャレンジできる勇敢なクライアントばかりでもない。私の経験から言うと、南アフリカのような小さな市場でも、良い仕事をしようとする上で最大の障壁は、マーケティング担当者の勇気の欠如である。しかし、ブラン

デッドコンテンツであれば、現地のクライアントにリスクを取るよう説得できれば、グローバルチームにも許可をもらえる可能性は高くなるだろう。皮肉なことに、これはマス広告については当てはまらない。マス広告を制作する際は、グローバルチームが小規模市場で、グローバルで統一された表現から外れるような企画を許可する可能性は低い。小さな市場はグローバル用の広告を使うべきだと主張する方が、彼らにとって簡単で費用もかからないのだ。新しいが傍流の広告プロジェクト（例えばブランデッドエンターテイメント）と、（南アフリカのような）小規模な市場の原動力が交わるとき、広告の忍者にとって最大の秘密基地が生まれる。このユニークな交差点こそ、忍者が活躍する深い影のエリアになるのだ。

　私はこうした個人的な経験を基に、他の小さな市場から生まれたゴールドライオン受賞作品に携わった人にコンタクトし、互いの経験を比べつつ、共有した。結果、私はこれら小規模な市場でブランデッドエンターテイメントの成功を牽引している要素の多くは、大規模な市場においても応用できるということを発見した。

» Media jujutsu　メディアの柔術

　BBH Singaporeのマネージング・パートナー兼チーフ・グロース・オフィサー（最高成長責任者）であるDavid Webster氏は、Nikeの『Unlimited Stadium』を生み出したチームの一員だった。見たことがない人のために言っておくと、『Unlimited Stadium』はブランドエクスペリエンスの傑作だ。

　これはNikeのLUNAREPIC（シューズのブランド）の足跡を象った、ハイテクのランニングトラック（競争用トラック）である。ただ、サイ

ズはずっと大きい。200mのランニングトラックにはLEDスクリーンが設置されており、ランナーは自分自身のアバターと仮想のレースをすることができる。

　Davidによると、『Unlimited Stadium』が最初に設置されたフィリピンは、Nikeにとって比較的小さな市場であるため、広告会社としてはブランドを説得し、実行してもらううえで革新的な方法をとらなければいけなかった。テレビは依然、アジア太平洋地域では主要なメディアだが、予算の制限のためNikeがこのチャネルで競争するのは難しい。さらに、フィリピンの広告会社は、現地の市場向けの質の高いテレビ広告を制作するために必要なスキルを獲得するのに苦労している。これらの制限が、はからずもブランデッドエンターテイメントにとって完璧な状態を作り出したのだ。

　Nike Singaporeは体験型マーケティングで成功を収めてきた。それは、体験型のプロジェクトは期待したクオリティで制作できるだけでなく、こうした体験のもたらす没入感は深いブランドエンゲージメントを生み出す傾向があるからだ。しかし、『Unlimited Stadium』のような体験に隠された真のマーケティングの力は、体験そのものではない。アーンドメディア（ニュースやSNSなどお金をかけずに露出を獲得すること）を通して、ブランド体験を増幅できることだ。

　20年前 —— Facebook、Twitter、Instagram、Snapchatが生まれる前の時代 —— は、ライブアクティベーションの影響力は、直接体験できる人の数が限られている点で限界があった。しかし今はソーシャルメディアによって、マーケティング担当者は影響力の範囲を拡大できるようになり、一地方で行われるスポット的なイベントを世界的なメディアイベントに変える可能性を手に入れている。ただ、一気に拡散するような話題を生み出すのは容易ではない。人々に話題にして欲しいなら、本

当に注目に値する何かをしなければならない。さらにNikeのような超有名なグローバルブランドである場合、取り組みのすべてがブランドの理念に沿っている必要もある。『Unlimited Stadium』は、話題性とブランド理念、2つの目的を達成する素晴らしいプロジェクトだった。世界初のイノベーションとして、『Unlimited Stadium』はニュース価値があり、様々な場所でPR効果を実現、獲得した。そして普通の人がプロのアスリートのように感じられるNikeらしい体験を生み出したことで、体験した一人ひとりにFacebookやInstagramで話題にしてもらうこともできた。

ブランデッドエンターテイメントが本当に「広告の忍術」の一つの形ならば、その秘密の武器は、アーンドメディアの力を活用する能力だろう。この特殊な能力は「柔術」と比較することができる。柔術は相手の力の方向を変える能力で有名な武術だ。柔術が忍者の素手での戦闘技術の基礎を形成したように、アーンドメディアによってブランデッドエンターテイメントは規模を拡大する力を得る。ペイドメディアへの投資が予算上、難しい小規模市場では、アーンドメディアを通じてリーチを拡大できるブランデッドエンターテイメントの効率性が鍵となる。

» Sun Tzu and the importance of terrain
孫子と「地形」の重要性

カンヌライオンズ2017受賞作の私のお気に入りの一つは、Lactaチョコレートのためのキャンペーン『From the Start』である。このキャンペーンについては前の『プロダクト・プレイスメントからアイデア・プレイスメントへ』の章でも触れたし、他の著者によっても詳しく説明されている（『時間との戦いとアテンションスパンについての誤謬』と『基本に立ち返る：なぜ「ストーリー：物語」は最も重要なのか？』）。従って、ストーリーを詳細に繰り返すことはしない。ただし、強調すべき重要な

点は、私がこの全5話のウェブシリーズの最初のエピソードを見始めた
とき、時空を超えるように作品に没頭するとは期待もしていなかったと
いうことである。実は正直なところ、私がこのプロジェクトが1時間以
上もあると知った時、あまり苦痛な時間でなければいいなと感じたもの
だった。しかし終わる頃には、私は喜びの涙を流し、これは大きな賞を
受賞するだろうと確信した。このプロジェクトは、私がそれまで見たこ
とのある、どの広告やエンターテインメントとも違っていた。テレビシ
リーズの主流であるドラマと明確な製品メッセージとを組み合わせるこ
とで、『From the Start』は広告業界とエンタメ業界の両者を越境するこ
とに成功した。

　この作品について、アテネのOgilvyOne Worldwideのエグゼクティ
ブ・クリエイティブ・ディレクターであるパノス・サンブラクスに話を
聞いた。彼らはこの作品を「愛を信じられない男が、Lactaのチョコレー
トを食べる度に夢で見る女性に恋に落ちる物語」と表現している。野心
的なあらすじに聞こえるかもしれないが、それは見事なビジュアル・ス
トーリーテリングと役者の完璧な演技で、美しい作品に仕上がっている。

　『From the Start』についてパノスに話を聞いたことで、なぜ今回の
キャンペーンがギリシャのような予想外の市場から生まれたのかについ
ての、私の持論の一つが証明された。世界中の観客は地元のコンテンツ
に惹かれるということである（サマンサ・グリンが『世界に拡張するア
イデア』の章でこの事実について詳しく説明している）。このローカル
コンテンツへの欲求は、英語（エンタメ業界の共通語）が母国語でない、
文化が異なる小規模市場において、特に当てはまる。フランス、ドイツ、
インドといった国々が優れた映画やテレビ番組を制作する一方、世界最
大の長編映画やテレビ番組のほとんどが、いまだに英語で制作されてい
る。そして、この英語化したコンテンツは世界中で放送される。また、
字幕や吹替が付けられることが多いものの、文化的、本質的に北米また

はイギリスのそれを反映している。配信サービスの拡大に伴い、こうしたメジャーエンターテインメント作品はますます、すべての人の手に渡るようになっている。しかし、高品質な英語ベースのエンターテインメントがどれだけ生み出されても、各地の観客は自分が共感できる現地のコンテンツを探し続ける。人々は自分たち自身の経験を反映するストーリーが好きだからだ。これにより、とりわけ小さな市場では、ブランドがローカルコンテンツをサポートする絶好の機会が生まれる。

　古代中国の軍略家である孫子（哲学者の孫武）は、彼の独創的な兵法書『孫子』の中で、「地形」とそれに対処するための戦略について一章をまるまる使って論じている。孫武の著書は忍者の戦術にも大きな影響を与えたと考えられており、その戦略は「広告の忍者」にも適用可能である。地形を知り習熟することは強力な武器であり、小規模市場で活動するにあたり、この現地の知識を活用することで、大きく手強い敵を出し抜くことができる。ブランデッドエンターテイメントの用語に言い換えると、ブランドはわずかな予算で、主要かつ国際的なエンターテイメントを凌駕することもできるのだ。

　アメリカやイギリスなどの市場に向けブランデッドコンテンツを制作する場合、世界のビッグタイトルと競合することになる。つまり、あなたのプロジェクトは、ハリウッドの超大作やHBOの最新のテレビシリーズと、直接対決しなければならないのだ。音楽をプロデュースしているのであれば、エド・シーランやビヨンセと競争することになるだろう。また、ライブイベントを開催するのなら、EDMフェスティバル「Tomorrowland」、コーチェラ・フェスティバル、ディズニー・パークなどと争わなくてはならない。こういったエンターテイメントの巨大勢力の存在は、小規模市場でのブランデッドコンテンツのクリエイターにとって脅威かもしれないが、これらのフランチャイズにないのは、地域文化に根ざした文脈である。もちろん特定の地方の人々も世界的なエンターテイメン

トを支持している。しかし、人々は自分たちのローカル文化と関連性の高いコンテンツや体験も同様かそれ以上に求めるだろう。『From the Start』はギリシャの文化べったりというわけではないが、プロジェクトの舞台はギリシャで、現地の俳優がギリシャ語で演じている。そして、その非常にロマンチックなストーリーは、当時、緊縮財政と経済危機に動揺している観客の心に、確かに共鳴した。

　小さな市場でブランデッドエンターテイメントを制作することには、他にも利点がある。アメリカにおいて多数のプロジェクトの中で目を引くには、ライアン・ゴズリング、ジョン・マルコヴィッチ、デビッド・ベッカムなど著名な人をプロジェクトに登場させないといけないかもしれないが、小さな市場ならば、地元の有名人を起用することで、出費に見合う以上の効果を得られるだろう。スペインにて、MRM//McCannがSantander銀行のために制作した17分間のSF映画『Beyond Money』では、現地のタレントの力を活用してスペイン中から大勢の観客を集めた。このSFスリラーはスペインで知られるキケ・マイーリュが監督し、2016年のペドロ・アルモドバル監督の映画『ジュリエッタ』に出演した女優のアドリアーナ・ウガルテが主演を務めた。Santander銀行がウガルテにいくら払ったかは分からないが、エマ・ストーンやジェニファー・ローレンスといったA級スターにかかる費用より圧倒的に低い金額のはずだ。だが皮肉なことに、スペインの観客にとっては、金のかかるハリウッドのライバルよりも、アドリアーナ・ウガルテの方がずっと魅力的なのだ。『Beyond Money』は初週で730万人もの視聴者を獲得し、現地のタレントの力を実証した。そして、小規模な市場でブランデッドエンターテイメントを制作するすべての人にとって大切な戦略を証明したのだ。

　ただし、このカンヌライオンズ・グランプリ受賞作について最も印象的に感じるのは、映画製作の質や、あるいは非常に革新的な配給・配信

戦略でもない。私にとってキャンペーンの本当の成功は、本質的にブランドとオーディエンス両者のために創り出されたという意味にある。

» The warrior's code　忍者の掟

スペインのMRM//McCannのChief Creative Officerであるミゲル・ベンフィカに話を聞いた際、広告会社がSantander銀行の「1｜2｜3 Smart Account」（スマート口座）そのものの開発に携わっているという事実に非常に驚いた。これは、若い世代に様々なライフスタイルサービスを提供することで、お金だけでなくそれ以上の支援をする、革新的な銀行口座である。

この広告会社のカンヌライオンズのエントリーにはこう記されていた。「スペインのミレニアル世代は、経済危機は銀行の責任だと考えている。71%の人は、銀行が作ったCMに耳を貸すくらいなら、歯医者に行くことを選ぶだろう」。経済的利益だけでなく若者向けのサービスや体験を提供する、新たな銀行口座を作り出すことで、Santander銀行はスペインの若い人たちにとって、最も重要な問題に取り組むことができた。私の意見では、『Beyond Money』に真の強みを与えるのは、この共有価値の基礎である。これは単なる短編フィルムプロジェクトではなく、現代で最も重要な社会問題の一つに関する思想の表明だ。消費者主義がはびこる世界において、お金と体験という要素のバランスに光を当てたことは、共感性が高く、有意義である。審査員としてこの作品にグランプリを授与した主な理由の一つには、これはブランドを変えただけでなく、お金と経験はどちらが大切かという問いを人々に投げかけ、金融サービスの分野全体を前進させたことが挙げられる。

先日『AdBusters』誌の中で、編集者のカレ・ラースン氏の記事に出会っ

た。この雑誌は熱烈な反消費社会の精神に溢れているにもかかわらず（あるいはひょっとすると、それゆえに）、私が購読し続けている雑誌である。そこで彼は、経済の繁栄は価値と文化のうえに成り立つと述べていた。

　私は、目的を持つことの重要さ、共有された価値観が有する超越的な力を強く信じている。というのは、小規模で裕福ではない —— 文化的に疎外されている —— 市場は、まさに目的意識を持つことを望んでおり、[目的を持つための礎になる]価値観の共有は、こうした市場において ブランデッドコンテンツ制作者の優れた戦術となりうるからだ。

　『One Source』キャンペーンに取り組んだ経験に基づき、私は「意義」こそがすべての中で最も強力な差別化要因である、と確信している。音楽や映像の質はプロジェクトの成功の鍵だったが、キャンペーンを次のレベルに引き上げたのは、『One Source』のイデオロギーの共鳴だった。『One Source』はただの歌でも、ただの広告でもなく、アフリカの創造的革命のスローガンであった。人類は皆一つの起源から生まれたことを思い出させて、アフリカ人の団結を固めたのであるただし、共有価値の利用は、軽んじられ、権利も奪われた文化のためだけの領域では決してないということを、言及しておくべきだろう。正しい意図を持つ誰もが達成できることであり、それこそがブランデッドエンターテイメントが強力で効果的であることを示す主な理由の一つである。（単に広告を制作するのでなく）。ブランドをエンターテイメントにシームレスに織り交ぜることで、共有された価値観をより広いキャンバスで探求することができる。そして、プロジェクトに意義をもたらす確実な方法をもたらしてくれるだろう。

　何世紀にもわたって、忍者はその裏切りと欺きで悪名を轟かせてきたが、実際すべての戦士と同じように、彼らも厳格な「掟」に従っていた。広告の忍者である我々も、掟を遵守するべきと私は考える。この掟には

いくつかの信条もあるかもしれないが、私にとって最も重要なことは、ブランデッドエンターテイメントは常に、ブランドとオーディエンス双方に対して同等に価値を提供しなければならないということである。プロジェクトの意義の創造は、この難しいバランスを上手く達成する、最も強力な方法の一つである。

» The way of the warrior　忍者の生き様

エンターテイメントライオンズ2017においては、"影で仕事をすることにはメリットがある"と明確に示された。大スターを起用した世界的なブランデッドエンターテイメントを生み出すことを夢見る人も少なくないが、小規模で目立たない市場で働くことには、実は大きな利点がある。そしてこれら小規模市場での驚くべき成功の根底にある原則の多くは、世界中、どの市場のブランデッドエンターテイメントの技術としても幅広く応用できるということも発見できた。

いにしえの日本の伝説的な忍者のように、現代のブランデッドエンターテイメントのクリエイターは、他とはやり方を変えることで成功している。クリエイターは暗闇を強みとして活用している。多くのマーケティング担当者がいまだにテレビよりオンラインを軽視しているという事実を生かし、クリエイティブの境界線を押し広げるチャンスに変えている。彼らは強いものと強いもので競おうとせず、代わりにブランデッドエンターテイメントを使ってアーンドメディアの力を利用し、それによって大きなメディア予算を持つ巨大な敵を圧倒する。クリエイターは「地形」の重要性を理解しており、現地市場についての知識を生かして戦略的に有利な地点に立ち、そこから世界の競合の裏をかくのだ。しかし、最も重要なことは、彼らは忍者としての掟にこだわっているということだ。つまりブランドだけでなく、観客に対しても同じように奉仕す

るという絶対的な誓いを守り、両方にとっての意義と価値を作り出すために努力を続けているのだ。

16

マーケターのように考え、エンターテイナーのように振舞い、ベンチャーのように行動せよ

～ 3つのカンヌグランプリ、制作の舞台裏 ～

PJ・ペレイラ
PJ Pereira, Pereira O'Dell

Think like a marketer,
behave like an entertainer,
move like a tech start-up:
a behind-the-scenes look at
three cannes grands prix

　あらゆる素晴らしいアイデアと同様、それはある一つの思いつきから始まった。「もし近い将来、人々が銀行口座の残高を増やすことと引き換えに、自分の記憶を売ることができたとしたらどうなるだろう。観客にその未来を見せて、お金よりも記憶が大切だということに気づかせられないか？きっと人々が立ち止まって見たくなるものになるはずだ」。友人のミゲルが私に会いにサンフランシスコへ来たとき、いたずらっぽい笑みを浮かべていたのは、おそらくこのアイデアが成功すると知っていたからだろう。

　それは2月下旬で、彼はサンフランシスコで行われた、あるイベントに参加していた。これが表向きの理由だが、彼はその機会を利用して私に挨拶をしに来たのだと言った。ブランデッドエンターテイメントの不思議な世界や、私が数年前どのようにブランデッドエンターテイメント部門でグランプリを獲ることができたのかについて議論をするうちに、彼の興奮と好奇心が膨らんでいくのが分かった。広告業界のベテランでスマートな彼は、従来の広告のやり方では、私が携わったIntelの『The Beauty Inside』シリーズのようなアイデアが生まれ、了承され、完成することはないと、すでに気づいていた。

　彼はMRM//McCannの支社があるマドリードで、消費者の視聴行動

を邪魔するのではなく、彼らを惹きつける方法について、チームメンバーと議論し続けていた。その当時、私のIntelの仕事は、依然その分野で成功事例として最も有名なプロジェクトの一つだった。

だから彼は私を訪ねてきたのだ。

このようなブランデッドエンターテイメントプロジェクトを増やしていくためにも、私はより多くのクリエイターや広告会社に、いつもと異なるボタンを押し、新しく、時として奇妙な手法にトライしてもらう必要があった。私たち2人はおよそ2時間も話し込んだ。私はプロセスを紐解き、各プロセスで従来型の広告からどんな点を変更すべきかを説明した。考え方から、キャスティング、承認、配給・配信、宣伝の方法まで。そして彼は帰って行った。

1ヶ月後、私はスペインのサン・セバスチャンのイベントに招待され、講演を頼まれた。そこで、お返しにミゲルを訪ねようと連絡した。ホテル デ ロンドレスのバーで酒を飲んでいると、彼はこう話した。「マドリードに帰ってすぐ、メンバーが面白いアイデアをプレゼンしてきた。お金は世界で最も大事なものではないというコンセプトなんだ」。
ミゲルの広告会社にとって重要クライアントである銀行に対しての提案としては、とても大胆なアイデアだ。銀行にお金は大事じゃないというのだから。その銀行はSantander 銀行だった。そしてそれは通常の広告ではなくエンターテイメントのアイデアだと、彼には即座に分かっていた。

「撮影は明日の予定だ」。彼は言った。「もし出来がよければ、君に送るよ」。

それから6週間連絡はなかったが、ある日彼からEメールが届いた。

そこにはリンクと質問があった。「これをどう思う？」と。別の会議に遅刻しそうだったから、私はシャワーを浴びる前に少しだけ見て、職場で続きを観ようと思っていた。私は再生ボタンを押した。

そして結局18分間座って画面を見ていた。最後の1秒まで。そして妻に言った。「グランプリはミゲルが持って行ったよ」。私は微笑んだ。自分の会社であるPereira O'Dell制作の『LO：インターネットの始まり』が、数ヶ月後、私が審査委員長を務めるカンヌライオンズの部門で、グランプリの筆頭候補の一つだと聞いていた。ステージに上がって自分の広告会社にグランプリを渡さないといけないなんてことを考えると、恐ろしかったのだ。

「気に入ったよ、ミゲル！これは本当に素晴らしい！」。その日、同僚の何人かと再びその作品を見た後、私はEメールにこう書いた。その時、私の予想は彼に伝えなかった。審査プロセスはそんなに単純ではないからだ。

次に彼と会ったのはカンヌだった。私は審査室の外で、約40分間グランプリの審議が終わるのを座って待っていた。『LO：インターネットの始まり』は実際にグランプリ受賞プロジェクトの最終候補の一つだったため、ルール上、私は審査に参加できず、決断は他の審査員たちに委ねられた。彼らが私を呼び戻したとき、いつも活気に溢れた審査員たちは、私に申し訳ないと言わんばかりに、静かに、お通夜のような雰囲気になっていた。スクリーンの上に写真が貼られていて、それは『Beyond Money』のポスターだった。それが何を意味するのか悟り、私は笑った。

「最終審査に参加していたら、私もこれを選んでいたよ！」

まるで彼らの喉から死そのものを引っ張り出してやったかのようだっ

た。一瞬のうちに私たちは皆笑いに包まれた。そしてシャンパンを開けて、長い1週間と、共に学び達成してきたすべてのことを祝った。1時間後、私たちは部屋を後にしたが、その時、私がミゲルと会ったのは、その年3回目だった。

　私は彼に電話し、私のホテルで会おうと言った。彼に伝えるべき大切なことがあったのだ。審査員の何人かも、その「いたずら」に付き合ってくれた。私たちは彼に、ブロンズを受賞したと伝えた。

　ミゲルはとても喜んでいた。これが彼の広告会社にとって、初めてのライオン受賞だったのだ！

　彼が受賞の喜びを実感して噛みしめるのを、私たちはしばし待った。次に、やはりシルバーに格上げしたと話すと、彼の満面の笑みがさらに満開になった。私たちは抱き合い、彼は叫んでいた。それから、私たちはさらにゴールドまで昇格したと発表した。彼は飛び跳ねながら、涙を堪えていた。誰かがついに、それで十分か、もう満足しているのかと彼に尋ねた。

　「もちろん」。やっとつま先立ちができるようになったバレリーナのように飛び跳ねて、彼は嬉しそうに答えた。

　そこでこう言った。「ならグランプリは他の誰かに渡すべきだろうな」。
　彼は静かになった。
　そして何かを言おうとした。
　彼は口ごもった。
　「そう」、私たちは言った。「君だよ！グランプリは！グランプリにふさわしいプロジェクトだ」。

その瞬間、彼はカンヌライオンズでグランプリを受賞した、数少ないうちの1人となった。私と彼は熱い抱擁を交わしたが、その時感じた思いは普通と違っていた。その感情の正体が何だったのか、私にはよく分からなかった。それは友人に対しての幸せであり、自分ではなく彼が受賞した安心もあった。だが今なら分かるが、そこには冷めやらぬ誇りもあった。自分自身で何かを達成したときの気持ちではなく、かつての教え子が人生で何か大きいことを成し遂げたときに、小学校の先生が感じる喜びと似たものだろうと思う。もちろんミゲルは私の教え子ではない。彼に多くのことを教えたこともなければ、私がすでに歩んだ道をたどるようアドバイスしただけだったが、彼は華々しくそれをやり遂げた。彼の素晴らしいクリエイティブな勝利に関して、私が主張できる手柄などなかったが、私の経験を共有することで彼が見事な功業を実現する手助けができ、私は何かを達成した気分になったのだ。

この最終章では、ごく僅かな人しか知らない、いくつかの物語と秘密をみなさんに共有しようと思う。さらに驚くべきアイデアが生み出される助けになることを願って。まずは、2017年ブランデッドエンターテイメントライオンズのグランプリ受賞作、Santander銀行の『Beyond Money』から始めよう。

》 The story of Beyond Money, Grand Prix 2017 グランプリ『Beyond Money』の物語

本書のほぼすべての章で、『Beyond Money』についてはある程度言及されている。その年のグランプリに選ばれたことを考えれば、至極当然のことだろう。しかし本章は違う。ここでは、それがどのように生まれたのかの舞台裏についてお話しする。というのも、秘密、落とし穴、ひらめきや発見を共有することは、完成した作品に目を向けるよりも有意義かもしれないからだ。

プロジェクトが形になり始めた頃、MRM//McCannのマドリードチームはある程度の予算があった、すなわちいつも通りの広告予算が承認されていた。改めて予算を集める必要がないのは良いことだったが、こうしたプロジェクトは違うレベルの投資を要する可能性もあるため、リスクもあった。ありがたいことに、Santander銀行の担当者は以前、広告会社にいたことがあり、どのように物事は進むのか、アイデアはどのように発展するのかを知っていた。このチャンスに賭けて、彼らは挑戦したのだ。

　物事が別の道をたどり始めたのはここからだ。最初のプレゼンテーションは大雑把で、普通なら広告会社がプレゼンする詳細な脚本などはなく、辛うじてどのようなアイデアになり得るかだけの短い説明でしかなかった。なぜならばしっかりとした15分の作品の脚本を書くには、多くの資金や時間がかかるからというだけでなく、クライアントと一緒にアイデアを発展させる時間が欲しかったからでもある。

　このスペインの大手銀行がアイデアに賛同するまで、時間はかからなかった。ヨーロッパを取り巻く経済問題のせいで、若い世代の銀行に対するイメージはますます悪化していた。銀行が、お金を人生にとって副次的なものとして扱うという、MRM//McCannとSantanderが作り上げる破壊的で大胆なアイデアは、この銀行が人々の人生に対して、どう考えるのか、はっきり示していると言えた。

　彼らはこの新しい挑戦には多くのリスクがあると直ちに気づき、エグゼクティブプロデューサーのサラ・ムニョスをはじめとする本物のプロでチームを構成する必要が出てきた。彼女は映画ビジネスで何年もの経験があり、広告会社が通常の広告チームを雇う代わりに、フリーランスとして招き入れた人物だった。広告会社は彼女と提携し、将来のプロジェクトに向けて技術を学ぼうとしていた。そして彼らを広告専門の制作会

社ではなく、映画製作会社と繋げたのは彼女だった。

コマーシャルであれば、次のステップは同様のプロジェクトに携わった経験を持つ監督を探すことだっただろう。しかしこれはコマーシャルではなかったため、彼らが探したのは、若い観客を対象に最も面白い仕事をしてきた監督だった（ジェイソン・ゼノポラスも『広告の忍術・影での仕事術』の章でこの要素を説明しているが、詳細についてもう一度触れていきたい）。彼らは３人のディレクターにプロジェクトを依頼したが、３人ともピッチ資料を読んだ後、心からやりたがっていた。しかしそのうち１人は、広告会社と提携することに明らかに興味を示していた。彼のアプローチは、まるで広告会社で仕事をする１人のクリエイターのようだった。幸いなことに、この監督キケ・マイーリュは、スペインのミレニアル世代による視聴数が２番目に多いオンラインビデオプロジェクトである、『EVA』というSF映画を以前監督したことがあった。彼らはOxigenoという制作会社を通して彼に接触し、短い交渉の後、彼と契約した。プロジェクトに必要なのは三者を競合させることでも、検討に時間をかけることでもなく、ビジョンとパートナーシップであり、彼らにはそれがあった。

銀行の頭取であるラミ・アボコーがアイデアを見たのは、その時が初めてだった。チームにとって幸運にも、頭取はこのアイデアを気に入っていたが、要求が一つあった。彼が求めていたのは、プロジェクトに信頼性をもたらすような有名人の存在だった。それにはコストがかかるが、問題はなかった。というのも、有名人が登場することで観客を呼んでくれるし、結局その有名人の要素がなければ、メディア費用をかけて観客を集めないとならないからだ。

賢明な判断だ。

頭取からのこのリクエストによって、予算が少しだけ増え、2016年の
ペドロ・アルモドバル監督作品『ジュリエッタ』のスター、アドリアーナ・
ウガルテを主演に迎えることができた。そのお返しに、彼女は友人をプ
ロジェクトに呼び込んだ。バーバラ・ゴエナガ、ウィル・シェパード、
ミゲル・フェルナンデスの3名である。

　アイデアの企画から公開まで、彼らに与えられたのは合計6週間だっ
た。検証する時間、じっくり考える時間、試行錯誤する時間はなかった。
彼らの本能、ビジョン、責任感、そして彼ら自身、すべてが優れていな
ければ、実現しなかっただろう。

　そして彼らは完璧にやり遂げた。

　プロジェクトは3日間で撮影され、2017年4月18日に上映・公開された。

　このプロジェクトの公開からわずか2週間で、Santander銀行は160
年に及ぶ銀行史上最速の新規口座開設率を記録し、年間事業目標の35%
に達した。

　ミゲルの口から直接その話を聞き、気づいたことは興味深かった。そ
れは目標、予算や実制作のスケジュール設定まで、慣れ親しんだ広告制
作業務的プロセスから始まったものの、一旦主な方向性が決まると、彼
らは適切なエンタメ企業としてのやり方にすぐに方向転換できたという
ことだ。彼らは最適なタレント —— 観客が時間を投資するに値する役者
や監督、スタッフ —— を招き入れ、そして実制作においては、現実に柔
軟に対応し、わずかな時間で質の高いプロジェクトの完成と優れた配給・
配信にこぎつけた。まさに、このプロジェクトは、私たちの時代のスロー
ガンを体現する輝かしい例となっている。「マーケターのように考え、エ
ンターテイナーのように振舞い、ベンチャーのように行動せよ」である。

『Beyond Money』は注目に値する受賞作であり、カンヌライオンズの会場であるパレ・デ・フェスティバルエ・デ・コングレ、およびオンラインで視聴していた何千人もの観客の前で、ステージの上でこの作品を祝福でき、審査員一同とても光栄だった。ほとんどの人は知らないが、グランプリの資格を得るためには、他より優秀でなければならないだけでなく、審査員が表彰したいと心から思うプロジェクトでなければならない。実際、2014年と2015年には、グランプリに相応しい作品は一つもないと審査員が判断し、グランプリは出なかった。それによってさらに、MRM//McCannとSantanderの受賞は一層注目された。

2016年のグランプリは『New York Times』誌のプロジェクトだった。これは、VRとジャーナリズムを融合し、読者がストーリーに登場するような没入型の体験を生み出した。間違いなく、ストーリーテリングに関心がある人なら誰もが時間を使って楽しむべきプロジェクトである。マーケティング原則、エンターテイメント性、テクノロジー、ビジョンのすべてを適用し、実現した素晴らしい作品だ。しかしながら、本作はメディア企業である『New York Times』が制作したために、ブランデッドエンターテイメントではないとして却下したマーケターもいた。こんなに素晴らしい作品を脇に置いておくことにすでに罪悪感を覚えながらも、もう一つ前のグランプリの舞台裏に直行することにする（ここでは『New York Times』の作品は飛ばしたが、今すぐVRゴーグルを着けて、体験してみてほしい）。

» The story of The Beauty Inside, Grand Prix 2013
2013年グランプリ、『The Beauty Inside』の物語

『The Beauty Inside』シリーズとその前身『The Inside Experience』については、マルセロの章『時間との戦いと集中力持続時間についての誤解』ですでに読んだことだろう。あなたが知らないのは、『The Inside

Experience』がその次のプロジェクト『The Beauty Inside』にどのように繋がっていったかということだ。ヒントを言うと、それはパニックに近い行動だった。

　どちらも私が経営する広告会社の制作で、私が2017年の審査委員長に選ばれたのもそれが大きな理由だろう。また、広告会社とクライアントの協業において、全く別の方法があると、私が気づいたきっかけでもあった。始まりは一本の電話からだった。かつてのクライアントであるMcDonald'sを経て、現在はUBS BankのグローバルCMOであるヨハン・ジャーヴォは、当時Intelに異動したばかりで、パートナーマーケティングプログラムに関して助けを必要としていた。東芝とのパートナーシップに関するものだった。この２つのブランドは、若い顧客へのアプローチが上手くできていなかった。私たちは両社に、若者主導の映画とソーシャルメディア体験を組み合わせた、複数年にわたるプログラムを制作して観客を驚かせようと説得した。私たちはこれを「ソーシャルフィルム」と呼び、Intelにとって重要なのは「中身」だというアイデアをベースに制作し、東芝のそのシーズン一押しのコンピュータをフィーチャーした。そして最先端のテクノロジーを使うブランドとしての位置付けを確立しただけでなく、ハリウッドの境界線を広げた革新者としても認知を獲得することになった。

　この戦略の柱の一つは、予算配分の革新だった。従来は、ブランドはマーケティング予算の80％〜90％をメディアバイイングに費やしてきた。そして僅かな残予算が、観客が実際に目に触れるコンテンツの制作費に充てられてきた。『The Inside Experience』では、このオンデマンドが当たり前になりつつある今、人々が目にするもの、そのものに資金をつぎ込むべきだとクライアントを説得し、予算の配分を60％をメディア費に、40％を制作費に変更した。この配分によって、キャンペーン全体は通常のキャンペーンと同じ予算を維持しながらも、観客を惹きつけ

るようなレベルのクオリティを実現し、スタッフでは『ディスタービア』のD・J・カルーソ監督や、キャストではアメリカ版の『シェイムレス 俺たちに恥はない』の俳優エミー・ロッサムなどを起用できたのだ。さて、『The Inside Experience』は、見知らぬ部屋で目覚めた少女がインターネットを通じて助けを求めるシーンから始まる。このスリラープロジェクトの第1シーズンを私たちが制作している最中に、ある1本の電話が入った。

それは午後6時30分、別の大きなプレゼン準備をし続けていた、長い一日の終わりだった。クライアントは私たちに次のように話した。法務部門のリクエストで、主人公が命の危機を感じたり暴力の恐怖に怯えたりするシーンは一切なくしてほしいと。私がオフィスに到着したとき、チーム全体はパニックに陥っていた。主人公の恐怖心なくして、スリラーを制作することなどできるだろうか。

翌朝午前9時、私たちはこうであるべきと信じたアイデアを再度プレゼンした。それは主人公が命の危機を感じ、悪役の行為に恐怖心を覚えるストーリーだ。しかし、もしクライアントがスリラーを避けたいなら、ジャンルを変えるべきだという考えを説明した。そのうえで、私たちは同じコンセプトで、しかし暴力的なシーンを減らした他のアイデアも同時にいくつかプレゼンした。そのアイデアの一つが、毎日違う身体で目覚める男、アレックスのストーリーだった。同じ家に住み、同じ生活を送るが、毎日見た目が全く別人になる男の話だ。彼は東芝のノートパソコンを使い、変わっていく見た目を趣味として記録し、毎日が初めての日のような人生を謳歌していた —— 彼が恋に落ち、その身体のせいで、恋の相手ときちんとした関係を築くことができないことに苦しむまでは。このシリーズは後に『The Beauty Inside』と呼ばれることになるが、クライアントは代案の、このストーリーとキャラクターに心を奪われた。長い議論の結果、まずはその衝撃度を活用するために、スリラープロジェ

クトを実施し、翌年にアレックスのストーリーを制作することが決まった。そして第1弾のスリラーが成功したため、第2弾は制作とメディアの予算配分を50：50にまで変え、制作面の配分を増やすことができた。

このシリーズはさらに成功を収めた。ロンドンオリンピックで盛り上がっているさなかに公開されたにもかかわらず、トファー・グレイスとメアリー・エリザベス・ウィンステッドが出演した、この2つのハイテク企業のラブストーリーは何億もの再生数を稼ぎ、2012年に最も視聴されたブランデッドコンテンツの一つとなった。翌年には、カンヌライオンズでブランデッドエンターテイメントグランプリを獲得しただけではなく、フィルム部門とサイバー部門でもグランプリを受賞した（サイバー部門は現在廃止）。さらに、一般的なテレビ番組を押しのけ、デイタイム・エミー賞も獲得した。マーケティング作品として前代未聞の偉業である。サマンサ・グリンの『世界に拡張するアイデア』の章で読んだと思うが、2013年には韓国で長編映画、続いてテレビシリーズにリメイクされた。

» The story of Back to the Start, Grand Prix 2012
2012年グランプリ、『Back to the Start』の物語

『The Beauty Inside』の前年、私の心は穏やかでなかった。実を言うと、嫉妬していたのだ。ブランデッドエンターテイメント部門のグランプリは、アメリカを席巻したあるアイデアに与えられた。その感動的なストーリーは、その年のグラミー賞の中継番組でCMとして放映された。ブランデッドエンターテイメントの受賞の常連である、タレントエージェンシーCAAのマーケティング部門が制作した広告プロジェクトである。大規模産業型農業に移行した農家の男が、その過ちに気づいて考えを改め、「振り出し」すなわち持続可能な農業に戻っていくという、悲しくも可愛らしい、啓発的なストーリーだ。美しく作られたこのテレビCMは、今でも食品・飲料ブランドが制作した最も大胆なキャンペーンの一つで

ある。広告主であるメキシコ料理チェーンのChipotleが、それまでテレビ広告に大きな予算は投下していないことを考えるとなおさらである。世界でも最重要な音楽の祭典、グラミー賞の中継ほど高額なCM枠は、ほとんどない中で、Chipotleがこの枠で公開したことに挑戦のリスクとその結果の価値があった。

　広告業界もすぐに気づいたように、この取り組みの素晴らしいところは、グラミー賞中継という大勢の観客によってクリティカルマス（爆発的に普及する分岐点）を引き付け、さらに壮大な世界観をオンラインで公開したことである。複数のブランドがそれ以前に、そして以後にはさらに多くがこの方法をとったが、その年のChipotleほどの効果を発揮したものは存在しない。結局、それは通常の30秒のコマーシャルではなく、2分半以上の物語で、音楽にはコールドプレイの『The Scientist』。しかもウィリー・ネルソンによる魅力的なカバーバージョンを使用し、アメリカの農家の人々を支える象徴のプロジェクトだった。もしまだこのプロジェクトを見たことがなければ、これを読むのを一旦中断し、是非すぐに見て欲しい。

　この意欲的なプロジェクトは、それ以来、悪夢となって私の頭を悩ませた。どうやってあんなことを見事にやってのけたのだろう？「そりゃあ、タレントエージェンシーだもの。あらゆるタレントが自由自在だからね……」。そう言い聞かせて、私は自分に言い訳をした。しかし、私は本章を執筆するにあたり、嫉妬を越えて深く考察する必要があると感じた。だから彼らにコンタクトを取ったのだ。

　その結果、私が感じたのは謙虚さとインスピレーションだった。

　このプロジェクトは、大きなカスタマーリレーションシッププログラム（顧客との関係を強化する施策）の一部としてスタートした。顧客の

関心を引きつけ、その関心に報いるための方法・手順・プロセスがあった。その中に一つのストーリーがあった。最も忠実な顧客に礼を伝えるための、小さなオンラインコンテンツ。小さな養豚農家が、農場を大規模工場型に作り替えた後、後悔して元の持続的な農場に戻すという物語。小さく、持続可能で、ロマンチックだ。ポイントはその時点ではまだ、コールドプレイの音楽も、ウィリー・ネルソンのカバーもなかった。あったのは、Chipotleを過去10年間で最も成功した食品企業の一つにした理念と、それを顧客に知らせるための小さなコンテンツプロジェクトだった。

　予定通り、脚本は絵コンテに進化した。そこから絵コンテは、美しく幾何学的だが愛らしいスタイルでアニメ化された。これはNexus Studiosによって制作されたが、彼らが編集を終えようとしていた頃、やっと仮の音楽が入れられた。しかし、まだこの曲はなかった。その後、新旧問わず様々な楽曲を探索する日々が続いた。誰かがコールドプレイの『The Scientist』に出会うまで。

　それは魔法の出会いだった。歌詞とストーリーがぴったり一致していた。失われた過去の憂鬱、元に戻るという決断。「誰も簡単だなんて言わなかった……」と歌詞は続く。歌詞とストーリーが共鳴し合っていて、完璧だった。ブランドの理念を掲げたそのアニメは、突如としてより大きな存在になった。ポップカルチャーに昇華したのだ。それはもはや広告ではなく、メッセージになっていた。人々が受け入れ、当時者意識を持ち、深く追求させる何かがあった。

　素晴らしいアイデアがひらめいたとき、時々起きることなのだろう、その部屋にいたある人が、そのアイデアをさらに一歩前進させた。「コールドプレイのバージョンを、そのままでは使用しないというのはどうでしょうか？このストーリーに適したカントリーミュージックの世界に近い人を使ってみるのはどうでしょう、例えば……」。

ウィリー・ネルソン！カリスマであり、伝説だ。叶うはずもない無理な夢だ、そう彼らは考えた。それでも彼らは挑戦したのだ。

とうとう、彼らは親会社CAAのタレントマネジメントの力をフル活用することとなった。CAAがエージェント業務を担当する、ウィリー・ネルソン、別エージェンシーが担当するコールドプレイ双方に連絡したところ、両者からプロジェクトへの熱い意気込みを受け取ることができた。ウィリーは歌のレコーディングを喜んで引き受け、コールドプレイのクリス・マーティンも、カントリーミュージックのカリスマがカバーするというアイデアを気に入った。こうした熱意と愛の結晶として、歴史上最も心温まるブランデッドエンターテイメントの一つが誕生した。

完成した小さな映像プロジェクトを見て、クライアントとその社員たちはすぐさま興奮に包まれた。「これこそが私たちの信念だ！」と彼らは廊下で叫んだ。主要顧客に向けたオンライン配信のみを計画していた、この慎ましいCRMビデオはテレビスポットに昇格し、年間で最も視聴率の高番組の一つ、グラミー賞の中継で、30秒の枠を5枠も買い付け、2分30秒のこの映像を放映したのだ。それはまさに栄光の瞬間だった。

ブランドに対する圧倒的な信頼と誇りが顧客の中に生まれたことから当年の収益が20%増加したことまで、すべて当然の結果だった。それ以来、Chipotleはブランデッドエンターテイメントに投資を続け、新しい作品を生み出すようになった。

» Those stories have a few things in common
3つの物語に共通するもの

この章のタイトルは、3つの舞台裏の物語から取っている。それぞれのアイデアを生み出したクリエイターたちは皆、「マーケターのように考えた」。クリエイティブによって達成するために、直感でなく理性を

活用した、という意味である。次に、クリエイターたちは「エンターテイナーのように振舞った」。つまりエンターテイメント企業が通常考えるように、消費者がコンテンツの視聴に費やす時間と、そして観客を集めるため起用したトップスターたちの費用が、確かに価値あるものになっていることを明確にしたのだ。そして最後にクリエイターたちは「ベンチャーのように行動した」。つまり未開の新天地を切り開くために、一つの制作プランに固執せず、様々な障壁をスピーディーにかいくぐって実現してきた。

以下にいくつか挙げる教訓は、トップレベルのプロジェクトを生み出すためのテクニック論として参考になると思う。

1. Shift the money　予算の移動

消費者は、予算たっぷりで制作されたエンターテイメントが彼らの目前にあふれているのになれてしまった（ストリーミングサービスなどのドラマコンテンツなどの予算は桁違いの場合が多い）。ブランドが観客の時間を奪いたいなら、かなりの予算を制作費側に移動させる必要がある。良いニュースは、メディア費用はこのブランデッドエンターテイメント分野においてさほど重要ではないため（つまりコンテンツの質こそ重要）、キャンペーン全体予算を増額しなくて済むだろうということである。もちろんブランド側の担当者が、メディア費用と制作費用の予算配分を変更できる権限を持っていればだが。残念ながら、ほとんどの企業の場合、企業の上層部、決裁権を持った誰かに支持されていない限り、それは簡単ではない。

2. Not just a part but the whole thing　一部でなく中心になる

掟破りの大きなコンテンツは予算を様々な場所、プラン、コンテンツに振り分けていては生まれない。紹介したIntel、東芝の『The Beauty Inside』はキャンペーンの一部ではなく、キャンペーンそのものだった。

『Beyond Money』は別のテレビCMキャンペーンの副次コンテンツとして存在したのではなく、むしろこの短編映画コンテンツを観客に見せるために広告費が使われた。CRM戦略の一環として誕生した『Back to the Start』も、最終的にはすべての中心となるまでに成長した。私たちは今、テレビ中心からコンテンツ中心、またはエンターテイメント中心にマーケティングが進化している歴史的事実を、目撃しているのかもしれない。他の施策や作品も存在するかもしれないが、それは皆が見たがっている、コアの部分を支えるものとしてそこにあるのだ。

3. Bring in the pros　プロを仲間に引き入れる

　世界で最も華やかな業界の一つ、エンターテイメント業界と戦いたいなら、あなたもその華やかな要素を取り入れる必要がある。それはSantander銀行のCEOが主張したように、アーティストあるいはスターを意味する。よりバランスの取れた制作・メディア比率に移行する、つまり制作費にもっと予算をかける、正当な理由を、CFO（最高財務責任者）に示す良い方法でさえあるかもしれない。

4. Pick artists who fall genuinely in love with the idea
そのアイデアを心から愛するアーティストを選ぶ

　キャロル・ゴールが『スターにとってのメリットは？』の章で言及したように、プロジェクトに大スターを呼び込む方法は2つある。広告に出演する「恥」のためにアーティストに大金を支払う（そう考えるタレントも一部いる）か、彼らにその役を演じたいと思わせるか、のどちらかである。これには、ブランド・観客・スターのそれぞれの利益の間でバランスを取ることが必要だが、これはブランデッドエンターテイメントに限らずあらゆるエンターテイメントが例外でない。常に柔軟性をもちながら、そのバランスを調整できる状態でいなければならない。求めるタレントが興味を持つように脚本を変更する柔軟性、またそのスターが最終的に参加してくれる場合、元々の予算を変更してその人物を雇える

ようにする柔軟性である。

5. Collaborate with the artists　アーティストとのコラボレーション

　有名人を単なる広告出演者として雇ってセリフを喋ってもらうこと
と、アーティストをプロジェクトに引き入れてエンターテイメント制作
に協力してもらうことの間には、重大な差異がある。前者はただお金の
ためだが、後者はそれに加えて、芸術的な目的を満たすためでもある。
台本がすでにクライアント承認済みだから、もしくはコンセプトがすで
に固まっているからと言って、タレントやアーティストをプロセスに介
入させないのは、せっかくのチャンスの無駄になる。柔軟に、そしてコ
ントロールしすぎないこともクリエイティブに対する熱意を活性化する
のに重要だ。これは監督、俳優、脚本家、エディター……みんなに当て
はまる。私からのアドバイスは、プロジェクトの出だしの部分で、コア
となるメッセージが明確に前提として提示されているかを確認するこ
と、そしてそれ以降は余計な手出しはしないことだ。

6. Keep the teams small and nimble　チームを小さく機敏に保つ

　多数が意思決定に参加する委員会方式というのは、過去に何度も成功
例のあるプロジェクトを確実に実行するためには上手く働くかもしれな
い。しかし、それはまだ世の中に出ていない、ビジョン型のプロジェク
トにはこのやり方は最悪と言ってよい。エンターテイメントはビジョン
主導の世界である。それは、一人の人間が注ぐ情熱によって、そしてそ
の情熱が残りのメンバーに伝搬していくことによって膨らんでいく。テ
レビシリーズにおいて、それはショーランナー、映画においては監督で
ある。鈴木智也が『なぜ「ストーリー：物語」は最も重要なのか？』の章
で「artistic integrity：芸術的誠実性」と呼んだものの真の意味を大事に
し、観客に注目してもらいたいなら、司令塔は一つである必要がある。
それができないのなら、あなたはブランデッドエンターテイメントには
向いていない。よく理解できていないのなら、ジェイソン・ゼノポラス

の『広告の忍術・影での仕事術』の章をもう一度読んで、彼の言う「忍者」についてもう少し考えてみることをお勧めする。

7. Include the brand in the premise
物語の前提にブランドを入れこむ

　本章で取り上げた3つのプロジェクトについて考えてみよう。これら3つは、コンテンツアイデアであると同様に、PRの役割を果たしている。モニカ・チュンが『ブランデッドエンターテイメントが生むニュース』の章で説明し、ジェイソン・ゼノポラスとペレ・シェネールも『プロダクト・プレイスメントからアイデア・プレイスメントへ』の章で提唱した通りである。これらはすべて、コンテンツ自体は見ておらず、また聞きで知った人に対しても機能をしている。例えば基本に立ち返った農家の男の話を描いたChipotleや、中身は同じでも毎日違う身体で目覚める男の話を描いたIntelと東芝だ。これこそが、この分野の成功における大きな秘密である。ブランドのことを思い出さずに、そのアイデアについて語れないよう物語の基礎にブランドを入れ込むことが重要だ。結果話題を巻き起こすくらいのエンターテイメントになっていれば、観客は自動的にブランドについても考えることになる。

8. Be ready to go beyond　その先へ行く準備

　ブランデッドエンターテイメントという新たな領域には非常に多くチャンスがある。サマンサ・グリンが『世界に拡張するアイデア』の章で述べたように、ブランデッドムービーシリーズや短編ムービーは、長編映画やテレビシリーズに生まれ変わる可能性があり、そこにはブランドAやらBの広告から生まれたものとしてクレジットが載り続けるだろう。ところが、ブランドはこれらの機会を活用するのはあまり得意ではない。お金を受け取ることがだめだというブランドもあれば、法務部門がエンターテイメントの交渉における、予測不可能性というリスクを取る準備ができていないところもある。広告として制作されたプロジェク

トが、その利用範囲を超えて広がり、様々な形でアイデアを羽ばたかせるためには、それを可能にする、各種の権利（出演者の二次利用に関する契約・著作権など）を明瞭にする必要がある。もちろんブランドは別の形でエンターテイメントとして展開される時に、競合他社がそのコンテンツに入れないようにする権利などを持っておく必要があるが、一般的には広告会社や制作会社に権利を残し、その辺りの交渉のハンドルを任せる方が、広がりやすいのは事実だ。またマーケティング予算が徐々に減少する世界においては、こうしてエンターテイメントとしての発展、二次利用そして収益配分（広告・制作会社にとっては追加ボーナスになる）を前提にチームを組むことで、広告会社や制作会社が予算的なリスクをとれるため、素晴らしいアイデアを世の中に生み出す方法として活用できるかもしれない。

9. Be mindful of time　時間への意識

　マルセロ・パスコアは『時間との戦いと集中力持続時間についての誤解』の章で最も重要なポイントを指摘している。消費者は自分の愛するコンテンツになら、絶え間なく大量の集中力と時間を注ぐことができる。ドラマやリアリティショーのシリーズを一気見したことのある人なら誰もが知っているだろう。ただし、できるからと言って、必ずしもそうすべきだというわけではない。消費者の時間が彼らにとっての大切な投資だと考えるのなら、彼らに投資してもらう1秒1秒に気を配らなければならない。1時間楽しめるアイデアもあれば、2分が限界のものもあり、さらには6秒以上の価値はないものさえある。アイデアはすべて、「長すぎる」と感じられる直前までは素晴らしい作品でいられるのだ。そしてこのポイントはブランドがエンターテイメントプロジェクトについて下す決定の中で、最も難しい決断の一つである。なぜならチームには、コンテンツを長くしたいクリエイターもいれば、オンライン動画を2分以上見続ける人はいないだろうと予想する上司もいて、様々な専門家が、各自のルールを主張するからだ。それに耳を傾けてはいけない。あるい

は、一旦聞くとしても、それらのルールに縛られず、そのアイデアにもっとも最適な決断を下さねばならない。

　ブランデッドエンターテイメント ―― この新しくエキサイティングな領域に果敢に飛び込むことは、すべての人に勧められる話ではない。なぜならば、その道は大変で、哲学的な議論、予算的な問題、芸術的なリスクなしには進められないからだ。チームはどんどん拡大し、プロジェクトのどこかの時点で予測不可能な結果を伴う決断を、恐れながらしなければならないかもしれない。

　しかし、あなたが才能ある人々を集めた優秀なチームを組み、ブランドが投資する予算と消費者がかける時間という大切な投資に見合う素晴らしいものを作ろうと、チーム全力で取り組んだ時、そしてこの本の中で解説された様々な素晴らしいプロジェクトをつくりあげてきた先人たちから学ぼうとするならば、マーケティングを根底から変革しようとしているこの分野、ブランデッドエンターテイメントにおける、先駆者になることができるだろう。

　まだ時間はある。

資料

著者紹介

モニカ・チュンは、エンターテインメントおよびポップカルチャーを専門とする、PR・マーケティングのグローバル企業PMK・BNCのEVP兼COOである。『New York Observer』の「Power50」にて第2位に選出。PMK・BNCはエンタメ界の著名人たち、ブランドに対しコミュニケーション・マーケティング戦略を提供している。クライアントは、400人以上の最も尊敬されるタレント、インフルエンサー、コンテンツクリエイター、ブランドイノベーター。ケイト・ハドソン、キャメロン・ディアス、キャリー・アンダーウッド、ショーン・コムズ、Pepsi、Audi、Samsung、American Express、T-Mobileなどがその一部だ。Monicaは戦略的マーケティングのプロであり、ブランド戦略、インフルエンサーマーケティング、エンターテイメントアウトリーチ、経験価値マーケティング、スポンサーシップ、プロモーション並びにインサイト・分析の分野で20年以上の広告会社経験と受賞歴を持つ。500以上の様々なブランドに対し、イノベーションを推進するマーケティングプログラムの作成・実行を成功に導いてきた実績がある。

....

ジュールズ・デイリーは、RSA Filmsの社長。RSA Filmsはリドリー・スコット、トニー・スコットが設立した映像制作会社。多数の映画・テレビシリーズでプロデューサー、エグゼクティブプロデューサーを務めている。手掛けた作品は、『THE GREY 凍える太陽』『デイブレイク』『特攻野郎Aチーム』『シャンハイ・ヌーン』など。

....

リカルド・ディアスは、Anheuser-Busch InBevの中米地域のマーケティング部長である。以前はニューヨークのConsumer ConnectionsにてグローバルVPを務めていた。『Advertising Age』によって「Media Maven（メディアの達人）」、Billboardによって「Branding Power Player」に選出。また、優れた広告界のリーダーを表彰する業界最優秀賞、AAF Hall of Achievementに入選した。

....

サマンサ・グリンは、大手テレビ制作会社FremantleMediaのグローバル・ブランデッドエンターテインメント部門、全世界担当副社長である。ロンドンを拠点とするも

のの、世界中におけるFremantleMediaのブランデッドエンターテイメント活動を推進し、地域のコマーシャルチームおよびデジタルチームと協力して、ブランド戦略を提供している。また、テレビやデジタルプラットフォームにおける広告主のエンゲージメント最大化のため、ブランドや広告会社との重要な関係をリードする。この役職以前は、ロンドンとパリのPublicis Entertainmentにてマネージングパートナーを、All 3 Mediaでブランデッドコンテンツ責任者を務めた。

....

キャロル・ゴールは、ICM Partnersのパートナー兼グローバル・ブランデッドエンターテイメント部門責任者である。2008年にICMに参画、エンタメ業界に待ち望まれていた、ブランドとタレント協業部門を設立、ICMのクライアントである映画・テレビ・スポーツ・音楽分野のタレントのためのブランドを構築、数々の契約を成しとげた。クリエイターおよび起業家としても、ICM Partnersの企業エージェント部門も設立。ここでは高級品・自動車・ファッションブランドに向け、戦略的エンターテイメントマーケティングの助言や、最先端キャンペーンの開発を提供。彼女は『Advertising Age』『Billboard』『Adweek』によって、ブランドのトップエンターテイメントマーケターとして認められ、ハリウッド専門誌『Variety』からは業界で最も影響力がある女性の1人として評されている。ICM参画以前は、14年間近くMercedes-Benz USAのエグゼクティブを務め、従来型の自動車マーケティングコミュニケーションからの変革をリードしてきた。彼女は同ブランドを高級品およびエンタメ業界の競合として位置付け、同時に高い投資対効果を実現した。他のブランドとのアライアンス交渉もリードし、『Adweek』はメルセデス・ベンツ ファッション・ウィークを「ブランドによる成功確実なマーケティング判断」と評した。ミシガン州立大学でジャーナリズムの学士号とマーケティング・コミュニケーションの修士号を取得している。

....

ガボール・ハラチは、ニューヨークを拠点とするテレビ・デジタルメディアプロデューサーであり、ドキュメンタリー映画製作者。以前にRed Bull Media Houseでエンターテイメント・エディトリアル・カルチャー責任者を務めた。現在はコンテンツマーケティングにおいてグローバルブランドのコンサルタントをしている。イェール大学演劇大学院で演劇プロデューサーとして、ニューヨークのCBS Broadcast Centerではテレ

ビプロデューサーとして訓練を受けた。ガボールのコンテンツマーケティングにおける
キャリアは、劇場からテレビの調査報道やドキュメンタリー映画製作、そしてブランド
コンテンツのポートフォリオ全体の開発および制作を監修することまで多岐にわたって
いる。

....

マリッサ・ナンスは、OMDのマネージングディレクターである。Omnicomには20年
以上、OMDには創立以来ずっと勤め続けている。あらゆる媒体にまたがる、エンター
テイメントベースのメディア戦略の開発・交渉・実施のスキルを磨いてきた。専門分
野には、オリジナルコンテンツの企画と制作、ストーリーと製品の統合、プロモーショ
ンの拡張、および360メディアプラットフォームなどが含まれる。

....

トアン・グエンは、Jung von Mattのインターンとしてキャリアをスタートし、会社
史上最年少の戦略ディレクターに就任。現在はドイツで最も多くの受賞歴を持つスポー
ツマーケティング企業、Jung von Matt/SPORTSのパートナーである。国内外の各
種スポーツ協会、サッカークラブ、スポーツブランドや優良企業、数名のトップアスリー
トにアドバイスを行っている。トアンはドイツのMousesportsをはじめ複数のeスポー
ツチームを運営している。また、Mercedes-Benz、Pringles、Vodafoneといった
多くのeスポーツスポンサーのストラテジストでもある。

....

ルチアナ・オリヴァレスは、ペルーで最も重要なテレビネットワークの一つ、Latina
MediaのCCOである。以前はペルーで最も愛されるブランドの一つ、BBVAのマー
ケティング戦略を指揮して、重要な事業目標を達成し、国内外で多くの名誉ある賞を
受賞した。2015年に『The Concert No One Was Waiting For』で、カンヌライオ
ンズのブランデッドコンテンツ部門とPR部門で2つ受賞し、2016年には『The Mute
Performance』でもう一つのライオンを獲得した。今までにベストセラーのマーケティ
ング関連書籍を3冊執筆しており、ペルーのトップエグゼクティブ100人の1人である。

マルセロ・パスコアは、Burger Kingのブランドマーケティングのグローバル責任者である。GreyやDDBなどの広告会社でのコピーライターとしてキャリアをスタート。5年間New Contentのクリエイティブディレクターを務め、Unilever Brazilのためのブランデッドコンテンツプロジェクトの創作・制作を指揮した。2014年、Coca-Cola Brazilのクリエイティブエクセレンスディレクターとして、クライアント側に移った。その後、米国ジョージア州アトランタに移り、Coca-Colaのグローバルクリエイティブディレクターに就任。クリエイターとしてもクライアントとしても、彼の作品は常に広告とエンターテイメントの融合に焦点を当てており、カンヌライオンズ、クリオ賞、エフィー賞など複数の国際的な賞で認められてきた。

PJ・ペレイラは、Pereira O'Dellの共同創設者兼CCOである。MINI、Coca-Cola、LEGO、Google、Skype、Intelなどのブランドと仕事をしてきた。2017年、カンヌライオンズ 国際クリエイティビティ・フェスティバルでブランデッドエンターテイメント審査委員長に就いた。これは彼がサイバーライオンズ審査員の議長を務めてから13年後のことだが、カンヌライオンズによると、当時史上最年少の審査委員長であった。

ミーシャ・シャーは、Mediacomのスポーツ・エンターテイメント部長である。MediacomはWPP Group傘下の、世界最大のメディア広告会社ネットワークの一つ。15年以上の経験を持つ業界のベテランであるミーシャは、最も称賛されるグローバルブランド・イベント・IP・タレントに対し、スポーツとエンターテイメントの力を最大限に引き出す革新的なパートナーシップを築くための、助言と協力を行ってきた。国内外で数多の賞の審査員を務めた実績を持ち、彼の意見は『New York Times』『Wall Street Journal』『Fortune』『CNN』『Adweek』『Campaign』『SportBusiness International』といった世界有数のメディアに掲載されている。

ペレ・シェネールは、Bartle Bogle Hegarty（BBH）のワールドワイドCCOである。2010年BBHのハリウッドオフィスを設立し、広告・テクノロジー・エンターテイメントの交点におけるクリエイティブパワーの発揮に貢献した。また、BBHのマーケティングインサイトと、現代ポップカルチャーを代表するScooter Braun Projectsとの合弁会社である、The Creative Studioを共同設立した。

....

本書の監修・訳を手がけた鈴木智也は、STORIES®合同会社/STORIES® INTERNATIONAL,INC. CEO。博報堂・博報堂DYメディアパートナーズ メディア環境研究所等を経て2011年博報堂DY・セガなどの出資で STORIES®を設立。STORIESは東京・LAに拠点を持つクリエイティブ・ブティック。米国を中心に20名以上のクリエイターが所属、SUBARU Your story withシリーズ、安室奈美恵MV、宇多田ヒカルMV・テレビ番組などのブランデッドエンターテイメント、CM、MV、イベントと、多岐にわたる数多くのプロジェクトをプロデュース。米国においても複数のハリウッド映画、テレビ番組を企画開発進行中。早稲田大学法学部・USC映画大学院プロデューサー学科卒業。
2017年カンヌライオンズ・ブランデッドエンターテイメント部門審査員。2018年 Spikes Asia審査員。
共著に、『The Art of Branded Entertainment (英Peter Owen出版) 』。
www.stories-llc.com

....

ジェイソン・ゼノポラスは、VMLのグローバルCVOかつVML EMEAのCCOである。長編映画の監督・脚本や、受賞歴のあるテレビコマーシャルの監督経験を持つ。また、VML South Africaを含む多くの事業を運営し、成功させてきた。ジェイソンの指揮の下、VML South Africaは数々の国際的な賞を受賞し、カンヌライオンズ・グローバル・クリエイティビティ・レポート2017で、エンターテインメント・エージェンシー・オブ・ザ・イヤーに選出された。

＊著者の肩書きは全て執筆当時のもの

事例索引

僕たちの広告時代

間宮武美 著

■本体1500円＋税　ISBN 978-4-88335-489-4

渥美清、倍賞千恵子、椎名誠、黒田征太郎、ペンギンのキャラクター、ハリウッド俳優……著名人、先輩、仕事仲間たちが言った、忘れられないセリフ。その言葉が、広告業界をひた走ってきた著者の背中を押した。広告営業制作の現場で生まれた数々の舞台裏エピソードが綴られる。

見通し不安なプロジェクトの切り拓き方

前田考歩・後藤洋平 著

■本体1800円＋税　ISBN 978-4-88335-490-0

ルーティンではない活動すべてをプロジェクトとしてとらえ、工学的なアプローチから成功に導く方法論を解説した前著『予定通り進まないプロジェクトの進め方』の実践編。本書では共通のフォーマット、プロトコルに基づく「仕組み」や「方法」を活用し、未知で困難なプロジェクトを切り拓くための方法を伝える。

プレイフル・シンキング

【決定版】 働く人と場を楽しくする思考法

上田信行 著

■本体1600円＋税　ISBN 978-4-88335-493-1

「仕事に真剣に取り組むときに起こるドキドキワクワク感」――それが本書が定義する「プレイフル」だ。オフィスや学校などで直面する様々な課題も、プレイフルに働くことで解決する。それこそが真の働き方改革であり、楽しさにこそ仕事の本質があると著者は語る。働く人と場を楽しくする思考法を学びたい人必見。

SKAT・19

第57回宣伝会議賞実行委員会 編

■本体2000円＋税　ISBN 978-4-88335-496-2

第57回宣伝会議賞の一次通過以上の作品をすべて収録した『SKAT』。広告界の第一線で活躍するクリエイターによって選ばれた秀逸な広告コピー・CMアイデアを一冊にまとめ、世の中にはまだ出ていないアイデア7212点を掲載している。

言葉ダイエット
メール、企画書、就職活動が変わる最強の文章術
橋口幸生 著

なぜあなたの文章は読みづらいのか。理由は、ただひとつ。「書きすぎ」です。伝えたい内容をあれもこれも詰め込むのではなく、無駄な要素をそぎ落とす。「言葉ダイエット」をはじめましょう。すぐマネできる「文例」も多数収録。

■本体1500円＋税　ISBN 978-4-88335-480-1

アスリート×ブランド
感動と興奮を分かち合う
スポーツシーンのつくり方
長田新子 著

数々のマイナースポーツとアスリートを創世記から支え、ともに成長を続けるレッドブル。ブランドが持つべきビジョンとその価値の高め方、アスリート支援の実際、"イベントの主催・協賛する際の留意点やメリット"、イベントを通じたコミュニケーションの切り口"などについて、レッドブル元CMOが明かす。

■本体1800円＋税　ISBN 978-4-88335-497-9

好奇心とイノベーション
常識を飛び越える人の考え方
坂井直樹 著

未来を見据えるコンセプター・坂井直樹が人工知能、アート、ビジネス、働き方、生き方についてイノベーションの最前線に立つ8名と対談。激変する世界を遅くなく乗り切るヒントがここにある。

■本体1800円＋税　ISBN 978-4-88335-495-5

恐れながら社長マーケティングの
本当の話をします。
小霜和也 著

「マーケティングが経営の重要な一角を占める」という認識がひろがる昨今、宣伝部・マーケティング部だけでは企業のマーケティング全体を担えない。しかし他部署と連携せず、遠慮や忖度で調整に終始してしまう。こんな状況を打破するための指南となる1冊。

■本体1800円＋税　ISBN 978-4-88335-484-9

広告ビジネスに関わる人の メディアガイド2020

博報堂DYメディアパートナーズ 編

■ 本体2500円＋税　ISBN 978-4-88335-487-0

メディアの広告ビジネスに携わるすべての人のためのデータブック。マスメディアやインターネット、交通・屋外メディアの概要、分類や用語解説、接触データなどを網羅。メディア選定や企画書作成に役立つ、「今すぐ使える」一冊。

コピー年鑑2019

東京コピーライターズクラブ編

■ 本体20000円＋税　ISBN 978-4-88335-479-5

コピーで選ぶ広告賞「TCC賞」2019年度の受賞作品や優秀作品を収録した年鑑。キャッチフレーズ、ボディコピー、ネーミング、そしてテレビ・ラジオCMやWebムービーのナレーションまで、約900点の日本のコピーを業種別に掲載する。受賞およびファイナリストまでの作品を解説する「解説本」も付いている。

ACC日本のクリエイティビティ 2019

一般社団法人 ACC 編

■ 本体18000円＋税　ISBN 978-4-88335-485-6

「2019 59th ACC TOKYO CREATIVITY AWARDS」の全入賞作品を含む400点超の作品を部門ごとに収めた年鑑。受賞した制作者のコメント、課題・戦略・アイデアなど制作の裏側も掲載。宣伝・マーケティング、メディア・デジタル・クリエイティブに携わるすべての人々に必携のアーカイブ。

広告・マーケティング会社年鑑 2020

宣伝会議 編

■ 本体15000円＋税　ISBN 978-4-88335-488-7

『日本の広告会社』『デジタルマーケティング年鑑』の2冊を統合した、マーケティング・コミュニケーションの総合年鑑。広告主企業のプロモーション成功事例、サービス・ツール、関連企業情報、各種データを収録。

面白くならない企画はひとつもない

髙崎卓馬のクリエイティブ・クリニック

髙崎卓馬 著

■本体1800円＋税　ISBN 978-4-88335-457-3

時代の急激な変化に対応できず、何が面白いものなのかわからなくなってしまった若手クリエイターたち。彼らの悩みを解決するべく、髙崎卓馬が開いたクリエイティブ・クリニック。おもしろいコンテンツを生み出すための正しい悩み方、テクニックなど、実際の生徒たちのコンテを元に、髙崎が解説、アドバイスを処方する。

電信柱の陰から見てる タイプの企画術

福里真一 著

■本体1600円＋税　ISBN 978-4-88335-290-6

地味で、暗くて、人づきあいが苦手…。そんな人間でも企画はできる！本書には、サントリーBOSS「宇宙人/ジョーンズ」など、話題のCMを連発するCMプランナー・福里真一の企画・発想術が詰まっている。

逆境を「アイデア」に変える企画術

～崖っぷちからV字回復するための40の公式～

河西智彦 著

■本体1800円＋税　ISBN 978-4-88335-403-0

「ひらかたパーク」はなぜV字回復したのか。失敗続きの「崖っぷちお菓子」は、なぜ売れたのか―。「最強のアイデア」は逆境でこそ生まれる。"逆境請負人"が記す、結果を出したいすべての人ための起死回生の一冊。

その企画、 もっと面白くできますよ。

中尾孝年 著

■本体1800円＋税　ISBN 978-4-88335-402-3

ビジネスにおける「面白い」とは何か、数々の大ヒットキャンペーンを手掛けた著者が、「心のツボ」を刺激する企画のつくり方を「面白い」をキーワードに解説。「人」と「世の中」を動かす企画を作りたいすべての人に。

ブランデッド エンターテイメント

発行日　　　　2020年8月10日

著者　　　　　カンヌライオンズ審査員
（Monica Chun、Jules Daly、Ricardo Dias、Samantha Glynne、
Carol Goll、Gabor Harrach、Marissa Nance、Toan Nguyen、
Luciana Olivares、Marcelo Pascoa、PJ Pereira、Misha Sher、
Pelle Sjoenell、鈴木智也、Jason Xenopoulos）

編集　　　　　PJ・ペレイラ

監修・訳　　　鈴木 智也

発行者　　　　東 彦弥

発行所　　　　株式会社宣伝会議
　　　　　　　〒107-8550　東京都港区南青山3-11-13
　　　　　　　TEL　03-3475-3010（代表）
　　　　　　　https://www.sendenkaigi.com/

装丁　　　　　武田 雲（雷神inc.）
デザイン・DTP　成田琴美（ERG）
印刷・製本　　図書印刷

ISBN 978-4-88335-499-3

©Monica Chun, Jules Daly, Ricardo Dias, Samantha Glynne, Carol Goll, Gabor Harrach,
Marissa Nance, Toan Nguyen, Luciana Olivares, Marcelo Pascoa, PJ Pereira, Misha Sher,
Pelle Sjoenell, Tomoya Suzuki, Jason Xenopoulos

2020　Printed in Japan
無断転載禁止。落丁・乱丁本はお取替えいたします。